"十四五"职业教育系列教材

大学生心理健康教育

主　编　周显晶　冯　宁
副主编　任　怡　韩淑君
参　编　吕鸿雁　穆　穆　曹雅萍

中国电力出版社
CHINA ELECTRIC POWER PRESS

内容提要

本书为“十四五”职业教育系列教材。本书依据心理学的基本理论和方法，针对职业教育学生心理成长过程中面临的问题，如心理健康、自我认识、学习策略、人际交往、情绪管理、生涯规划等，联系实际进行分析和探讨，提出多种调适心理、解除困扰、改善关系的方法和策略，具有较强的针对性、实践性和可操作性，以帮助大学生掌握心理保健的方法，使他们的心理保持健康的状态。

本书可作为职业教育院校心理健康教育课程的教材，也可供其他相关人员学习与参考。

图书在版编目（CIP）数据

大学生心理健康教育/周显晶，冯宁主编．—北京：中国电力出版社，2021.7（2024.9 重印）
“十四五”职业教育系列教材
ISBN 978-7-5198-5795-0

Ⅰ．①大…　Ⅱ．①周…　②冯…　Ⅲ．①大学生—心理健康—健康教育—高等职业教育—教材
Ⅳ．①G444

中国版本图书馆 CIP 数据核字（2021）第 132719 号

出版发行：中国电力出版社
地　　址：北京市东城区北京站西街 19 号（邮政编码 100005）
网　　址：http://www.cepp.sgcc.com.cn
责任编辑：张　旻（010-63412536）
责任校对：黄　蓓　王海南
装帧设计：赵姗姗
责任印制：吴　迪

印　　刷：固安县铭成印刷有限公司
版　　次：2021 年 7 月第一版
印　　次：2024 年 9 月第三次印刷
开　　本：787 毫米×1092 毫米　16 开本
印　　张：12
字　　数：256 千字
定　　价：40.00 元

前 言

职业院校作为高等教育的一种形式，近几年呈现了快速发展的态势，无论从学校数量还是在校生人数来看，都已占据了高等教育的半壁江山。高职学生作为一个特殊的社会群体，有其同龄人共同的生理及心理特征，也有其特殊的心理特点，在面对高职的生活和学习时，他们会面临许多困惑和问题。如对新的学习环境与任务的适应问题、理想与现实的冲突问题、人际关系的处理问题等。因而加强高职学生的心理健康教育，对于高职学生避免和消除因各种心理冲突或矛盾而造成的心理问题、心理危机及心理障碍，促进他们的心身健康，使他们以积极的、健康的心理状态去适应当前和发展的社会环境，从而预防精神疾患和心身疾病具有重要的意义。

本书共三部分十一章，参编人员均为从事心理健康教育工作多年的专职教师。他们不仅有丰富的学生心理健康教育的理论知识，也有丰富的学生心理健康教育和咨询工作的实际经验。这两方面的结合使得该书呈现两个特点：

（1）时代性。该书尽量将当代有关高职生心理健康教育的新研究成果收集其中，体现了鲜明的时代性。

（2）理论与实践相结合。该书全面分析了高职生心理发展的特点，系统阐述和分析了高职生心理健康领域的各种理论观点，同时总结了现实生活中高职生存或面临的种种心理问题、心理障碍，并提出简单易行的心理调适方法与措施。

在知识经济时代，培养健康的、高素质的、创造性的人才尤为重要。本书在普及心理学、心理健康理论与知识的同时，指导高职生如何提高心理素质水平、如何适应大学生活、如何适应不断变化的环境，避免出现心理失衡和心理障碍，保持和促进心理健康，这对于促进高职生的全面发展具有重要意义。

编　者

2021年5月

目　　录

第一部分 了解心理健康的基本知识

第一章 大学生心理健康导论

一个宽宏大量的人，他的爱心往往多于怨恨，他乐观、愉快、豁达、忍让，而不悲伤、消沉、焦躁、恼怒；他对自己的伴侣和亲友的不足之处，以爱心劝慰，述之以理动之以情，使听者动心、感佩、遵从，这样他们之间就不会存在感情上的隔阂、行动上的对立、心理上的怨恨。

——穆尼尔·纳素夫

（穆尼尔·纳素夫是科威特著名女作家、记者、专栏评论家，在阿拉伯各国乃至中东地区都颇有影响。在《政治报》《舆论报》等日报上每天一文，谈日常生活问题。她在大型杂志《阿拉伯人》上发表的部分文章集纳而成《愿你生活更美好》一书）

每个人都是一座丰富的宝藏，蕴藏着无穷无尽的价值与潜能。当一个人积极乐观、拥有自信、意志品质坚定时，他能够最大限度地开发自己的潜能，挖掘出自己的价值；而当一个人处于自卑、愤怒、抑郁、焦虑、紧张等消极状态时，对外界的感知能力就会下降，从而限制自己潜能的发挥。所以，我们的敌人从来都不是别人，而是我们自己。

大学阶段是人的一生中成长发展的一个重要阶段。在这个时期，我们要开始学会独立地面对真实的生活，自主地解决人生难题，也即将面临一系列的人生重大课题。要能良好地适应学校的学习生活，做好专业知识储备；要能做到与其他人和谐地沟通与交往，任何时候都能控制好自己的情绪，保持一个良好的心态；遇到困难的时候不畏惧、不退缩，从容应对各种压力；尽可能提升自己，做好智力潜能开发、个性品质优化、思想道德修养的提升，将自己的人格打造得更饱满、完善；做好人生规划、择业准备、恋爱储备，完成好这些人生课题，这些都与大学生的身心健康与发展有着密切的关系。

大学生要想在社会变迁加速、竞争日趋激烈、价值取向多元化的社会环境中安身立命并发展自身，贡献社会，保持健康的心理是一个基本的条件。随着社会的不断发展和进步，大学生也日益重视自身的心理健康问题。拥有健康的心理，是大学生全面素质提高的关键因素之一。

第一节 立体的健康观

一、我们都健康吗？

健康是我们人类的一项基本权利，也是人生的第一财富，现代的人们越来越认识到健康的重要性，但是到底什么才是健康呢？是不是没有毛病就是所谓的健康？答案是：不一定！

“有人说没病就是健康！”当然，这里的病是指身体上的疾病，例如感冒、发热、高血压、心脏病、肺炎、糖尿病等，但是仅仅没有身体上的疾病我们就是健康的吗？那么，精神病人属于健康人吗？

早在半个世纪之前，WHO（World Health Organization，世界卫生组织）就对健康做出了全面、完整的定义：“健康不仅是没有疾病和虚弱，还指保持体格方面、精神方面和社会方面的完美状态。”可见，健康既包括了躯体完好、心理平衡，也包括了良好的社会适应能力。缺少其中任何一项，都不是圆满的健康。

WHO 1990 年对健康的定义做出了新的阐述，认为健康是在躯体健康、心理健康、社会适应良好和道德健康四个方面皆健全。它包含了以生理技能为特征的身体健康、以精神情感为特征的心理健康和以社会实践和道德约束为特征的行为健康。

1. 躯体健康

健康是人生第一财富。古希腊哲学家赫拉克利特曾说过，如果没有健康，智慧就难以表现，文化就无从施展，财富也会变成废物，知识也无法利用。有人曾这样描述：人生有两大意愿，一是家庭幸福，二是事业有成。如果家庭幸福为 10 分，事业有成为 100 分，那么健康就是“0”前面的那个“1”。可见没有健康一切都无从谈起。有了健康就有希望，有了希望就有一切。

（1）WHO 给出的十大躯体健康标准。

1）精力充沛，能从容不迫地应付日常生活和工作的压力而不感到过分紧张和疲劳。

2）处事乐观，态度积极，乐于承担责任，事无巨细不挑剔，工作有效率。

3）善于休息，睡眠良好。

4）应变能力强，能适应环境的各种变化。

5）具有抗病能力，能够抵抗一般性感冒和传染病。

6）体重得当，身材均匀，站立时头、肩、臂位置协调。

7）眼睛明亮，反应敏锐，眼睑不发炎。

8）牙齿清洁，无空洞，无龋齿，无痛感；齿龈颜色正常，不出血。

9）头发有光泽，无头屑。

10）肌肉、皮肤富有弹性，走路轻松有力。

然而，健康标准对不同年龄、不同性别的人有不同的要求。世界卫生组织的年龄分期是：44 岁以前为青年；45～59 岁为中年；60～74 岁为较老年（渐近老年）；75～89 岁为老年；90 岁以上为长寿者。

（2）青年躯体健康要点。

1）吃得正确：在青春期保持饮食平衡和有规律，有助于使你现在健美，将来健康。

2）喝得正确：干净的水和果汁是有利于健康的，不要饮酒，喝醉是不明智的。

3）吸烟吗？如果你想健美有吸引力，请别吸烟。

4）适当放松：运动、音乐、艺术、阅读、与其他人交谈，可帮助你成为兴趣广泛的人。

5）积极自信：要积极自信和富有创造性，要珍惜青春。

6）知道节制；遇事能三思而后行，大多数的事故是可以避免的。

7）负责任的性行为：了解自己的性行为并对此负责。

8）运动有好处：运动可以使你健美和感觉良好；参加运动的每一个人都可赢得健康。

9）散步：散步是一种轻缓的运动，而且散步能使你感到舒适。

10）坚决抵制吸毒：吸毒是一条死胡同，要坚决自信地说“不”。

2. 心理健康

迄今为止，关于心理健康还没有一个统一的概念，国内外学者一般认同心理健康标准的复杂性。从广义上讲，心理健康是一种持续高效而满意的心理状态；从狭义上讲，心理健康是知、情、意、行的统一，是指人的基本心理活动的过程内容完整、协调一致，即认识、情感、意志、行为、人格完整和协调，能适应社会，与社会保持同步。

（1）心理学家将心理健康的标准描述为以下几点。

1）有适度的安全感，有自尊心，对自我的成就有价值感。

2）适度地自我批评，不过分夸耀自己，也不过分苛责自己。

3）在日常生活中，具有适度的主动性，不为环境所左右。

4）理智、现实、客观，与现实有良好的接触，能容忍生活中挫折的打击，无过度的幻想。

5）适度地接受个人的需要，并具有满足此种需要的能力。

6）有自知之明，了解自己的动机和目的，能对自己的能力作客观的估计。

7）能保持人格的完整与和谐，个人的价值观能适应社会的标准，对自己的工作能集中注意力。

8）有切合实际的生活目标。

9）具有从经验中学习的能力，能适应环境的需要改变自己。

10）有良好的人际关系，有爱人的能力和被爱的能力。在不违背社会标准的前提下，能保持自己的个性，既不过分阿谀，也不过分寻求社会赞许，有个人独立的意见，有判断是非的标准。

美国心理学家马斯洛和米特尔曼提出的心理健康的十条标准被公认为是“经典的标准”：

①充分的安全感；

②充分了解自己，并对自己的能力作适当的估价；

③生活的目标切合实际；

④与现实的环境保持接触；

⑤能保持人格的完整与和谐；

⑥具有从经验中学习的能力；

⑦能保持良好的人际关系；

⑧适度的情绪表达与控制；

⑨在不违背社会规范的条件下，对个人的基本需要作恰当的满足；

⑩在集体要求的前提下，较好地发挥自己的个性。

（2）大学生心理健康的标准。根据处于青年中期的大学生具有的心理特征、大学生特定社会角色的要求，以及心理健康学的基本理论，樊富珉教授提出大学生心理健康的七个标准：

1）能对学习保持较浓厚的兴趣和求知欲望。智力正常是大学生学习、生活与工作的基本心理条件，是适应周围环境变化所必需的心理保证。大学生的智力一般都比较优秀，即：有强烈的求知欲，能珍惜学习机会乐于学习，积极地参与学习活动，能克服学习中的困难，学习成绩较稳定，能保持一定的学习效率，并从学习中体验满足与快乐。

2）能保持正确的自我意识，接纳自我。正确的自我评价是大学生心理健康的重要条件。自我意识是人格的核心，一个心理健康的大学生能够做到通过自我观察、自我认定、自我判断和自我评价，做到自我认知，恰如其分地了解自己，接受自己，客观地评价自我，既不妄自尊大做力所不能及的工作，也不妄自菲薄甘愿放弃可能发展的机会。同时，自信乐观，生活目标与理想切合实际，不苛求自己，能扬长避短。还能够自我悦纳，喜欢自己，接受自己，自尊、自强、自制、自爱，正视现实，积极进取。

3）能协调与控制情绪，保持良好的心境。情绪影响人的健康，影响人的工作效率和人际关系。心理健康的大学生能经常保持愉快、开朗、乐观满足的心境，愉快情绪多于负面情绪，富有朝气，对生活和未来充满希望。虽然也有悲、忧、哀、愁等消极体验，但情绪较稳定，能主动调节，同时能适度表达和控制情绪，既能克制又能合理宣泄，喜不狂、忧不绝、胜不骄、败不馁，情绪反应与环境相适应。

4）能保持和谐的人际关系，乐于交往。人际关系状况最能体现和反映人的心理健康状况，良好而深厚的人际关系是生活幸福与事业成功的前提。心理健康的大学生能用尊重、信任、友爱、宽容、理解的态度与人相处，乐于与他人交往，能分享、接受和给予爱和友谊，既有广泛而深厚的人际关系又有知心朋友。在交往中能保持独立而完整的人格，能客观评价别人和自己，善取人之长，补己之短，宽以待人。在集体中能保持关系协调，能与他人同心协力合作共事，乐于助人。总之，积极的交往态度应多于消极态度，交往动机要端正。

5）能保持完整统一的人格品质。人格指人的整体精神面貌，是个体比较稳定的心理特征的总和。人格完善指的是人们拥有健全统一的人格，即个人的所想、所说、所做都是协调一致的，而且人格构成的各种要素包括气质、能力、性格和理想、信念、人生观等各方面都可以平衡发展。心理健康的大学生应该具有正确的自我意识，不产生自我同一性混乱，能够以积极进取的人生观作为人格的核心，并以此为中心把自己的需要、目标和行动统一起来。

6）能保持良好的环境适应能力。环境适应能力包括正确认识环境以及处理好个人和环境的关系，个体与客观现实环境能保持良好秩序。心理健康的大学生在环境改变时能面对现实，对环境做出客观的认识和评价，以有效的办法对应环境中的各种困难。根据环境的特点和自我意识的情况努力进行协调，使个人行为符合新环境的要求；能和社会保持良好的接触，对社会现状有清晰的认识，能及时修正自己的需要和愿望，改造自我，适应环境，使自己的思想、行为与社会协调一致。

7）心理行为符合年龄特征。大学生是处于特定年龄阶段的特殊群体，大学生应具有与年龄和角色相应的心理行为特征。在人的生命发展的不同年龄阶段，都有相应的心理行为表现，心理健康的人的认识、情感、言行、举止都符合他所处的年龄段。心理健康的大学生应该是精力充沛、勤学好问、反应敏捷、喜欢探索，过于老成、过于幼稚、过于依赖都是心理不健康的表现。

3. 社会适应良好

社会适应性标准是与社会常模即一定社会的道德规范和行为准则及个体心理的常态相比较而言的。就是说判断某个人的心理和行为是正常或异常主要看其是否符合社会常模，是否符合其心理活动和行为表现的常态。一般来说，个体的行为总是与环境协调一致的。个体依据社会生活的需要来适应环境、改造环境。因此，他们的行为是根据社会需求和道德规范行事，是符合社会准则的。

社会适应性标准有两层含义。一是以人的心理和行为是否严重违背一定社会公认的道德规范和行为准则为标准。如果一个人的心理活动和行为表现与一定社会公认的道德规范和行为准则相比较显得过于离奇，不相适应，不为常人所理解、所接受，对其本人的身心健康和社会生活都会产生不良影响，那么这个人的心理和行为就被认为是异常的，不健康的。例如，一个成年人在众人面前赤身裸体、欣喜若狂，其心理和行为与其年龄、身份和社会规范明显不符，不能为社会所理解、所接受，对其本人和社会都有害，而其本人却不以为然，完全没有羞耻感，这就是心理异常的表现。另一点是以某个人一贯的心理活动和行为表现为依据。例如，一个人一向乐观开朗、活泼好动，然而一个时期以来逐渐变得郁郁寡欢、沉默少语，甚至绝望轻生；或者相反，一向沉默寡言、喜静不喜动的人，突然一反常态变得十分活跃，表现欲望十分强烈，开始夸夸其谈，口若悬河，自我感觉良好。如此等等都表明这个人的心理和行为发生了异常的变化，形成了病态心理。

4. 道德健康

道德健康也是健康新概念中的一项内容。健康者不以损害他人的利益来满足自己的需要，具有辨别真与伪、善与恶、美与丑、荣与辱等是非观念和能力，能按照社会行为的规范准则来约束自己及支配自己的思想和行为。道德健康的意义在于把健康放在了人类的社会生活之中，是个人、国家及社会的责任，而不仅是医务人员的工作目标。这个新的健康概念是一个揭示人类健康本质的概念，是人类对健康要领的深化和发展。道德健康是调整人与人、人与自然、人与环境以及人与社会之间的关系，使之适应人类健康需要的行为准则和规范的总和。

健康的生活方式是健康的基石，如合理膳食，适量运动，心理平衡。

合理膳食包括平衡膳食、合理营养和良好的饮食习惯；

适量运动包括活跃的、动态的生活方式和有规律的、持之以恒的适合自己的适量体育运动；

心理平衡指在与他人和社会的关系上要能够正确看待自己、正确看待他人、正确看待社会，树立适当的人生追求目标，控制自己的欲望，保持愉悦的一生。

二、心理健康判定标准及鉴定原则

我们认为心理健康标准只是一种相对的衡量尺度，而且，人的心理活动是无时无刻不在产生，并且不断发生变化的。因此，人的心理健康状况也处于运动和变化之中。我们在理解和运用上述标准时，应当注意以下几个问题。

1. 相对性

心理不健康与有不健康的心理和行为表现不能等同。心理不健康是指一种持续的不良状态，一个人偶然出现不健康的心理和行为，并不等于其心理不健康，更不等于已患了心理疾病。因此，不能仅从一时一事而简单地给自己或他人做心理不健康的结论。因为人的心理世界是复杂多样的，即使一个健康的人，也可能有突发性、暂时的心理异常。每一个人随时都可能出现心境不良状态，即心理健康状态也不是一条直线。因为，每个人随时随地都可能产生心理问题，心理冲突犹如感冒、发烧一样不足为奇。在人生的发展过程中面临心理问题是正常的，不必大惊小怪，应积极加以矫正。大学生应提高自我保健意识，及时进行自我调整，当一个人产生了某种心理障碍并不意味着会永远有心理障碍或行将加重。

2. 整体的协调性

心理健康与不健康是一种连续状态。在许多情况下，异常心理与正常心理，变态心理与常态心理之间没有绝对的界限，只是程度的差异。从心理过程看，健康的人的心理活动是一个完整统一的协调体，这种整体协调保证了个体在反映客观世界的过程中的高度准确性和有效性。心理健康的状态不是固定不变的，而是动态变化的。健康人的行为并不是时刻都符合心理健康标准，其心理健康与否是相对的、比较而言的，其间并无明确的界限。

3. 发展性

心理健康的标准是一种理想尺度，它不仅为我们提供了衡量是否健康的标准，还为我们指明了提高心理健康水平的努力方向。每一个人在自己现有的基础上作不同程度的努力，都可以追求心理发展的更高层次，不断发挥自身的潜能。大学生心理健康的基本标准，是他们能够进行有效的学习和生活。如果正常的学习和生活都难以维持，就应该及时予以调整。

分享资料：心理健康的等级

根据中外心理健康专家们的研究，可大致将人的心理健康分为 3 个等级：

（1）一般常态心理者：表现为心情经常愉快，适应能力强，善于与别人相处，能较好地完成同龄人发展水平应做的活动，具有调节情绪的能力。

（2）轻度失调心理者：表现出不具有同龄人所应有的愉快，和他人相处略感困难，生活自理有些吃力。若主动调节或通过专业人员帮助，可恢复常态。

（3）严重病态心理者：表现为严重的适应失调，不能维持正常的生活、工作。如果不及时治疗可能恶化，成为精神病患者。

第二节　心 理 学 简 介

一、什么是心理学

心理学，总是给人感觉很神秘，心理学家也总是给人感觉有点“吓人”，好像不仅能够一眼就把人看穿，还能操纵人的心理。其实不然，这些只是把心理学神化了。事实上，心理学只是研究人的心理现象及其发生、发展规律的一门科学，也称“心理科学”。心理现象是心理学的研究对象。心理学研究心理现象，就是要揭示心理现象发生、发展的客观规律，用来指导人们的实践活动。

我们的眼睛可能是“假”的

心理现象总是伴随着大脑以及众多感觉器官的共同作业而发生的，而眼睛作为人类最直接的感受器官，它给我们带来了对这个世界大部分的认知以及帮助我们去辨别事物，“眼见为实”就是我们经常引用的。但是，是否所有的东西都是眼见为实呢？我们在看完下面这张图之后，可能会惊叹，我们的眼睛可能是“假”的！

这张图是日本著名的视觉科学家北冈明佳的作品之一，他历经十年不断尝试，创造了数百幅错觉图片。而这些图片被广泛应用到了心理学对于视觉与脑的研究之中。

图片是不是在动？书是不是"活"了？当我们的眼睛在看这张图片时，实际上大脑已经对这些特定事物产生了一个错误的知觉，而导致我们认为眼睛出问题了。错觉是知觉的一种异常情况，是在大脑作用下产生的一种错误的知觉，也是视知觉中非常有趣的一个部分。错觉图片就是为了让人更加了解视错觉的本质，了解到心理学研究心理与行为本质的意义。

二、心理学的历史

1. 希腊哲学时代

心理学一词最早出现于古希腊时代，而1590年产生的心理学原名Psychology便是由希腊文Psyche与logos两字演变而来的，前者意指"灵魂"，后者意指"讲述"，合之则谓：心理学亦即"阐释灵魂之学"。灵魂在希腊文中也有气体或呼吸的意思，因为古代人们认为生命依赖于呼吸，呼吸停止，生命就完结了。随着科学的发展，心理学的对象由灵魂改为心灵。当时的心理学是属于哲学范畴的，古希腊哲学家柏拉图（Plato，公元前427左右—公元前347左右）则认为，灵魂具有理智、意志和情欲三个部分，其中理智是智慧的，起着指导作用；激情服从它，是它的助手；欲望占据最大部分，它贪得无厌，必须受到理智和激情的控制。心理与肉体是分离的，人死之后，心理依然存在。

2. 近代心理学的开端

德国生理学家、哲学家冯特（Wilhelm Wundt）的出现对于心理学来说是一个重大的转折，他在联邦德国的莱比锡大学建立了世界上第一个心理学实验室，从此将心理学正式从哲学中分离出来。他尝试用科学的实验方法来研究人类的心理，逐渐将心理学发展成为一门独立的科学，这就是近代心理学的开端。冯特也是第一个将自己称为“心理学家”的人，他的《生理心理学原理》是心理学史上第一本真正的心理学专著。他作为心理学史上第一位正式研究心理学的教授，因其卓越努力大大提高了心理学的学术权威，被誉为实验心理学之父或心理学之父。

3. 三个心理学流派

1879年以后，整个心理学界出现了从未如此热烈的学术研讨繁荣景象。在冯特的内容心理学以后，又接二连三相继出现了或继承或反对冯特的理论，有一些还另辟蹊径、独树一帜。各式各样、大大小小的心理学派出现了上百个，它们分布广泛，遍布了世界各地，其中较大的三个分支，一个是提倡用统一的形态来把握心理的形态心理学；一个是瓦特生提出的对人的行为进行客观研究的行为主义心理学；还有一个是弗洛伊德创造的精神分析学。

三、心理学研究领域

发展心理学：研究人从胎儿出生到年老死亡的成长和发展的全过程。

学习心理学：探索人是如何发展成为如今的状态。研究人类和动物的学习发生过程和原因。

人格心理学：关注包括人格特征、动机和个体差异。

感觉与知觉心理学：研究人类怎样感知周围世界，如正在研究人类是如何识别面孔的。

比较心理学：研究和比较不同种系的动物行为。

生理心理学：研究行为与生理过程之间的关系，特别是神经系统的活动。

认知心理学：研究思维问题，试图了解推理、问题解决、记忆及其他心理过程与人类行为的关系。

性别心理学：研究男性与女性之间的差异，探索生理因素、儿童抚养过程、教育、社会刻板印象等各种因素对性别差异的影响。

社会心理学：研究涉及态度、说服、骚乱、顺从、领导行为、种族歧视、友谊、婚恋等问题。

文化心理学：研究文化对人类行为的作用。

进化心理学：研究人类在历史长河中各种进化方式对行为的影响，如男性与女性之间的配偶选择方式。

临床心理学：研究心理健康和心理疾病。

学前儿童心理学：研究从出生到入学前的儿童心理发生发展规律的科学。

行为心理学：研究有机体用以适应环境变化的各种身体反应的组合。

犯罪心理学：研究犯人的意志、思想、意图及反应的学科。

第三节 大学生心理发展特点

我国普通高校大学生的年龄大多在18岁至23岁，属于青年初期末和青年中期。就大学生整体的心理发展来看，他们正处在迅速走向成熟而又未真正成熟的水平上，这在他们心理活动的各个方面都有明显反映，并由此形成了不同于中学生和一般社会青年心理发展的基本特点。

一、个体心理发展及其特征

心理发展是指个体从出生、成熟、衰老直至死亡的整个生命进程中所发生的一系列积极的心理变化。发展心理学的研究表明，个体心理发展具有三个基本特征：连续性与阶段性、定向性与顺序性、不平衡性和差异性。

二、大学生心理发展的年龄特征

我国大学生多数处于青年中期（18～23岁）这一年龄阶段，其心理发展具有以下几个显著特征。

（1）大学生的认知发展，均已达到比较成熟的水平。例如："理论型"抽象思维逐渐居于主导地位，纵横探究的"T"形思维和自觉变化跳跃的"波浪形"思维是大学生思维发展的新特点。

（2）大学生的情感和意志的发展，也已达到较高水平而接近成熟。大学生朝气蓬勃，勇往直前，珍视友谊，向往美好的爱情，道德感、理智感和美感等高级的社会性情感趋于成熟，并在情绪生活中占主导地位。然而，大学生的情感发展并没有真正成熟，仍然存在一些明显的弱点或缺陷，如情绪的波动性与情境性，情绪表现的外显性与内隐性的矛盾冲突，爱情问题方面的烦恼等，性意识觉醒但处理相关问题的知识、能力却较为欠缺。

（3）大学生的个性品质的发展方面，自我意识和自我教育能力显著增强，理想明确而富有社会意义，但发展不成熟，性格的发展已进入塑造定型的关键时期。容易接受新的事物但相对缺乏辨别真伪的能力，抽象思维迅速发展但思维易带主观片面性，意志水平明显提高但不平衡、不稳定。

大学时期是"心理断乳"的关键期。"心理断乳"意味着离开父母家庭的监护，摆脱对成人的依赖，成为独立的个体，建立属于自己的内心世界。在这一过程中，众多的矛盾冲突交织在一起，如果处理不善，就有可能产生心理问题。

分享资料：我可以——

（1）当挫折倒霉等负面念头萦绕，我可以多看看坏事的光明面。

（2）运气是种心境、思考和行为模式，一个人的态度或想法会决定他是好运或者歹命。碰到倒霉的事时我可以想想"事情本来有可能更糟""还有比自己更倒霉的人"。

三、影响大学生心理健康的因素

1. 社会因素

社会因素主要包括政治、经济、文化教育、社会关系等，这些因素对一个人的生存和发展起着决定作用。其中社会生活中的种种不健康的思想、情感和行为，严重地毒害着学生的心灵。特别在当前，人与人之间的交往日益广泛，各种社会传媒的作用越来越大，生活紧张，事件增多，矛盾、冲突、竞争加剧。所有这些现象都会加重学生的心理负担和内心矛盾，影响身心健康。

(1) 社会环境。这里所指的社会环境是指一定社会的文化背景、社会意识形态和社会政治局面等。中外心理学家就这些社会环境因素对学生们心理健康的影响，进行了广泛深入的研究。一定的社会文化背景，如风俗习惯、道德观等，从出生之日起就以一种无形的力量影响着学生们，使他们逐渐形成理想、信念、世界观、需要、动机、兴趣和态度等心理品质。不同的文化对人的心理健康有不同的影响，其中有些是健康的影响，有些则是不健康的。社会意识形态对人的心理健康的影响，是通过社会信息作为媒介的，健康的社会信息，有助于学生们的心理健康发展，而不健康的社会信息，则会造成种种危害。

(2) 社会风气。社会风气与学生们的关系就像自然气候与植物的关系一样，社会风气可以通过家庭、同伴、传媒等途径影响其心理健康。不良风气会使一些学生的心理受到扭曲，难以形成正确的人生观、世界观。因此，要确保学生们心理健康发展，学校、家庭和社会要共同抵制不良社会风气的影响，净化环境，树立健康向上的社会风气。

(3) 学习生活环境。处于不同学习生活环境的学生，其心理健康状况也不尽相同。有研究发现，城乡密度、环境污染、噪声等与人的生存密切相关的因素，对人的心理健康状况都存在明显影响。如生活在城市的学生，由于住房单元化，同邻居伙伴的交往明显减少，这种状况不利于他们的社会化，使其缺乏与人交往的技巧，容易形成孤僻的性格。还有研究发现，人口密度过大与青少年犯罪率有密切关系，精神疾病以及其他心理变态也与人口密度有关。大城市物理环境和社会环境的变化日新月异，导致了大量过量信息的产生，使人们的心理严重"超负荷"，拥挤使人们更容易产生矛盾、争吵，生活在其中的学生也容易产生心理紧张，出现心理健康方面的问题。

(4) 社区环境。社区环境指若干群体或社会组织（机关、团体）聚集在某一地域内形成一个在生活上相互关联的大集体。如街道、住宅小区、村庄、小镇等。社区对生活在其中的学生的心理健康的作用，主要是通过社会传媒和社区环境产生的。学校和家长应充分发挥社区对学生心理的辅导作用。

2. 教育因素

学校是学生学习、生活的主要场所，学生的大部分时间是在学校中度过的。因此，学校生活对学生的身心健康影响也很大。学校因素主要有学校教育条件、学习条件、生活条件，以及师生关系、同伴关系等。这些条件和关系如果处理不当，就会影响学生的身心健康发展。例如，校风（学风）不振、学习负担过重、教育方法不当、师生情感对立、同学关系不和谐等，都会使学生的心理压抑，精神紧张、焦虑，如不及时调适，就会造成心理失调，导致心理障碍。

（1）教育指导思想。学校教育指导思想正确与否往往决定了一所学校的校风，决定了教师的教学和学生的学习情况。如教师为了学生能考出好分数，采取违反学生心理健康原则的教学方法、手段和措施，如加班加点，搞题海战术等，学生长期处于一种智力超负荷的紧张状态，容易出现神经衰弱、失眠、注意力减退、厌学等心理行为问题。

（2）教师素质。学校对学生心理发展的一个非常重要的影响因素是教师的素质，因为教师不仅是学习活动的发动者、组织者，同时也是学生的心理保健医生。教师队伍的素质，如教师的职业道德、责任感、情绪情感、个性和意志品质等，都对学生起着感染作用。所以，要提高学生的心理素质，首先要提高教师队伍的素质。好的教师对学生的成长具有强烈的责任感，无论是班主任、科任教师还是行政人员，都应以建设和营造有利于学生心理健康的环境为己任，注意自己的言行并承担相应的责任。好的教师能利用心理学的原理对学生进行恰当的奖励和惩罚，因材施教；好的教师能接纳学生的行为，尊重学生的人格，乐于帮助学生；好的教师还能进入学生的内心世界，分享学生的情感体验，能理解学生。要做到这一切，首先自己必须是一个心理健康的人。

（3）学校人际关系。学生在学校的人际关系良好与否，直接影响着他们的心理健康状况。学生在学校的人际关系主要是师生关系和同伴关系，大量的实践和研究证明，有良好的师生关系和同伴关系的学生，必然充满归属感和安全感，其心理也会得到健康发展；相反，一个师生关系紧张，在班集体中遭到否定、排斥，受到冷淡、不平等对待的学生，必然会产生敌对、自卑、焦虑、恐惧情绪，这对其心理健康会产生不良影响。

（4）学校环境。学校环境可以分为物质环境和心理环境两大类，这两种环境对大学生的心理发展都起着熏陶作用。从物质环境来说，校园的一草一木，每一个角落都应给人以美的感受，使学生从中得到教育和心灵的净化。学校心理环境包括良好的校风、班风以及校园文化建设。良好的校风和班风催人积极上进，使人际关系和谐。这样的环境能使学生的心理健康状况得到改善和提高。

3. 家庭因素

国内外大量研究表明，不良家庭环境因素容易造成家庭成员的心理行为异常。这些因素主要有：家庭主要成员变动，如父母死亡、父母离异或分居、父母再婚等；家庭关系紧张，如父母关系、婆媳关系、姑嫂关系、兄弟姐妹关系不和谐，家庭情感气氛冷漠，矛盾冲突频繁等；家庭教育方式不当，如专制粗暴、强迫压服，或溺爱娇惯、放任自流等；家庭变迁，出现意外事件等。

（1）父母关系。在众多家庭因素中，父母间的不良关系对大学生早期心理健康会产生极大的不利影响。父母关系不和对孩子心理健康的消极影响主要表现在：孩子生活在充满矛盾、父母的要求总不一致的环境中，家庭中缺少宁静、平和、幸福的氛围，缺少孩子心理健康发展所必需的一切条件，发生神经——心理病态的危险很大。

（2）父母期望。家长对子女过高的期望是影响青少年心理健康的重要原因之一。心理学研究表明，父母对孩子过高或过低的期望，对孩子的心理健康和发展都是不利的，过高的期望会使孩子产生恐惧、挫折感、压抑、敌视等不良心理，过低的期望则容易使孩子对自我的评价过低，产生自卑感、自暴自弃等不良心理。

（3）家庭教养方式。家庭教养方式对学生心理健康不仅具有直接的影响作用，而且还体现在对学校教育的效果起促进、干扰或者抵消的作用上。不良的家庭教养方式对大学生早期的心理健康教育起着不良的影响，在有心理健康问题的中小学生中，家长采取“态度不一致”“以压力为主”“歧视”“经常打骂”等不良教养方式与学生个性、智力以及出现心理问题的可能性有一定的关系。

（4）家庭成员的榜样作用。许多心理学工作者研究了家长的思想道德素质与孩子心理健康之间的关系，结果发现，家长本身的不良思想道德素质对孩子的心理健康具有严重危害。这种危害主要表现在：当孩子发现父母品行不良时，自尊心会受到伤害，心理上会蒙上消极的阴影，产生沮丧、怨恨、烦恼和自卑等心理。个性的消极使他们厌恶集体、厌恶家庭，一旦接触了坏朋友或不良思想，特别容易走上歧途；父母自身不正的家庭，父母亲在孩子心目中丧失了威信，无法合理地管理孩子，孩子不信任父母，容易产生虚伪、自私自利等不健康心理。

（5）家庭其他重大生活事件。对学生影响较大的家庭重大生活事件主要有：父母离婚、父母下岗、亲人生病、去世等。

心理自测——自我和谐量表（SCCS）

下面是一些个人对自己看法的陈述，填答时，请你看清每句话的意思，然后圈选一个数字（1 代表该句话完全不符合你的情况，2 代表比较不符合你的情况，3 代表不确定，4 代表比较符合你的情况，5 代表完全符合你的情况）以代表该句话与你在对自己的看法相符合的程度，每个人对自己的看法都有其独特性，因此答案是没有对错的，只要如实回答就行了。

项　目	完全不符合 1	比较不符合 2	不确定 3	比较符合 4	完全符合 5
1. 周围的人往往觉得我对自己的看法有些矛盾					
2. 有时我会对自己在某方面的表现不满意					
3. 当遇到困难，我总是先分析造成困难的原因					
4. 很难恰当表达我对别人的情感反应					
5. 对很多事情都有自己的观点，但我并不要求别人也与我一样					
6. 一旦形成对事物的看法，就不会改变					
7. 经常对自己的行为不满意					
8. 尽管有做一些不愿意的事，但我基本上是按自己意愿办事的					

续表

项 目	完全不符合 1	比较不符合 2	不确定 3	比较符合 4	完全符合 5
9. 一件事好就好，不好就是不好，没有什么可含糊的					
10. 如果在某件事上不顺利，我往往会怀疑自己的能力					
11. 我至少有几个知心朋友					
12. 我觉得，我所做的很多事情都是不该做的					
13. 不论别人怎么说，我的观点绝不轻易改变					
14. 别人常常会误解我对他们的好意					
15. 很多情况下我不得不对自己的能力表示怀疑					
16. 在我的朋友中有些是与我截然不同的人，但这并不影响我们的关系					
17. 与朋友交往过多容易暴露自己的隐私					
18. 我很了解自己对周围人的情感					
19. 我觉得自己目前的处境与我的要求相距太远					
20. 我很少去想自己所做的事是否应该					
21. 我所遇到的很多问题都无法自己解决					
22. 我很清楚自己是什么样的人					
23. 我能很自如地表达我所要表达的意思					
24. 如果有足够的证据，我通常也可以改变自己的观点					
25. 我很少考虑自己是一个什么样的人					
26. 把心里话告诉别人不仅得不到帮助，还可能招致麻烦					
27. 在遇到问题时，我总觉得别人都离我很远					
28. 我觉得很难发挥出自己应有的水平					
29. 我很担心自己的所作所为会引起别人的误解					
30. 如果我发现自己某些方面表现不佳，希望能尽快弥补					
31. 每个人都在忙自己的事，所以很难与他们沟通					
32. 我认为能力再强的人也可能遇上难题					
33. 我经常感到自己是孤独无援的					
34. 一旦遇到麻烦，无论怎样努力做，都无济于事					
35. 总能清楚地了解自己的感受					

评分说明：

各分量表的得分为其包含的项目分直接相加，三个分量标包含的项目：

(1) 自我与经验的不和谐：1，4，7，10，12，14，15，17，19，21，23，27，28，

29，31，33；

(2) 自我的灵活性：2，3，5，8，11，16，18，22，24，30，32，35；

(3) 自我的刻板性：6，9，13，20，25，26，34。

将自我的灵活性反向计分，再与其他两个分数相加。得分越高自我和谐度越低。在大学生中，低于74分为低分组，75～102为中间组，103以上为高分组。

自我与经验的不和谐	自我的灵活性	自我的刻板性	总 评

第二章 大学生心理咨询

心理咨询是20世纪80年代开始在我国逐渐兴起的一种心理健康服务形式。最近十年心理咨询在我国发展非常迅速，应用范围十分广泛。心理咨询与心理健康有密切的关系，是治疗心理疾患、维护心理健康、促进心理和谐发展的重要途径与方法。我国高校大学生心理咨询起步于20世纪80年代中期，目前已成为高等教育不可或缺的部分，成为促进大学生人格和社会性发展的重要形式和渠道。丰富大学生心理健康的相关知识，改变对心理咨询的误解和偏见，主动积极地寻求专业的心理帮助，为拥有充实、健康、快乐的高职生活提供保障。

第一节 心理咨询的概念和功能

“咨询”一词的含义比较广泛，主要有询问、商议、忠告、给人以帮助、商讨、劝告、参谋、建议和辅导的意思。而心理咨询则是一项专业的助人工作。但是，由于社会上对心理咨询与心理治疗存在一些误解和偏见，大学生中有人担心自己去接受心理咨询服务会被人发现而扣上“不正常、有问题、精神有病”的帽子，不敢寻求专业的心理帮助，在不适应中挣扎和冲突。其实心理困扰就像感冒一样，人人都会有，只是困扰的时期、困扰的类型、困扰的程度不同而已。当有心理健康方面的困扰时，主动去寻求心理咨询、获得专业的心理帮助，是善用资源、自我负责的表现，是聪明人的行为，可以少走弯路，更能从人生的挫折与逆境中崛起。人的一生充满了挑战和压力，大学生涯中也可能遇到各种人生课题，威胁心理健康的因素比比皆是。了解心理咨询、维护心理健康是智慧人生的宝典。

一、心理健康水平与心理健康服务

人们的心理健康水平从整体上看呈正态分布。也就是说在人群中绝对健康的人很少，绝对异常的人也不多，大多数人在生活中都会有这样或那样的烦恼和困惑，人生就是不断战胜各种困难、不断超越自我的历程。心理健康的灰色理论清楚地揭示了不同心理健康水平以及相对应的心理健康服务（见图2-1[1]）。

由图2-1可见，自信心强、适应力强、善于自我调节的人无需特殊的帮助，能够在各种环境和条件下生存。但是，大多数人面临生活的压力和各种复杂的人际关系，容易产生心理冲突，出现各种心理困扰，表现出不同的身心症状，需要接受心理健康服务。心理咨询就是由受过专业训练的咨询师为正常人群的心理健康提供专业服务的工作。如果个体自

[1] 樊富珉，心理咨询学．北京：中国医药科技出版社，2006.

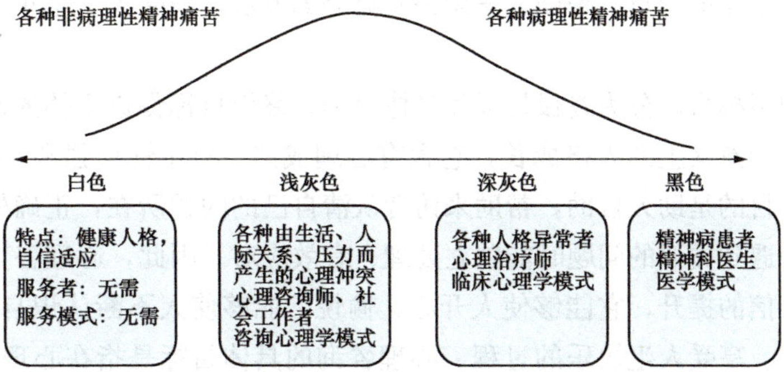

图 2-1 不同心理健康水平与各类心理健康服务的关系

身不善于调节，又不接受专业的帮助，久而久之，心理问题逐渐加深，会进入深灰色区域，需要临床心理学家的服务。由此可见，接受心理咨询的人是智力正常、无明显人格障碍、遭遇各种生活事件、出现心理困扰的人。一般来说，青年人比其他年龄段的人更适合接受心理咨询。心理咨询是大学生心理健康服务的主要形式。

二、心理咨询与心理治疗的关系

了解心理咨询的概念，认识心理咨询的目的和功能，初步了解心理咨询产生作用的机制，对于大学生在学习和生活中遇到困境时主动求助是十分必要的。

1. 心理咨询及其目标

心理咨询是由英文 counseling 翻译而来的，包括三个要素：咨询师、来访者、咨询过程。心理咨询是指由受过咨询心理学专门训练的专业人员运用心理学知识、理论和技术，对于那些解决自己所面临的问题有一定困难的人提供帮助、指导、支持，找出心理问题产生的原因、探讨摆脱困境的对策，从而使来访者缓解心理冲突、恢复心理平衡、提高环境适应能力，促进人格成长。一般可以从以下方面理解心理咨询：心理咨询是建立在一种特殊的人际关系基础上的专业工作；心理咨询是运用心理学知识、方法和技术的一种专门活动；心理咨询主要是通过语言等手段对来访者给予指导的助人自助的历程。国际心理学联合会《心理学百科全书》这样界定心理咨询：心理咨询始终遵循着教育的，而不是临床的、治疗的或医学的模式，咨询对象不是病人，而被认为是在应付生活中的压力和任务方面需要帮助的正常人。咨询心理学家的任务就是教会他们模仿某些策略和新行为，从而能够最大限度地发挥自己已有的潜能，或形成更为适当的应变能力。咨询心理学家强调发展的模式，他们试图帮助咨询对象得到充分的发展，并扫除其正常成长过程中的障碍。

心理咨询通常处理的是来访者的学习、生活、工作、交往等方面存在的不适应，以及个人发展的问题。例如，自我认识及自我探索、人际关系与沟通技巧、情绪调节与压力管理、学习及工作中的问题、个人发展与职业选择、人生目标与价值探索、心理行为与适应障碍、家庭关系调适等。通过咨询师与来访者协商、交谈、启发和指导的过程，促进来访者在认识、情感、态度和行为方面有所变化，从而达到帮助来访者更好地适应环境、自立自强、增进心理健康水平和提高社会适应能力的目的。大学生心理咨询更加强调发展性咨询模式，针对大学生的特点，帮助大学生得到充分的发展，扫除大学生正常成长过程中的障碍。

心理咨询的目标可以分为终极目标和具体目标。终极目标促进个体的健康成长，这里的成长是指心理学意义上的人格成长，它含有心理成熟、自主性增强和自我完善的意思。心理咨询的终极目的是助人自助，帮助来访者认清自己的问题所在，正确处理所面对的问题，并且在以后遇到类似的问题时能独立处理、有效应对。因此，心理咨询给人带来的是自我的觉察、自信的提升，它能够使人开心、愉悦，能够使人不断认识自我、激励自我，是寻找精神家园、享受人生快乐的过程。心理咨询的具体目标是指在心理评估的基础上，根据来访者的具体心理问题确定具体咨询目标。对大学生而言，主要是人际关系、学习、情感、自我和适应问题。

2. 心理咨询与心理治疗的关系

心理咨询（counseling）与心理治疗（pychotherapy）是有关联又有区别的概念。心理治疗是指在良好的治疗关系基础上，由经过专业训练的治疗者运用心理治疗的有关理论与技术，对有心理障碍或疾患的人进行治疗的过程。心理治疗的目的是改善患者的不良心态与适应方式，缓解和消除其症状与痛苦，促进人格改变，增进身心健康。

从心理咨询与心理治疗的定义不难看出，二者有许多相似之处。具体表现在：两者所采用的理论方法常常是一致的；在强调帮助来访者成长和改变方面是相似的；两者都注重建立帮助者与求助者之间良好的人际关系；两者的目标都是维护和增进心理健康等。因此，无论是在国内还是在国外，心理咨询与心理治疗常常被当作同义词。尽管心理咨询与心理治疗有许多相似之处，但两者的区别仍然是显而易见的。具体表现在：心理咨询的对象主要是正常人，他们的主要困难是现实生活中的适应与发展问题，而心理治疗的对象主要是有较重心理障碍的人，如人格障碍、神经症等；心理咨询所着重处理的是日常生活中的人际关系问题、职业选择的问题、教育过程中的问题等，心理治疗的适应范围是各类神经症、心身障碍、精神病患者康复期适应等；从事心理咨询的是心理咨询师、社会工作者等，而从事心理治疗的多是心理治疗师、精神科医师等。心理咨询与心理治疗的区别见表2-1）。

表 2-1　心理咨询与心理治疗的区别

项目	心理咨询	心理治疗
起源	源于心理测量运动、职业指导运动、心理卫生运动、非指导心理咨询	19世纪中叶催眠术的施行，19世纪末弗洛伊德开始的心理分析
问题涉及的领域	正常人遇到的各种问题，主要有日常生活中的人际关系问题、职业选择方面的问题、教育求学过程中的问题、恋爱情感方面的问题、子女教育方面的问题等	某些神经症、某些性异常、心理障碍、行为障碍、心理生理障碍等
涉及意识的深度	较浅，大多在意识层面进行，找出已经存在于来访者自身的内在因素，并使之得到发展；或在对现存条件进行分析的基础上提供改进建议	主要针对潜意识层面进行工作，重点在于重建患者的人格

续表

项目	心理咨询	心理治疗
疗程时间	用时较短，一般为1次至几次	较长，往往数十次不等，有的甚至经年累月
工作方法	主要是应用语言，虽然有时伴有其他方法	主要方法是语言治疗，也采用药物治疗，或用其他方法配合
工作模式	教育模式，在意识层次进行工作，突出教育性、支持性和指导性	医学模式，主要是帮助患者解除症状、改变病态行为
工作对象	主要是心理问题较轻的人、人格健全的人	症状较重的或有心理障碍的人
工作场所	相当广泛，包括学校、社区、企业、司法部门、职业培训部门	大多在医疗环境或私人诊所内进行

三、心理咨询的积极功能

一般来说，心理咨询的功能是为来访者提供全新的人生经验和体验，帮助来访者认识自己与社会，逐渐改变不适应的应对方式，学会与外界相适应的应对方式，更好地发挥个人的内在潜力，更好地面对现实生活。具体来说，心理咨询的功能有以下几个方面。

1. 体验良好的人际关系

心理咨询是一种彼此真诚的人际关系。在心理咨询的过程中，咨询师以善意、真诚、尊重、接纳、无条件积极关注的态度，与来访者进行沟通。这种双向的人际互动过程，为来访者提供了一种体验良好人际关系的机会，充分体验被爱、被关注、被肯定的积极情感。来访者可以把这种人际关系经验逐步地应用于生活中，利用咨询中学到的东西，更有效地处理现实中的人际关系。

2. 认识自我内部冲突

促使人们接受心理咨询的问题，大多是由于自身内部的原因引起的。但是，人们习惯从外部找原因，从别人身上找原因。为了解决这些问题，咨询师将会协助来访者，看清自己的内心，认识到自身内部的心理冲突，理解自己的归因倾向和认知特点，学会接纳自己，慢慢地让心灵健康起来。

3. 促进自我反思

要看清自己是不容易的，因为人们习惯蒙蔽自己的眼睛。本来是头脑里的一些错误观念导致了心理问题，却总认为自己对事物的观察和理解是正确的。心理咨询是促使人不再蒙蔽自己的过程。通过心理咨询，咨询师有机会帮助来访者降低自我防御，认真反思自我，形成正确的观念，从而做出清醒明智的选择。

4. 深化自我认识

当人们真正认识了自己时，也就认识了自己的需要、价值、态度、动机，以及长处和短处，而且一旦认识了自己，就可以减少自卑、自恋、自闭等不良心态带来的消极影响和破坏作用，接纳自我的限制和不完美，把握自己的人生，活出真我，并获得最大的快乐和幸福。

5. 获得心理自由

来访者往往心理上缺乏自由，生活中缺乏弹性。心理咨询提供了一个让心理获得更大自由的机会。心理咨询帮助来访者学会接纳不足，明白人生总是与缺憾相伴的，能够以更大的包容、更灵活的态度，面对生活中的挫折和困境，顺利度过人生不同阶段的种种危机，自由地享受生活。

6. 学会面对现实

当人们逃避现实或用不坦率的态度对待现实时，就容易招来麻烦。心理咨询的过程，就是要引导来访者回到现实中来。一旦目光集中到现在，不再一只眼盯着过去，一只眼看着未来，而是实实在在活在当下，感受此时此地的体验，逐渐地就学会同“现在”打交道，学会面对现实，不适应的状况就会改善。

7. 付诸有效行动

心理咨询的最终目标是指向现实生活的，也就是帮助来访者更有效地处理现实生活中的问题，做出有效的行为改变。一旦有了新的积极有效的行动，就真正学会了自我救助，就将为自己创造新的生活。

8. 发现人生意义

人们若能找到人生的意义或价值，自然会有一种对环境适应的生命力从心底涌出。有些大学生为了学业的挫折、感情的创伤而患上抑郁性障碍。表面看来，是因为不良刺激而抑郁，但从心理上细加分析，就可以从认识上找到更深一层的原因。这是因为当事人感到自己在社会上不再被人需要，不再被人肯定，是“无用的人”，觉得人生没有意义，从而产生了严重的抑郁心境。通过使来访者自己发现人生的意义，帮助他积极地恢复适应能力。

第二节 大学生心理咨询的意义与原则

一、大学生心理咨询的意义

大学生是一个特殊的人群，对多数人来说，大学阶段是一个摆脱了高中学校和家长的束缚，第一次完全独立地生活和学习的时机。大学是一个充满挑战与机遇的地方，大学生需要面对许多成长的问题，如认识自我、管理情绪、应对压力、提高创造力、有效学习、管理时间、人际交往、沟通技巧和求职择业等，也必然会遭遇种种挫折、困难和压力。在适应大学生活、化解心理困惑、调节自己的情绪、更好地发展自己方面，心理咨询可以为大学生提供有效的帮助。

心理咨询对于大学生心理健康而言，一般具有四个方面的功能：教育功能、发展功能、保健功能和治疗功能。心理咨询是解决大学生心理问题的重要途径，是高校心理咨询机构的基础性工作。心理咨询不同于一般的开导、劝慰和帮助，它是一项专业性很强的工作，是一种职业性的帮助行为，其中涉及很多专业理论与技术。心理咨询之所以对大学生心理健康能够产生积极有效的作用，关键在于心理咨询为大学生提供了一种与日常生活中的其他关系不同的特殊的关系，在这种关系中，咨询手段及其所创造的氛围使大学生逐步认清自己所面临的问题并学会以更加积极的方法和态度对待自己、他人和环境。对于心理行为正常的大学生，心理咨询所提供的新经验可以帮助他们排除成长过程中所遇到的障碍，从而更好地发挥个人潜能；对于有心理问题的大学生，心理咨询可以帮助他们改变不适应的思维与行为方式，学会新的适应方式。因此，使用心理咨询服务是现代大学生成长中善用资源、克服困难、提高适应能力的表现。

二、大学生心理咨询的原则

在心理咨询过程中遵循基本的咨询原则是心理咨询的根本要求，是咨询师与来访者建立良好人际关系的重要条件，也是有效运用咨询方法和技术从而获得良好咨询效果的重要保证。大学生心理咨询的基本原则是：为全体学生提供服务；强调每一位学生的尊严与价值；肯定每一位学生有平等机会发展个人潜能、成长和进取；重视和强调人的积极向上的一面；重视学生全面发展；配合教学、管理部门，协助学生在心理、情绪和性格上有良好的发展。

此外，在心理咨询的众多具体原则中，自愿与保密是最重要的原则。自愿指来访者不受任何形式的强迫，自觉心理不适并为之而烦恼，且有自我改变的意愿和动机，主动寻求心理咨询。如果缺乏来访者的意愿与合作，心理咨询不可能产生积极的效果。保密原则指咨询师尊重和保护来访者的个人权利与隐私。心理咨询之所以有效，就因为它建立在相互信任的基础上。正是基于信任，来访者才会坦诚地向咨询师诉说自己的困惑与烦恼，其中包括个人的生活状况、家庭背景以及个人隐私。所以，咨询师必须对来访者的姓名及谈话内容保密。还有，除极特殊情况外（涉及生命伤害，如有自杀或伤人的危险时），咨询师将拒绝任何关于对来访者的情况调查，即使这种调查来自学生家长和上级领导。为来访者保密，是心理咨询师最基本的职业道德。

第三节　大学生心理咨询的特点与内容

一、大学生心理咨询的特点

大学生心理咨询不同于医院的心理咨询，也不同于社会上一些大众传媒设立的咨询服务机构。大学生心理咨询除了具有一般心理咨询活动通常的特点和作用外，在高校育人活动中具有其自身的特点。首先，就咨询模式而言，大学生心理咨询的最大特点之一是在关注心理问题治疗的同时，更强调适应性和发展性。根据美国心理学家联合会（APA）出版的《咨询心理学手册》（*The Handbook of Counseling Psychology*）规定，咨询心理学在总体上可以分为两部分：其一是与个人发展有关的各类咨询，包括青少年行为问题、婚姻恋爱问题、环境适应问题及老人问题等；其二是与个人职业活动有关的各类咨询，包括职业能力评估、适应指导及调适等。其次，就对象而言，高校心理咨询的对象主要是正处在青春后期的大学生，他们无论是心理还是文化知识水平方面都具有很强的特殊性，这一阶段是最易产生心理上的诸多不适的时期。再次，就咨询方法而言，大学生心理咨询以团体与个别咨询相结合为主，团体心理咨询有其最大的适用性。因为大学不仅重视知识教育，更应该关注学生情绪与社会性方面的发展。团体咨询正是满足学生发展需要的工具。大学生团体咨询的目的是为参加者提供一个成长的机会和处理他们所关心问题的情境。例如生涯选择、恋爱关系、自我认同、人际沟通以及如何成为一个独立自主的人的问题等。

二、大学生心理咨询的内容

心理咨询可以应用于很多方面。大学生活的丰富多彩、纷繁复杂决定了大学生心理咨询的丰富性和复杂性。可以说凡是大学生人生道路上能遇到的各种心理问题都属于心理咨询的范围。大学生心理咨询的内容主要是在学习、情绪、人际关系、恋爱、适应、求职择业等方面的问题，如学习焦虑、注意力不集中、考试紧张、情绪困扰、人格问题、人际关系失调、社交障碍以及一些神经症等。从目前国内外高校心理咨询服务来看，可以概括为四方面：发展性咨询，帮助来访者增强认识能力、社会适应能力，挖掘自身潜力，促进全面发展；适应性咨询，对来访者在学习、工作、人际关系等方面的适应困难提供帮助；障碍性咨询，帮助有心理障碍的来访者挖掘病源，寻找对策，消除痛苦，减轻症状，恢复健康；心理危机干预。

1. 发展性咨询

发展性咨询主要针对希望开发自己潜能并能做出更好选择的来访者，主要帮助来访者更好地认识自己和社会，充分开发心理潜能，增强适应能力，提高自我生活质量，促进全面发展。这类咨询的对象无明显心理冲突，基本适应环境，目的是更好地认识自己，扬长避短，开发潜能，提高学习与生活的质量，追求更完善的发展。最常见的是学业与职业咨询。学业咨询主要是帮助学生加深对大学教育的认识，开发对专业学习的兴趣，提高学生的时间管理能力，帮助学生提高学习技巧，解决学习过程中遇到的具体困难，帮助学生规划未来学业发展的可能性。择业咨询主要是帮助学生客观地评价自我，发现自身特点和优势，开发职业兴趣，学习求职方法，提高择业能力，规划未来职业发展道路等。

2. 适应性咨询

这类咨询的对象基本健康，但在生活中有各种烦恼。咨询的目的是帮助学生消除不良症状，调适不良情绪，调整不合理认知，排解心理忧患，减轻心理压力，改善适应能力，学习新的经验和思维模式，并帮助学生开发自身的潜能。学习成绩不如意而忧虑，陷入失恋痛苦而难以自拔，人际关系不协调而苦恼，环境改变而自我认识失调等，都属于适应性心理咨询中常见的问题。

3. 障碍咨询

障碍咨询的对象是存在不同程度心理障碍的来访者，即存在程度不同的非精神病性心理障碍、心理生理障碍者。目的在于宣泄来访者的消极情绪，改变来访者在认知上的错误观念，缓解心理压力并确立正确合理的思考方向和方法，指导来访者进行有效的自我调控，激发来访者的自愈机制与潜能，帮助来访者重新建立包括和谐的人际关系在内的良好的社会适应行为。这类咨询的对象患有某种心理疾病，如强迫症、焦虑症等，为此苦不堪言，影响了正常生活，咨询的目的是通过系统的心理治疗，克服障碍，缓解症状，恢复正常的心理状态。

4. 心理危机干预

心理危机干预指对处在心理危机状态下的个人或群体采取明确有效的措施，使之最终战胜危机，重新适应生活。高校心理危机干预包括预防危机、早期发现和及时处置。引发心理危机的原因可以是灾难性事件，如自然灾害、传染病暴发，恐怖袭击、校园暴力等，也可以是个人剧烈的内心冲突，如失学、失恋、失业等。预防大学生自杀是高校心理咨询机构进行心理危机干预工作的重要内容。大学生自杀的原因很复杂，考试不及格、失恋、经济困难、身体疾病、人际关系紧张等都可能导致自杀行为。此外，精神分裂症患者、抑郁症患者自杀的可能性较大。为了有效防止自杀行为，需要广大师生以及心理咨询专业人员共同参与，并通过心理普查、建立热线电话等手段进行干预。

第四节　大学生心理咨询的形式及应用

心理咨询常因时间、地点和对象的不同而采用不同的形式。以心理咨询途径为划分标准，可有门诊咨询、电话咨询、信件咨询、专栏咨询、现场咨询；以咨询人数为划分标准，有个别咨询和团体咨询；以咨询的直接程度可分为直接咨询、间接咨询。

一、个体面谈咨询

个体面谈咨询是心理咨询最主要的形式，指在咨询师与来访者之间建立一对一、面对面的帮助关系。个体咨询具有保密性和针对性强的特点，咨询师与来访者之间容易建立信任关系，来访者能够体会到一种安全感，从而能有效地降低来访者的防御反应。在个体咨询的过程中，咨询师可以对来访者的个性、精神状况、心理问题的类型和严重程度进行直接全面的观察和诊断；来访者能够充分详尽地向咨询师倾诉自己内心的烦恼，并可以与咨询师进行充分的讨论、磋商和分析。

二、团体心理咨询

团体心理咨询也称小组辅导。团体咨询是咨询师对多个有类似心理问题和困扰的来访者就共同关心的问题进行咨询的方式，人数一般没有固定的要求，以八人左右为宜。团体咨询的特点是能在较短时间里由专业人员直接面对较多的来访者，便于观察、了解和指导。来访者之间可以相互交流和讨论，从而使他们之间相互产生影响和互相提供支持。由于团体心理咨询比较符合大学教育的特点，又为大学生所接受，对促进大学生心理健康和解决大学生心理问题的效果较好，所以团体心理咨询在高校发展迅速。团体咨询的理论和技术在心理健康与指导课程以及心理训练课程中也被广泛应用。大学的心理咨询中心常常提供不同类型和结构的团体辅导与咨询，以满足不同学生的不同需要。

三、家庭心理咨询

家庭是一个动力结构，家庭成员之间相互作用，形成相对稳定的互动方式，以此维持着家庭的存在。家庭某一成员出现问题，往往不是孤立的，而是与其他家庭成员有关的，是家庭成员相互作用的结果。进行家庭咨询的前提是所处理的问题是在家庭中产生的，问题可以表现为家庭成员个人的，也可以是家庭成员共同面临的。措施着眼于调整家庭成员的相互关系，改变问题产生的家庭动力机制。由于大学生多数是独生子女，在成长过程中父母的过度保护、过度期待、过度干涉都会对大学生的独立性发展带来不良影响。因此，应对大学生心理健康问题，有时需要以家庭为对象进行工作。

四、电话心理咨询

电话咨询是指来访者通过电话与咨询师进行交谈的咨询方式。电话咨询具有方便、迅速、及时和保密的特点。来访者通过电话可以以不见面的方式向咨询师倾诉内心的烦恼，从而缓解精神压力，并得到咨询师的心理支持，可以有效降低来访者的顾虑，尤其是对那些不愿到咨询室进行面询、不愿暴露真实姓名和身份的来访者更为适用。电话咨询的局限性在于咨询师不能直接观察和了解来访者的状态，受通话时间限制，咨询不能深入进行，难以提供持续的帮助。所以，在大学生心理咨询中，电话咨询主要用于回答一些知识性问题和临时缓解一下来访者的精神压力，真正要解决心理问题还是需要到心理咨询机构与咨询师进行面谈。随着网络技术和通信科技的发展，电话咨询越来越成为便捷的咨询手段，也成为高校大学生危机干预的重要手段，很多学校都设立了心理咨询热线，社会上还有 24 小时求助电话，对防止由于心理危机而酿成的自杀与犯罪行为产生了积极作用。

五、书信心理咨询

书信咨询是指来访者与咨询师之间通过书信进行交谈的一种咨询方式。这种咨询方式对那些不愿意或不方便与咨询师面谈的来访者较为适用。但是，书信咨询具有很大的局限性，由于来访者与咨询师不能面对面交谈以及受书信所含信息量低、交谈次数少的限制和来访者文字表达能力的限制，使得咨询师不能准确把握来访者的问题，只能提出一些原则性的指导意见；受阅读理解能力的限制，来访者可能误解咨询师的指导。因此，在大学生心理咨询中，书信咨询主要用来回答一些知识性问题或在面询前建立初步的咨询关系，从而打消来访者来面询的顾虑。多数大学心理咨询机构都设有心理咨询信箱。

六、网络心理咨询

近年来，随着计算机网络的飞速发展，心理咨询出现了网络咨询这种新形式。网络咨询是指来访者通过互联网与咨询师交谈的咨询方式。这种咨询方式与书信咨询方式类似，但较书信咨询方式迅速及时。目前，网络咨询仍受文字表达理解能力的限制，但随着网络多媒体技术的发展，语音与图像将很容易在网上实时传输，网络心理咨询将可能有重大发展。

网络的即时性和广泛性使得人们能以最快的速度查阅有关心理保健的知识，有助于提高心理健康意识，提升心理素质。心理量表的网上使用可以让来访者随时自测，增进自我了解，评估自己的心理健康状况，以便在必要时寻求帮助。与传统纸笔测试相比，网上测试省时省力，诊断和分析较为便捷。网络心理咨询突破了传统心理咨询对于时空的限制，使得咨询更为直接和便利。此外，网络的匿名性可以使人们直接而真实地表达自己，减少传统心理咨询中阻抗的发生，更有利于咨询和治疗的顺利进行。网上心理咨询的信息易于保存和记录，也有利于咨询专业督导和研究。

第三章　大学生心理困惑及异常心理

大学生朝气蓬勃，正是兴旺时期，但由于外在环境的压力，自身应对能力不足，加之未能得到及时纾解和恰当的治疗，相当数量的大学生存在不同程度的心理健康问题。甚至，一些高校存在着偶发的自杀、伤害他人等突发事件，反映出个别大学生的心理健康存在着严重的问题，对学生本人和其家庭产生了较大的影响，引起了社会各界极大的关注和深刻的反思。

第一节　大学生常见的心理困扰

一、不可小觑的心理困扰

心理困扰是指个体在日常生活过程中，因内、外部原因的影响而引起的在某一时期出现的焦虑与烦恼、迷茫与疑惑、低沉与沮丧等不良反应的心理状态。心理困扰本身不是病态反应，它是任何人都可能在人生的某一时段出现的一种认知冲突、心境烦躁、体验不爽的心理反应。它可以是情绪上的，也可能是人际关系上的，或者是学业、工作、处事等诸多方面的不适感受。

相比于心理障碍和心理疾病而言，个体心理困扰往往表现得轻微些，是一种偏离健康心理状态的轻度心理问题，没有构成可辨认的临床综合征，一般可通过主动自我调适或主动寻求他人的帮助摆脱困扰，得以解决。但是，任何重度心理问题都是由轻微问题累积、演化而成的。如果我们对心理困扰处理不当，将引发更严重的心理问题，滋生心理障碍、精神疾病乃至心理危机。因此，大学生了解可能遇到的心理困扰及相关解决对策，是从根本上重视和维护自身心理健康的务实之举。

二、你可能会遇到哪些心理困扰

1. 与学习有关的心理问题

在大学生生活事件量表中，列在第一位的是学习压力较大。调查结果表明：大约有69.6%的新生感到“学习难度较大，学习方法不适应”；这种压力如不能及时得以缓解，会影响大学生的身心健康，这类心理问题表现在考试焦虑、成绩波动过大、学习缺乏动力、专业不满意、学习负担过重等方面。一项关于学习的调查发现，学生中认为“时时感到一种压力和竞争”“常常为自己的学习成绩而担心不安”的占 60.3%。在压力下被动地学习，丧失了前进的方向，有松口气的想法，造成学习内驱动力不足，进而导致学习目标不明确、学习动机功利化。

2. 与人际交往有关的心理问题

从校门到校门，部分学生缺乏人际交往经验，而自身在人际交往中的不自信又不利于增加自身的人际魅力，妨碍了良好的人际交往圈的形成，由于个体间的正常的沟通交往不够，又易引发猜疑、妒忌等，使个别学生把自己包裹起来或者回避他人。这类心理问题表现为沟通不良、交往恐惧、人际关系失调、人际冲突、孤独无援、缺乏社交的基本态度及技能、代沟等。例如，因自负而不屑交往，因恐惧而不能交往，从而陷入孤寂封闭的境地；有的学生虽能主动与人交往，但对他人的态度常持有偏见、误解和过分苛求，对他人缺乏同情、理解和尊重，难以被他人接受；良好的交往愿望和实际人际关系不协调的矛盾是导致大学生心理冲突和失调的主要原因。

3. 与性有关的心理问题

青少年随着身体的变化、生殖系统的成熟，性意识开始觉醒。大学生性意识困扰的原因，主要包括性无知、性罪恶、性压抑及情感障碍。青春期性心理与性生理密切相关，对异性的好感，希望在异性心目中树立良好的形象，获得对方的认可。有的大学生认为，爱不能没有性，禁欲是对美好爱情的打击。由于性生理的成熟与性心理的不够成熟的矛盾，使更多的人面临这样的选择：面对男朋友的性要求，如何选择才既不伤双方感情，又保持了自身的尊严？既不破坏社会公德，又不影响他人，健康的性行为为什么不可以呢？最初的恋人可能不是最终的选择，性关系无论从道德上还是从心理上都使对方更多了一份沉甸甸的责任。性的好奇、性贞洁感的淡化甚至性与爱的困惑、分离及由于性行为引起的后果及产生的心理压力，都是值得引起重视的问题。

4. 与情绪有关的心理问题

大学生的社会情感丰富而强烈，具有一定的不稳定性与内隐性，表现为情绪波动大、感情容易冲动、喜怒无常，会因一点小小的胜利而沾沾自喜，也容易因为一次考试失败、情感受挫而一蹶不振，甚至无法控制自己的情绪。特别是负性情绪的控制相对较弱，个体负性情绪表现为情绪高低不定、易怒，难以驾驭自己的情感，不能保持一种常态的情绪。如一次考试失败，有的学生很难从失利的阴影中走出；群体负性情绪又是校园事端的直接制造者。例如，某大学几年中的违纪处分的 71 例，打架的占到 45%，起因多数为生活中的小摩擦，学生的群体情绪一旦激发，很难受到理性与校纪校规的约束，为朋友而战，为义气而战，当情绪稳定下来，又多是后悔不及。在对大学生活的评价中认为充实的仅占 14.2%，负向情绪明显高于正向情绪。

5. 与求职择业有关的心理问题

大学生求职择业常常缺乏选择的主动性、不了解与自己的个性能力相匹配的职业领域、对面试缺乏自信、过于追求功利、缺乏走上社会的心理准备等。例如，有的学生面对人才市场五花八门的招聘单位与条件不知所措，难以抉择；有的学生不知怎样进行适当的自我推荐；有的学生对社会种种现实不能正确分析，产生逃避社会或过于担忧的心理。大多数毕业生担心自己能否找到理想的工作岗位，双向选择时是否能正常发挥等。择业中常见的由内心紧张、心理冲突而引起的一种复杂情绪反应的应激心理，表现在以下四个方面：第一，失眠紧张、烦躁抑郁、萎靡不振及所导致的躯体化症状，如头痛、消化不良等；第二，缺乏经验与自信的怯懦退缩举止；第三，脱离实际、逃避现实的孤傲冷漠的态度；第四，因择业碰壁而产生的违规行为。

6. 社会适应与发展问题

青年期的大学生自我意识迅猛增长，期望个人能得到社会与他人的尊重，但他们的社会成熟度相对发展迟缓。社会生活中常常会遇到各种挫折与人际关系的矛盾，使有些大学生不能很好地适应环境、适应社会，甚至形成环境适应不良与社交障碍，为此而感到苦闷、自卑，以致影响了身心健康。

7. 其他心理问题

大学生可能还会遇到如家庭关系、经济问题、出国留学、余暇生活、个性发展、人生态度等方面出现的困惑或苦恼。

三、面对心理困扰，该怎么办

你可能看到身边有同学遇到心理困扰后，常常茫然无措，或者积郁难解，饱受煎熬；或者不以为然，任其蔓延；或者小题大做，胡乱投医。其实，我们应该知道，大学生遇到心理困扰是很正常的现象。我们面对的环境纷繁复杂，变化莫测，涉世未深的我们遇到各种各样的压力和冲突是常有的事情。无视它或者夸大它，都是不可取的，如果没有高度重视它，处理不当，有可能会演变成意外事件、恶性事件。如果遇到了上述的心理困扰，我们可以通过自助或他助的方法来解决。

1. 寻求自我帮助

(1) 学会改变不合理的认知方式。美国心理学家阿尔伯特·艾利斯认为，并不是事件本身直接导致了人们的情绪困扰，事实上，面对同一个事件，不同的人会有不同的情绪体验。比如同样是考试没考好，一个人可能无所谓，而另一个人却伤心欲绝。为什么呢？就是因为人的认知方式在其中起着直接的作用。一个人可能认为这次考试只是试一试，考不过也没关系，下次可以再来。另一个人可能觉得这是背水一战，不能失败。于是，不同的认知带来的情绪体验大相径庭。所以，真正困扰你的，往往不是事情本身，而是你对事情的看法。因此，我们学会用合理的认知代替不合理的认知，能够最大限度地减轻不合理认知方式带来的不良情绪困扰。换个角度看问题，能达到海阔天空的效果。

(2) 学会保持健康的情绪状态。在生活中，难免遇到不如意的事情，我们会出现不良情绪反应很正常。那么重要的是，我们要及时地合理宣泄不良情绪，采用合理的途径有效转化情绪，保持健康的心理状态。比如，参加社会实践活动，参加篮球、跑步等体育活动。同时，还可以丰富我们的生活体验，增加社会阅历，从而提高自身挫折承受力和社会适应力。

(3) 主动学习心理健康和心理问题方面的知识。在学习相关心理健康知识后，我们才能学以致用，正确认识心理健康和心理问题，树立科学的健康观，通过阅读相关心理案例，自测自查，学会自我引导和自我调适，逐步走出心理困扰。例如，大部分性心理困惑的学生可能羞于求助，他们求助于图书资料或者网络知识解决了自己的心理困扰。

2. 勇敢求助他人

(1) 向同伴、长辈求助是大学生化解心理困扰的常用途径。我们身边熟悉的朋友、家人、老师，经常是我们求助的对象，因为我们更信任他们，面对他们的时候更加轻松。而且，他们更加了解自己的生活，他们的帮助对自己来说比较方便易得，所以，经常能够从他们身上得到及时可行的建议。

(2) 向专业心理咨询师求助。尽管现在社会各界都开始关注心理健康问题，但是，心理咨询对于大多数人来说可能还是会有种“雾里看花”的感觉，既担心没有作用，望而却步，又觉得神秘有趣，跃跃欲试。有的人认为心理咨询就是找心理咨询师聊聊天，倒倒心里的“垃圾”。其实，谈话是心理咨询的一种主要形式，不同于一般意义上的聊天、开导和劝慰。而且，除了谈话以外，心理咨询还有其他方法和手段。它是一项专业性很强的工作，其中涉及很多技术性问题。对于出现心理困扰的人们，心理咨询可以利用心理学知识、理论和技术，针对人们的各种适应与发展问题，给予启发和指导，达到“助人自助”的目的，为求询者提供了更加积极的方法和态度对待自己、他人和环境，改善求助者的认知方式，增进心理健康水平和提高社会适应能力。心理咨询是解决心理困扰这种一般心理问题的重要途径。高校心理咨询工作的对象是全体学生，主要进行发展性咨询和障碍性咨询。发展性咨询是解决学生生活中的一般心理困惑，促进其健康成长。障碍性咨询是解决学生轻度的心理问题，对严重的心理障碍进行初步识别并予以转介。俗话说：一个巴掌拍不响。心理咨询的效果不只受到心理咨询师所具备的人格特点、专业知识和技能等各种因素的影响，还取决于求助者的态度和心理状态。所以我们需要以一种科学的、理智的态度对待心理问题和心理咨询，发现自己有心理困扰时，主动并及时地进行心理咨询。

第二节 大学生常见的异常心理

上一节中提及的心理困扰，是大学生遇到的程度较轻的心理问题，属于心理正常中的不健康心理状态。除此之外，大学生中还出现了心理不正常状态，称为异常心理。异常心理，如神经症、人格障碍、性心理障碍等，需通过心理治疗，来帮助求助者消除精神症状，改变病态行为并重整人格。心理治疗是指良好的治疗关系基础上，由经过专业训练的治疗者，运用心理治疗的有关理论和技术，对在精神和情感等方面有障碍或疾患的人进行治疗的过程。

生活在现实社会中的每一个人，都在一定程度上存有心理问题，人的心理问题是普遍的，只是程度不同而已。大多数调查结果显示：目前我国大学生的心理健康状况令人担忧。从总体情况来看，具有以下几个特点：

(1) 心理健康水平明显偏低，心理障碍检出率从高到低依次为强迫、焦虑、精神病、偏执、抑郁、敌意、恐怖、人际敏感和躯体化。

（2）情绪困扰比较普遍。研究表明，抑郁症、焦虑症、恐惧症等主要表现为情绪障碍的神经症在大学生心理疾病中所占比例相当高。

（3）因心理障碍退、休学的比例呈上升趋势，占总休学人数的 30%。

一、各具特色的神经症

神经症是一组没有器质性原因的、由于精神因素造成的心理疾病。人格因素和心理社会因素是主要致病因素，但非应激障碍。神经症多发病于 15～40 岁，发病率较高，是大学生中最多见的一类精神疾病。我国有关调查资料表明神经症患者患病率为 22.21‰，患者约占精神科门诊总数的 50%，在内科和其他临床中，也不少见。

神经症患者常有以下表现：

（1）躯体总有各种不适的感觉，却没有相应的器质性损害。

（2）心理冲突，精神痛苦。患者察觉到自己处于一种自相矛盾的心理状态，却无力自拔。

（3）对自己的病态表现有充分的自知力。

（4）精神活动能力降低，但生活自理能力、社会适应能力和工作的能力基本没有缺损。但由于精神十分痛苦，严重影响学习、生活、工作。

（5）症状的持续性。症状至少持续 3 个月或不止一次发作。

请注意，针对神经症的症状表现、病程和严重程度等方面严格的诊断标准，包括症状表现、严重程度和病程等方面，决不能因为某些方面的相似甚至相同就“对号入座”。神经症有许多类型，具体表现各不相同。接下来介绍几种常见又各具特色的神经症。

1. 强迫症：是什么，让人饱受痛苦却又欲罢不能

李同学，是某大学二年级学生。李同学有个“怪毛病”。一天到晚要用流动水洗手，一天洗数十遍，还觉得不放心。这样做已经有近一年了。李同学承认自己洗手的做法确实过头，但明知不必要却又控制不住自己，就是觉得要洗，否则就不干净，就会传染上病毒，这使他感到十分痛苦。听完李同学的叙述，学校心理咨询室老师告诉他，这是强迫性神经症的表现。

强迫症是一组以反复出现强迫观念或强迫行为为基本特征的一类神经症障碍。强迫症的特点是有意识地自我强迫与自我反强迫同时存在，患者明知没有必要，但又无法摆脱特定的思维和行为模式，不得不违背自己的意愿做强迫性的思维或动作，两者冲突常导致紧张不安和痛苦。病程迁延者表现为以仪式动作为主而减轻精神痛苦，但社会功能严重受损。虽然实施仪式动作可以立刻减轻痛苦感，但是不久这种感觉又会重新产生。病情较重的患者会一直生活在持续的紧张和痛苦中。

强迫症可分为强迫性思维和强迫行为两种类型。

强迫性思维是指头脑中反复出现的某一概念或相同内容的思维，明知没有必要，但又无法摆脱。例如，一个学生在交了试卷以后总是认为自己可能没有写名字，于是接下来的时间里总是这么想，直到试卷发下来。反复思索：树为什么是向上生长的？为什么 1 加 1

等于 2 而不等于 3？看到树就联想到森林、野兽等。

强迫行为是指重复出现一些动作，自己知道不必要而又不能摆脱。比如，特怕脏，反复洗手、洗衣，李同学属于这一类；反复检查柜子、抽屉、门窗、自来水龙头、煤气开关、煤炉通风口等；一位司机反复检查他的汽车底下是否有小孩，以至无法工作；见到电杆、台阶等便不由自主地计数。

遗传因素、患者的性格及心理社会因素都可能导致强迫症。就遗传因素而言，患者的父母中有 5%～7%的人患有强迫症，远远高于普通人群。神经症的发生也和患者病前性格有密切关系。强迫症患者的病前性格极具相似的特征，他们常常过分地克制自己，过分地自我关注和责任感过强，过分谨小慎微，常常有不安全的感觉，为人处世唯恐疏忽和出现差错。此外，造成长期思想紧张、焦虑不安的社会心理因素或带来沉重精神打击的挫折事件也是强迫症的关键诱发因素。

当发现自己有强迫倾向，要主动咨询求治，确定是患上了强迫症后，要及时接受治疗。治疗强迫症的方法很多，行为疗法最为常用，如厌恶疗法、系统脱敏法等。患者刚接触行为疗法时可能会觉得较困难，但是在专业人员的指导下学起来并不复杂，关键是需要患者积极配合，坚持治疗，这样才能更好地解决问题。

2. 焦虑症：是什么，让人莫名其妙地烦躁不安

焦虑是一种内心紧张、预感到似乎即将发生不幸时的心境。在现实生活中，我们几乎都体验到过焦虑情绪，例如，面临考试、参加一次重要的面试等。焦虑是一种很普遍的现象。在某种程度上，焦虑情绪具有保护的意义。适度的焦虑有助于我们发挥得更出色，但无端的、过度的焦虑则会给人们带来困扰甚至是痛苦，也可能发展为一种异常心理：焦虑症。

在临床上，焦虑症可以分为两种类型：惊恐障碍和广泛性焦虑障碍。惊恐障碍，又称急性焦虑发作，这种病起病毫无征兆，患者自己也不知道原因，只是感到心慌意乱、紧张不安或无名恐惧。广泛性焦虑障碍，又称慢性焦虑症，患者对客观上并不存在的威胁、危险和坏结果感到焦虑、担心和不安，持续时间至少 3 个月。虽然明知是杞人忧天，但却不能控制。患者容易被激惹，警觉度明显增高，对外界刺激过分敏感，会出现记忆困难，常感觉头痛、失眠、易紧张、不能放松、有出汗、口干、呼吸加快、心动过速等表现。患者还多有运动性不安的表现。轻者表现为紧张和不能放松，如不能静坐、搓手顿足、来回走动，可以见到眼睑、面肌或手指震颤。患者可有明显的焦虑表情，如双眉紧锁或面部绷得紧紧的，或出现全身肌肉紧张甚至僵硬。较重者会感到战栗或发抖。

焦虑症的发生与个人性格、认知方式以及心理社会因素等有关。怯懦胆小，易紧张，对自己身体过分担心，遇到挫折过分自责等，这种性格的人在精神刺激或逆境下极易发病。认知方式在焦虑症的形成中起着极其重要的作用。研究发现，焦虑患者比一般人更倾向于把模棱两可的、甚至是良性的事件解释成危机的先兆，更倾向于认为坏事情会落到他们头上，更倾向于认为失败在等待着他们，更倾向于低估自己对消极事件的控制能力。在有应激事件发生的情况下，更有可能出现焦虑症。

我们必须及时发现并尽快消除过于强烈的、会危及我们机体状况的病态焦虑。心理治疗可帮助患者找到并正确认知引起焦虑的真正原因，从而转变对引起焦虑的事物的态度，可有助于患者病情好转。

3. 恐惧症：是什么，让人杞人忧天

人在遇到危险的关头，本能地会出现紧张、害怕的情况，这是我们机体对危险做出的一种自我保护反应。这时体内出现的一系列生理变化可有助于机体对出现的危险采取迅速、高效的行为反应，从而战胜或化解危险。例如，你走在路上，突然看到一条蛇，你可能会紧张，害怕，心跳加快，手心出汗，甚至拔腿就跑。你出现的一系列心理和身体变化可称作应激反应，不应被视为胆小和怯懦。但是，有人在危险性不大或根本不存在危险的场合却出现类似的反应，那有可能是患上恐惧症了。

恐惧症是一种以对某特定物体、活动或情境产生持续的和不合理的恐惧为特征的心理障碍，患者常不得不回避其害怕的对象或情境。一般来讲，引起恐怖的刺激的客观危害是极小的，甚至完全无害，但对于恐惧症患者来说，那些刺激非常危险，一旦接触到，就会激起强烈的惊恐，发作时伴有头晕、心慌、颤抖、出汗，甚至昏倒等自主神经症状。

恐惧症大致分为以下三种类型。

（1）广场恐怖：世界那么大，我却不能走出去看看。有的人整天待在家里不出门，可能是因为不愿意走出去，像现在的很多“宅男宅女”。但是有一类人，他们是不敢走出去。李先生，任职于北京一家外企，在同事和领导眼里，他非常能干，在家人眼里，他是好儿子、好丈夫、好父亲，经常在家里陪孩子做游戏。但是，他却有一个难言之隐，3 年来他从未出过远门，一旦坐上汽车、地铁、火车和飞机时，就感到莫名的恐惧，还有心慌、呼吸困难、出汗、头晕等症状，感觉下一刻自己就要出事情了。最后，李先生被确诊为广场恐惧症，是对交通工具的恐惧。他们害怕发生意外后无法及时获得帮助。

（2）社交恐怖：害怕与人交往也是一种病吗？刚才的例子中，李先生如果避开让他产生恐惧的刺激，这一恐惧症将不会太影响他的生活。然而，社交恐惧症问题就严重多了。举一个极端的例子：一名女性患者在一生中只出过三次家门：一次是去看望家人，一次是做手术，还有一次是为将要死去的伴侣买冰淇淋。社交恐惧症患者害怕被别人评价，或身处人群之中会感到困窘。小方是某大学一年级学生，上大学一年来，她从不参加集体活动，不愿与人交往，不敢看任何人，觉得别人在盯着自己看。她一说话就面红耳赤，眼睛紧盯着地面，心跳加速、浑身起鸡皮疙瘩，好像全身都在发抖。可怜的小方在丰富的大学生活里没有收获到美好的友情和感悟，却渐渐成为同学们眼中的“独行人”。

社交恐惧症是一种常见的神经症，其患病率为 3%～13%。据美国一项跨 48 个地区的 8000 名个体调查表明：社交恐惧症的发病率为 7.9%，终身患病率为 13.3%。社交恐惧症多起病于青春期，只有少数起病于 20 岁以后。社交是需要长期实践和学习的，那些从小到大少与社会环境接触的人患病概率高。据有关专家估计，在中国，由于人们对该症普遍认识不足，大量的病患被轻描淡写地认为是“胆小、内向”而未受重视，导致社交恐惧症的病患数量统计趋于保守。有的患者也会因强烈的创伤性处境刺激发病。

(3) 特定恐惧症。还有一些人害怕某种动物或昆虫；害怕自然中的某种环境，如有人怕高或怕水；害怕幽闭的空间，等等。

你是否曾觉得他们的行为不可理喻？其实，如果你了解了恐惧症的病因就能够理解他们了。恐惧症的病因可能是多方面的。有的从小娇生惯养而形成胆小内向的性格，或早年受过惊吓给自己留下深深的阴影，这些阴影在某种场合下会随着暗示而突然清晰。了解到这些以后，我们不要再觉得他们的表现不可理喻，不要嘲笑他们，因为这种不友好的态度可能会激化他们的病情，使他们在痛苦的深渊中越陷越深。但是，单纯的开导和安慰也是无济于事的。药物也只能起到短期作用。针对恐惧症患者常用的就是行为疗法中的系统脱敏法、暴露疗法以及森田疗法等。不同的患者可能适合不同的治疗方法，需根据患者的情况有选择地使用。

4. 抑郁症：谁的心里住着一位林黛玉

每个人都会经历情绪波动，有的时候兴高采烈，有时候沮丧难过，这是很正常的。然而对于有些人来说，情绪体验上的困扰太过强烈以至于影响了日常生活，在极端情况下，甚至会危及生命。这属于心境障碍。在这里介绍一种较为常见且危害较大的心境障碍——抑郁症。

抑郁是人类心理失衡时，最常出现的问题之一，是大多数人在生活中都会体验到的心理上的“流感”。全球抑郁症的发病率很高，约为 11%。随着社会压力的不断升级，患病率有不断上升的趋势。世界卫生组织研究预测，到 2020 年，抑郁将成为全世界引起死亡的第二位因素，仅次于心血管疾病。抑郁症成了大学生的隐形杀手，据调查表明，大学生中有严重抑郁的占 14.7%，轻度抑郁流行率为 42.1%。

抑郁症患者会出现与其痛苦经历不相称的抑郁反应，他们觉得悲伤沮丧、无价值感、孤立无援，对任何事情都不感兴趣，认为处处不如意，未来毫无希望。他们可能经常感到疲劳，出现睡眠障碍，精神萎靡，食欲不振。他们不愿与人交往，尽可能回避与人相处，就算参加一些活动，也并不能从中获得乐趣。更为严重的是，这些感觉会持续几个月甚至几年。他们敏感，容易激动，无缘无故地大哭，甚至还有想要结束自己生命的念头。

抑郁症的出现通常与个体自身及其社会因素等有关。抑郁症患者通常存在着不合理的认知方式，在个性上也具有共同的特点，例如，缺乏自信、悲观消极、容易自我贬低、易于伤感等。抑郁症还可能与中枢神经五羟色胺代谢紊乱有关。某些重大的挫折事件、日常生活和工作中的困扰及其他各种消极的生活事件等都可能引起抑郁。其实，生活中很多人都会经历挫折、令人伤感的事情，但是很快就能随着自我调整，心情渐好，心理功能和社会功能不会受到严重影响。然而，如果一个人无法及时走出心灵困境，总是悲悲切切，自怨自艾，那就需要引起自身和周边人的重视了。请尽快动员他去向心理咨询师或精神卫生专科医院求助，通过认知疗法、药物治疗等有效方法，帮助他们走出抑郁的灰色地带，防止悲剧发生。

名人与抑郁症

古今中外，有不少名人和“抑郁症”有过零距离接触，例如，美国著名作家海明威、荷兰著名画家梵·高、我国著名主持人崔永元、著名歌星张国荣等，抑郁症也借此进入大众视野。诺贝尔文学奖获得者海明威的生活经历并非像外人想象的那样，充满文学家的浪漫与激情，相反，他的内心时常经受剧烈痛苦。抑郁，就像一张挣脱不了的罗网，将这位文学巨匠紧紧地缠绕。他像只被凶恶老鹰穷追不舍的猎物，被追得走投无路、无处躲匿。在夏日的一天，他终于用子弹结束了他顽强拼搏的一生。这些年来，时常有抑郁症患者自杀的报道见诸报端，使人们对抑郁症有了一种莫名其妙的恐惧，好像得了抑郁症就无药可治，结局都十分悲惨。其实并非完全如此。接下来看看一些名人们是如何战胜抑郁症的，或许能给我们一点启示。著名主持人崔永元曾长期被抑郁症纠缠，“有了责任感后特别痛苦，每天睡不着觉。我每天到了早上八点，看到太阳冉冉升起，别人都开始上班，自己却躺在床上无法入睡，非常难熬。我想，为什么要对自己这么苛刻，为什么还要坚持？”一开始，领导不相信乐观的崔永元会得抑郁症，以为他是找借口不想工作。崔永元只能苦着脸说：“你要是不相信我的话，你把我吃的药拿去吃吃看。这个药的效力特别大，一般人都受不了。”最终经过长期的心理治疗，崔永元甩开了抑郁这只“黑狗”。名人和抑郁症过招儿各有不同的结局。有些人被抑郁症压垮，但更多的人战胜了抑郁症。

二、人格障碍

我们常听到“人格”这个词，它反映了一个人总的心理面貌。人格是相对稳定、具有独特倾向性的心理特征的总和，它是在长期的社会生活实践中形成、发展起来的。如果个体人格特征明显偏离正常，形成了一贯的反映个人生活风格和人际关系的异常行为模式，就会出现人格障碍。

人格障碍患者的认知行为是偏离了所处的社会文化背景以及多数人认可的认知行为模式，往往不能被社会所接受，常被当作“怪人”看待。患者人格特征偏离，对环境适应不良，明显干扰了其社会功能，导致患者无法保持和谐的人际关系，难以适应社会生活，甚至会危害社会。我们有时无法察觉一些病情轻微的人格障碍患者，可能只有与他最亲近的人会“领教”他的异常，身边的亲友常会感到无所适从，但其不良影响相对较轻。病情严重的人格障碍患者没有社会责任感和道德感，事事违抗社会习俗，不讲社会公德，置他人利益于不顾，尤其是像反社会型、边缘型患者，常会产生出一些具有社会危害性的案例。应当着重指出的是：人格障碍患者具备行为自制能力，若出现违法犯罪行为，必须承担法律责任。患者牢记这一点，对下定决心治愈人格障碍，防止恶性事件发生十分必要。

常见的人格障碍有以下几种：

偏执型人格障碍：以明显的猜疑或偏执为主要特征。

分裂样人格障碍：以观念、行为、外貌装饰奇特，情绪缺乏和冷漠、人际关系明显缺陷为特点。一般在童年早期开始长期存在。

反社会性人格障碍：以行为不符合社会规范，具有经常违法乱纪，对人冷酷，缺乏羞惭感为特点。是人格障碍中对社会影响最严重的类型。

冲动性人格障碍：以情绪不稳定及缺乏冲动控制为主要特征，又称攻击性人格障碍。

表演性人格障碍：又称癔症性人格障碍，以高度情感性和以夸张的行为吸引注意为特点。

强迫性人格障碍：以过分要求严格与完美无缺为主要特征。

焦虑型人格障碍：以持久和广泛的内心紧张及忧虑体验为特点。

依赖性人格障碍：以一种特有的方式将本人的需要依附于别人为主要特征。

人格障碍的种类较多，特征各异，但是患者也有一些共同的特征。

(1) 他们都有紊乱不定的心理特点和难以相处的人际关系。这是各类人格障碍最主要的行为特征。如偏执怀疑、自我爱恋、被动性侵犯等，都给他人造成极大困难，甚至带来祸害。

(2) 他们把自己遇到的任何困难都归咎于命运或别人的错处，没有自知之明，看不到自己的缺点。他们经常把社会或外界的一切看作是荒谬的、不应该如此的。

(3) 他们认为自己对别人没有责任可言。如对不道德行为没有罪恶感，伤害别人没有内疚和后悔感，并对自己所作所为都能做出自以为是的辩护，自己的利益总放在首位，而不管别人的心情和状态。

(4) 总是走哪里就把自己的猜疑、仇视和固有看法带到哪里，任何新环境的气氛无不受其行为特点的影响。

(5) 他们的行为常常伤害或扰乱别人，使左邻右舍鸡犬不宁，而他们自己却坦然自若。

(6) 总是通过别人的告发或埋怨揭露他的怪癖或不良行为，而不是他们自己感到有什么病情、心情不安或想不通的地方求助于人。

人格障碍的形成基于特定的生物遗传因素，其中少部分可以是某些躯体疾病和精神异常的前驱症状，也可以继发于某些躯体疾患和精神异常之后，由大脑功能损害而残留的。后天不良的社会生活环境在人格障碍形成过程中也占有重要地位，尤其是成长早期受到的严重心理创伤、不合理的教养方式以及社会不良风气的影响等。

人们常说“江山易改，本性难移”，一个人的人格一旦形成，很难改变。同理，人格障碍一旦形成，也是很难治愈的。必须重视生物、心理、社会三方面的因素，由家庭、学校和社会共同发力，对患者进行理解和帮助，通过心理咨询、心理治疗和药物治疗等各种有效措施，使他们走出“我是正常的，不正常的是别人”的误区，认识到自己在人格方面存在“异常”，下决心改变，积极配合治疗，以便能够恢复社会功能，拥有正常而美好的生活。

三、性心理障碍

性心理障碍是指在寻求性满足的对象和方式上与常人不同，且违反社会习俗，包括露阴癖、窥阴癖、恋物癖、异性装扮癖等多种类型。例如，有的青年男性专门搜集和穿戴女性内衣。很多人认为性心理障碍者行为不轨，违反了社会治安，应该将其绳之以法。但是，从心理学专业角度，性心理障碍是一种“病”，而不是“思想道德败坏”。性心理障碍的病因复杂，现仅就主要是心理—社会因素方面，由实际病例出发概括较多见因素：儿童早期性别角色认同不良，性心理发展受挫，不合理的教养方式，社会环境的影响等。

一般来讲，性心理障碍者在社交、智力、能力、情感表达等方面与常人没有差别，他们之所以“异常”，是从文化背景、道德规范、文明的角度来考虑的。针对性心理障碍可采用药物治疗、心理咨询与治疗等方法。然而，就我国目前现状来看，性心理障碍者较少选择主动求医，而且大多数患者并无意选择治疗，即便有患者求治却难以坚持，因此治疗效率并不高。因此，加强科学的性教育和早期预防显得尤为重要。

四、常见的精神病性障碍

精神病性障碍为一组重性精神障碍，是指可造成严重现实检验能力下降和社会功能障碍的精神病态。大多数人在患病期间出现幻觉、妄想、思维、行为与现实相脱离。精神病性障碍发现越早，越及时治疗，疗效越好。然而，患者自知能力障碍，对自己的异常心理表现完全失去自我辨认能力，身边人若缺乏精神医学方面的有关知识，无法辨识其言谈举止中的异常现象，往往造成的结果就是待患者病情发展到严重影响其日常生活和学业，甚至有碍校园、社会安全时才被发现送去治疗，这样势必影响患者的及时治疗和早日康复，也给其家庭带来沉重的负担。所以我们有必要学会识别早期精神病性障碍的异常表现，如果自己或者身边的亲友出现了相关症状，立刻向学校心理咨询或医疗部门反映情况或尽快到专业精神卫生医疗机构检查，明确是否确实患上了心理疾病，及时得到治疗。为此，让我们来关注以下一些症状。

（1）精神活动水平下降导致：经常无原因的头疼、头晕、耳鸣、失眠多梦、情绪不稳或沉默少语、食欲不振、记忆力减退、注意力不集中、工作能力下降、常出差错或完不成任务，这些症状常被误认为“神经衰弱”。

（2）情感意志低沉：原来性格外向、开朗好动的人逐渐变得内向、孤独、冷漠，逢喜遇忧皆无动于衷。对事物兴趣明显减少、情绪低落、悲观厌世，自感一切不如人，前途渺茫。

（3）情感障碍和自控力下降：原来性格温顺有涵养的人，近来常无故发脾气、摔东西。看什么都不顺眼、小题大做，或每遇小事纠缠不休、无理取闹。

（4）行为障碍：本来是一个严谨、自律、爱清洁的人，近来常常出现一些怪异举动，违反社会公德或校规校纪。

（5）幻觉、妄想：整天疑神疑鬼，无中生有地认为有人“控制”自己或企图“谋害”自己；经常无根据地指责别人，挑起事端。

（6）认知、意识、情感障碍：原本勤奋好学的学生，逐渐出现无法专心上课，整天想入非非，学习成绩明显下降；生活邋遢，少动，喜倒头大睡，衣食住行都需要别人督促等。

精神病性障碍种类很多，这里我们先来简单认识精神分裂症。

精神分裂症是一种最常见精神疾病，它的临床症状表现复杂多样，以基本个性改变，思维、情感、行为的分裂，精神活动与环境的不协调或脱离现实为主要特征，一般无意识障碍和明显的智能障碍，可有注意、工作记忆、抽象思维和信息整合等方面认知功能损害。多起病于青壮年，常缓慢起病，病程迁延，反复发作，部分患者发生精神活动衰退和不同程度社会功能缺损。

根据临床症状可以分为青春型、紧张型、偏执型、单纯型及其他类型。大学生中常见的是青春型和紧张型。青春型的患者主要以精神活动全面混乱、思维松散破裂、行为活动紊乱为多见。紧张型患者以精神运动性抑制障碍、紧张性木僵和紧张性兴奋交替为主。急性兴奋期，患者行为冲动，伤人毁物，持续兴奋期，表现出各种刻板行为。严重木僵表现为僵住，蜡样屈曲，较轻木僵则表现为动作减少，反应迟钝，缄默。偏执型则以妄想、幻觉为主。单纯型患者，以起病缓慢，持续发展，意向逐渐减退、退缩、懒散为特征。

精神分裂症患者已经丧失了对自身疾病认识和判断的能力，大多时候需要亲朋好友和医生劝说和诱导他们进行治疗。精神疾病病因复杂，目前尚无定论，在患者发作期会对自身、家属和社会带来危害。出于对患者及他人生命安全和福祉的角度考虑，必要时需要对患者进行强制治疗。治愈精神疾病的过程漫长且艰难，患者病情时常反复，加之当今大众大多对精神疾病患者持有较为严重的偏见、排斥甚至恐惧，许多家庭因此背负上了沉重的物质和精神负担，患者家属的心理健康和日常生活受到严重影响。

我不是精神病，我是一只蘑菇

有一个精神病人，以为自己是一只蘑菇，于是每天撑着一把伞蹲在房间的墙角里，像一只真正的蘑菇一样，不吃也不喝。

心理医生想了一个办法，他也撑了一把伞，蹲坐在病人的身边。病人看见他，很奇怪地问：你是谁？医生回答：我也是一只蘑菇呀。病人点点头，继续做他的蘑菇。

过了一会儿，医生站起来，在房间里走来走去，病人就问他：你不是蘑菇么，怎么可以走来走去？医生回答说：蘑菇当然也可以走来走去啦！病人觉得有道理，就也站起来走走。又过了一会儿，医生拿出一个汉堡包开始吃，病人又问：咦，你不是蘑菇么，怎么可以吃东西？

医生理直气壮地回答：蘑菇当然也可以吃东西呀！病人觉得很对，于是也开始吃东西。

有一些曾因精神病性障碍休学的大学生，经过系统治疗后，能复学继续完成学业。同学们应该给予他们理解和支持，接纳和帮助他们。歧视和排斥的态度有可能比疾病本身更有伤害力，严重的还会导致患者旧病复发。

最后，再次提醒同学们，在遇到挫折时，我们产生一些情绪和躯体反应是正常现象，但是有的同学盲目地给自己下诊断，觉得自己是强迫症、恐惧症或者抑郁症等，这对缓解挫折带来的不良情绪和痛苦体验是很不利的，可能这种消极的暗示还会加重事件带来的不良影响，增加心理负担，这是不利于个体心理健康的。评估和判断一个人是否有心理问题，特别是心理障碍或精神疾病，是需要专业人员，如临床心理学家、心理咨询师等，运用心理学和精神病学的理论、技术、方法和手段，根据严格的诊断标准，按照严格的程序实施的一项专业性很强的工作。同学们切记不可简单地对号入座，切不可仅根据一些情绪或躯体表现就轻易作出判断，给自己营造一片灰色阴影。

第二部分　了解自我，发展自我

第四章　大学生的自我意识与培养

也许你读过许多名家传记，其中肯定不乏激动人心的逆袭故事。但没有一个故事能像这个真实的故事，让我们对“自我”有更深刻的思考。

卢苏伟，男，1960年生于中国台北。由于他的父母都是矿工，没有什么文化，卢苏伟八岁时患脑膜炎延误了最佳治疗时机，虽然生命抢救过来了，但脑功能严重受损，直到小学毕业，自己的名字还老是写错，所有的知识怎么教都教不会，被老师怒斥为“猪”！初中读了四年换了三所学校，因智力测验只有七十分，还读过启智班；勉强读完高职电子科后，他整整花了七年，考了五次居然考上“中央”警察大学犯罪防治系。大二时，卢苏伟还是什么都学不会，导师马传镇教授感觉再这样下去不行，于是拿他当学术课题进行研究。研究表明，卢苏伟的短暂记忆、数字学习、平面空间等方面极差，却在分析、整合、创造方面有很强的能力，这才找到了合适自己的读书方法，大学毕业时取得了全系第三名的好成绩。现在，他是世界知名的潜能整合专家，并创办世纪领袖文教基金会——创新教学方法，拯救那些被放弃的“喜憨儿”。曾受邀到美国、加拿大、澳大利亚、马来西亚、新加坡、菲律宾等国家，演讲已逾三千场，更跻身为作家的行列，出版过《看见自己的天才》等三十多本著作，他为自己的人生创造了无限可能，从“白痴”变成了天才。

卢苏伟的故事，如一面神奇的镜子，让我们重新审视自己。他告诉我们，每个人都有着无限上升的潜能空间，要做的只是听从他的忠言：赏识自己，疼惜自己、爱护自己、发现自己、懂得自己、知道自己。

勇敢地面对自己吧，让我们一起开启心灵的密码，来一场探索自我的发现之旅：从现在开始，做一个认识自己、悦纳自己的人，再也不允许逃避的心理所滋生出来的无力感压制我们的发展潜能。正如海明威所说：真正高贵的人，不是优于别人，而是优于过去的自己。那些有勇气让自己每天优秀一点点的人，终将从旧有的习惯中夺回对命运的控制，成为自己的主人。

第一节　自我探索助你开启心灵密码

有这样一个寓言故事：一位生物学家看到一家鸡场的鸡群中有一只老鹰，感到非常奇怪，就询问鸡场主人。主人说：“它一直就吃鸡饲料，被训练成了一只鸡，始终都不想飞，根本不认为自己是一只老鹰了。”生物学家说：“不过，它到底还是一只鹰，应该能教它飞的。”于是生物学家经过多次训练，逐渐建立了鹰的信心。最后，生物学家把它带上高山，面向太阳，奇迹发生了：老鹰发出胜利的欢叫，冲向天际。在现实生活中人们也常常会像这只老鹰，因为不了解自己而忘记了万物之灵的本性。你天生是注定在地上啄食，还是在天空翱翔呢？

“我是谁？”这是一个古老而又永恒的命题。斯芬克斯之谜、刻在古希腊德尔菲神庙的箴言“认识你自己”和中国谚语“人贵有自知之明”，都表明一个人要真正认识自己并非易事，认识自己的过程艰难而曲折，并且贯穿人的一生。自我意识在个体心理发展中具有十分重要的作用，且大学生的自我意识正处在发展与成熟的关键时期，因此，在大学阶段形成正确的自我意识，对大学生心理健康的发展有着尤为重要的意义。

一、“我是谁”——认识真正的你

1. 自我意识的定义

自我意识是个体在社会实践中逐渐形成、发展起来的，对于自身身心状况、活动及其与外部世界关系的主观认知和由此引起的情绪、情感体验与意志行为。它包括个体对自己身体和生理状况的认识与评价（如身高、体重、体态等）；个体对自己心理和行为特征的认识与评价（如兴趣、能力、气质、性格等）；以及个体对自己在社会中的角色、地位的认识与评价（如自己与他人相处的关系，自己在集体中的位置与作用等）。

2. 埃里克森关于自我意识发展的阶段理论

埃里克森是美国新精神分析学派代表人物。他认为，人的自我意识的发展持续一生，他把自我意识的形成和发展过程划分为八个阶段（见表 4-1），这八个阶段的顺序是由遗传决定的，但每一个阶段能否顺利度过是由环境决定的，所以这个理论可以称为“心理社会”阶段理论。每一个阶段都是不可忽视的。

表 4-1　埃里克森心理社会发展八个阶段

年龄/时期	主要挑战	积极结果	消极结果
0～1.5 岁 婴儿期	信任与不信任	获得基本的安全感，能够依靠外部力量	不安全、焦虑
1.5～3 岁 儿童期	自主与自我怀疑	获得独立的感觉，能够控制自己的身体并进行某些活动	对于自我控制及外部事物的控制感到无能为力
3～6 岁 学龄初期	进取与内疚	对于自己主动探索创造感到有信心	缺少自我价值感
6～12 岁 学龄期	勤奋与自卑	掌握基本的智力和社会技能；被同龄人接受	缺乏自信，有挫败感
12～18 岁 青春期	自我认同与角色混乱	认为自己是一个独特的和被社会接受的人，为此感到欣慰	自我概念不完整、变化多端、不清晰

续表

年龄/时期	主要挑战	积极结果	消极结果
18～25岁 成年早期	亲密与孤独	能够与他人建立亲密和忠诚关系	拒绝亲密的需要，感觉孤独和孤立
25～65岁 成年期	繁衍与停滞	关心家庭、社会和后代，而不只是关心自己	失去对工作的兴趣，人际关系贫乏
65岁以后 成熟期	自我完善与失望	有一种完整感，对人生感到满意	感觉人生没有意义，感到失望

埃里克森的自我意识终身发展论，为不同阶段的教育提供了理论依据和教育内容，任何年龄段的教育失误，都会给一个人的发展造成阻碍。它也告诉我们你为什么会成为现在的样子，在你的心理品质中哪些是积极的，哪些又是消极的，是在哪个年龄段形成的，从而带给我们反思的依据。

心理自测——自我认同感测试

心理学家埃里克森认为：20岁左右的青年存在着一个发展性的危机，这个危机叫作自我认同危机。他们经常会问自己一些问题，比如：我是一个什么样的人？有什么特长和优缺点？将来要成为什么样的人？什么样的工作适合我？什么样的人生才有意义？如果一个人越是能够清楚地对这些问题做出回答，他的自我认同感就越强；反之，则他的自我就会处于混乱状态。处于自我认同混乱状态的人会感到自己不知道自己是谁，不知道自己是如何成为这个样子的，也不知道未来会走向何处。

下面是心理学家奥克斯和普拉格编制了一个自我认同感量表。看一看这些问题是否符合你的情况，根据标准给自己打分：1＝完全不符合，2＝偶尔符合，或者基本不符合，3＝比较符合，4＝非常符合。

1. 我不知道自己是怎样的人；
2. 别人总是改变他们对我的看法；
3. 我知道自己应该怎样生活；
4. 我不能肯定某些东西在道义上是否正确；
5. 大多数人对我是哪类人的看法一致；
6. 我感到自己的生活方式很适合我；
7. 我的价值为他人所承认；
8. 当周围没有熟人时，我感到能更自由地成为真正的我自己；
9. 我感到自己生活中所做的事并不真正值得；
10. 我感到我对我生活的集体适应良好；
11. 我为自己成为这样的人感到骄傲；
12. 人们对我的看法与我对自己的看法差别很大；

13. 我感到被忽略；

14. 人们好像不接纳我；

15. 我改变了自己想要从生活得到什么的想法；

16. 我不太清楚别人怎么看我；

17. 我对自己的感觉改变了；

18. 我感到自己是为了功利的考虑而行动或做事。

计分时，先把1、2、4、8、9、12、13、14、15、16、17、18题的回答结果转换一下（即如果选择的是1就打4分；选择2打3分；选择3打2分；选择4打1分）。其他题计分保持不变。然后把这19道题回答的得分相加。

奥克斯和普拉格发现，大多数人的平均得分在57±7的范围内，得分明显高于该数字的人，表明他的自我认同感发展良好；得分明显低于该数字者，表明他的自我认同感还处在发展和形成阶段。

二、发现自己的内部世界

自我意识是一个具有多维度、多层次的心理系统，它既是心理活动的主体，又是心理活动的客体。因此，对自我意识结构的分析也要从不同的角度来展开。从内容上来说，自我意识包括生理自我、心理自我、社会自我三个部分；从形式上来说，自我意识分为“知、情、意”三个方面，即自我认知、自我体验、自我控制三个部分；从存在方式来说，自我意识又可分为现实自我、投射自我和理想自我。

1. 从内容上分析自我意识的三个部分

（1）生理自我——对自己生理状态的认识和体验。生理自我是意识的最原始形态，是指个体对自己的生理状态（如性别、年龄、身高、体重、外貌等）的认识，以及对身体的健康状况、温饱与饥寒、精神状态等直接的体验。生理自我与生俱来，它让个人得以把自我和非我区别开来，意识到自己的生存是依托于自己的躯体而存在的，因此，我们只能接受而不能改变。随着自我意识的成长，个体逐渐对生理自我有明确的看法与正确的认知，但由于青春期的不确定性，有的同学对生理自我产生过高的心理关注。女生关注自己是不是漂亮、迷人，关注高矮胖瘦甚至脸上的小雀斑；男生关注自己的体形与身高，甚至是声音的吸引力等。

（2）心理自我——对自己心理状态的认识和体验。心理自我是个体对自己的心理活动、个性特点、心理品质的认识。心理意识的发展与个体的生理发展相联系，主要表现为自我体验、自我反省和自我意识的矛盾性等方面。如自己的理解力、记忆力是强还是弱？思维是敏捷还是迟钝？做事情是果断还是武断？

（3）社会自我——对自己与所处客观环境关系的认识和体验社会自我是指个体对自己在所处社会关系、人际关系中角色的认识，包括自己在群体中的角色、责任、地位、作用以及自己与他人相互关系的认识、评价和体验，如个体在集体中是否得到尊重？在团队中的作用是否被认可？社会自我的一个突出特点就是自我控制，包含坚持性和自制力两个方面。随着自我意识的发展和社会化的不断深入，个体的社会角色逐渐浮出水面并占据重要位置，与此相应的责任感、义务感、角色感也都在不断增长。

2. 从形式上分析自我意识的三个部分

（1）自我认知——自我认知属于自我意识的认知部分。自我认知是主观我对客观我的认识。包括自我感觉、自我观察、自我分析和自我评价等。自我认知主要涉及“我是谁?”“我为什么是这样的人?”等问题。其中，自我评价是自我认知中核心的部分，它集中反映了个体自我认知乃至自我意识发展的水平。自我认知层面还包含现实自我与理想自我的冲突。尤其是大学生的理想自我大多较为完美，高于现实自我，在实际中就会出现对现实自我的不满，表现出自卑甚至自弃。大学生的自我认知以现实自我为轴心上下摆动，当他们取得一点成绩时，便会显现自负的一面，而当遇到挫折时，他们便会显现自卑的否定性评价，这都客观存在于大学生自我认知中。

（2）自我体验——自我体验属于自我意识的情感部分。自我体验是在自我认知基础上产生的内部感受，表现为对自己是否满意和能否悦纳自己等。比如有人感到自卑，因为自己长得不好看，所以对自己不满意，甚至无法接受这个“丑陋”的我。自我体验范围较广，包括自尊、自豪、自信、责任、自卑、自责、内疚、羞耻等。其中，自尊感是自我体验中最主要的方面。自我体验对个体的成长具有重要作用，从体验中获得的情感往往比理性认识起到的作用更大。如同学们在做盲行、同舟共济等体验后，对从中所产生的信任、亲密、自信和荣誉感体验要清晰而深刻，他们会把这些感受运用到现实生活中去。对于大学生而言，生活中的每一次受伤、每一次蜕变、每一个微笑，都将构成灿烂人生中独特而靓丽的风景线。

（3）自我控制——自我控制属于自我意识的意志部分。自我控制是个体对自身心理与行为的掌控，主要反映“我应该成为怎样的人?”“怎样做，才能使自己成为理想中的自我?”这类问题，包括自我调节、自我监督、自我教育、自立、自强等方面。自我控制是自我意识的最高阶段和关键环节，成功的人都有较高的自我控制能力。但并非所有的自我控制都是积极的，有的大学生对自己的要求过高，自我控制能力强，而在实际中却由于种种主客观因素没能达到，容易对自我产生怀疑与否定。表 4 - 2 给出了按内容和形式分析的自我意识的结构关系。

表 4 - 2　　自我意识的结构

项目	自我认知	自我体验	自我控制
生理自我	对自己身体、外貌、衣着、风度、所有物等的认识	英俊、漂亮、有吸引力、迷人	追求身体的外表、物质欲望的满足，维持家庭的利益等
心理自我	对自己的智力、性格、气质、兴趣、能力、记忆、思维等特点的认识	有能力、聪明、优雅、敏感、迟钝、细腻、感情丰富	追求信仰，注意行为符合社会规范，要求智慧与能力的发展
社会自我	对自己的名望、地位、角色、性别、义务、责任的认识	自尊、自信、自爱、自豪、自卑、自怜、自恋	追求名誉地位，与他人竞争，争取得到他人的好感等

3. 从存在方式上分析自我意识的三个部分

现实自我就是个体从自己的立场出发对自己当前总体实际状况的基本看法；投射自我也称镜中自我，是指个体想象自己在他人心目中的形象或他人对自己的基本看法；理想自我则是指个体想要达到的比较完美的形象。从自我观念存在方式来看，现实自我是一种能被人感知到的客观存在，而投射自我和理想自我是在个体大脑中的一种客观存在，容易受到个体的主观因素影响，并不稳定、易变化。研究表明，当现实自我和投射自我相一致时，个体会产生加快自我发展的倾向；反之，个体会感到别人不理解自己，或试图改变现实自我。当理想自我建立在个体实际情况之上，并符合社会要求和期望时，它就会指导现实自我积极适应并作用于内外环境，从而使自我意识得到快速发展。反之，如果理想自我、现实自我和社会要求三者之间有矛盾，就会引起个体内心混乱，甚至会引起严重心理问题。

三、绘制心灵的地图

每到一个陌生的城市，我们总会买一张地图，以便在最短的时间走最短的路找到目的地。人生也是如此，在我们成长的过程中需要不断绘制属于自己的心灵地图，才能使我们在人生的十字路口上不迷路、不彷徨、不无助。

1. 目标导向作用

目标是个体发展的导航机制。人通过正确的自我认识，确立较为合理的“理想自我”的内容，就为个人将来的发展确定了目标，对个人的认知、情感、意志、行动会产生巨大影响，是个体活动的动力。自我意识健全的个体，在从事一项活动之前，活动的目的和结果就以观念的形式存在于头脑之中了，并依此做出计划，指导自己的行动，从而达到预期目标。

2. 自我控制作用

一个人要获得发展，取得成就，光有目标是不行的，还必须具备自控意识，对自己的情感、行动加以调控。具有正确自我意识的个体，在对自我做出正确认识、合理规划的基础上，能够对自己的注意力、情感、行为等加以控制，以实现自己的目标。在成功的路上，很多人并不缺乏机会和才华，而是缺乏自控的意识和能力，故而与成功失之交臂。自我控制是自我意识发挥能动作用的一个关键环节，它是目标的守护神，是成功的卫士。缺乏自控意识的人，将是一个情绪化且缺乏毅力的人，终将一事无成。

3. 内省作用

具有正确自我意识的个体，不仅能够确立“理想自我”的内容，为将来的发展做出长远规划，而且能够通过自我控制来实现预期目标。此外，由于主客观条件的制约，“理想自我”的实现常常会遇到各种阻碍，致使个体产生不同程度的挫折感。这时，自我意识就会对自己的认识、情感、意志、行为等进行反省，找到受挫的主客观因素，并重新调整认识，形成新的“理想自我”的内容，使其与“现实自我”趋于统一。

4. 激励作用

具有正确的自我意识，可以帮助个体形成准确的自我认知与评价，并在此基础上，建立自信、自立、自主的良好心理品质，激励个体去大胆尝试，积极进取，最大限度地调动个体的潜能，因此，自我意识越健康、越积极的人，越能获得成就，而不断取得的成就，又反过来进一步促使健康自我意识的形成，形成个体自我意识的良性循环。

第二节　大学生自我意识的偏差与调适

卢苏伟的故事告诉我们，我们过度地关注于自己的弱点，而疏失于对自己长处的观察。机会面前我们总是担心失败，担心他人的嘲笑。这让我们对学习和努力产生了痛苦，总担心表现得太好，就会面临着更艰难的课题。事实上我们都是恐惧成功的人，正是这种恐惧让我们偏离了自己的本质，被迫生活在不快乐的心境中。其实不要介意你不会什么，要看你会什么。这个世界，需要的是你会的能力！卢苏伟已经向我们演示了他那非凡华丽的人生，现在轮到我们了。他能够做到的，我们同样能够做到，所需要的只是对自己说一句：渴望快乐，渴望自由，渴望回到真实的自己。

一、你是如此独特

大学生自我意识的特点与同龄青年有相同之处，但是由于其所处特殊的教育环境与知识背景，大学生的自我意识又与一般青年有所不同，主要表现为以下几个方面。

1. 强烈关心自身发展

大学生在校学习的时间是知识技能的储备时间，是进入社会的缓冲阶段，有可能经常反思、反省一些有关个人发展、个人与社会的关系问题，如：我聪明吗？我的风度如何？别人会怎么看我？我性格如何？我将成为什么样的人？我怎样实现自我价值……能自觉地把自我的命运与国家、社会、集体的命运结合起来，考虑如何为社会服务。

2. 自我评价趋于客观

由于知识增多，生活经验扩大，感性认识、理性认识逐渐成熟，大多数大学生对自己的认识、评价基本与外界一致，变得客观、全面。据调查，我国大学生的自我概念比较集中于交际、友善、信义、容貌、学业、志向、家庭、成熟、自我悦纳九个方面，总体来说是积极的。男生在自我悦纳、成熟、学业、志向等方面自我评价高于女生，也更为积极，女生在友善、家庭两个方面的认识高于男生，但差异不大。

3. 自我体验丰富复杂

大学生一般的情绪情感基调是积极的、健康的。大多数大学生喜欢自己、满意自己，自尊、自信、好胜。但他们也是敏感的，凡是涉及与“我”相联系的事物，都常常引起他们的情绪、情感反应，并且愿意把自己的情感体验闭锁于内心。体验具有一定的起伏、波动，有了成绩就肯定自己，甚至骄傲自满、忘乎所以；一遇挫折就否定自己，悲观失望，甚至自暴自弃，有明显的两极情绪。

4. 自我控制能力有所提高但不稳定

大学生自我控制的水平有明显提高，自我控制的自觉性和独立性显著增强。有强烈的自我设计和自我规划的愿望，大部分同学都奋发向上、力争成才，并且根据自我设计目标自觉调节行为。但大学生自我控制的水平还不够稳定，有时自己想做什么就做什么，不顾环境的要求，随意性大。

5. 自我意识水平存在差异

(1) 年级差异。据调查，大学生自我认识的高低，主要表现在学业、交际及家庭等方面。一年级最低，二、三年级走高，呈“U”型变化趋势。大学一年级自我意识偏低的原因，反映在当初因为考上大学，自我评价提升现象的回落，是大学期间的最不稳定时期。这一年，内心冲突最尖锐，思想斗争最激烈，回顾与展望最多。但是它也是一次新的上升时期，转折时期。

(2) 自我统合感的差异。在一项调查“目前最大的苦恼是什么”中，除极少数回答无苦恼之外，绝大多数都存在着这样那样的苦恼和困惑。其中排在最前面的是：理想与现实差距太大、意志薄弱、缺乏恒心、能力较差、缺乏金钱、前途模糊渺茫等。对成绩不好、能力较差、生活单调、乏味等苦恼随年级升高而减少；对难以找到满意的工作的苦恼，随年级升高而增加；对缺乏金钱的苦恼，男生明显多于女生；对前途模糊渺茫的苦恼，女生更甚。

二、成长蕴藏在不完美中

1. 自我认识的偏差：自我中心、从众

不少大学生未能处理好主观我与客观我的矛盾，常出现两种自我意识的偏差，一种是只看重“自省”从而发展为“自我中心”；另一种则是一味受“人言”左右丧失了自我，也就是“从众”。

以自我为中心的人，往往想问题和做事都从“我”出发，不能进行客观思考和分析，不顾及他人的感受和需要。人际交往中别人强于自己，就感到自卑、嫉妒别人；别人差于自己，就自负瞧不起别人，表现出明显的自我中心色彩。处事总认为自己对、别人错，常把自己的想法强加于人，因而难以赢得他人的好感和信任，人际关系紧张，行为做事很难得到他人帮助。

调适：要克服自我中心，先要摆正自己的位置，既重视自己也不贬低他人，自觉地把自己和他人、集体结合起来，走出自我的小天地。其次要实事求是、恰如其分地评估自己，既不高傲自大，也不妄自菲薄。最后要学会共情，多设身处地地为他人着想，尊重他人感受、关心他人。

从众则是一种普遍的心理现象。因为个体在群体中生活，会不知不觉地遵从群体压力，放弃自己的主张，趋向于与群体中多数人保持一致。通常所说的“随大流”即是一种较为普遍性的从众行为。有相当一部分大学生到校后，没有清晰的自我意识，没有明确的目标，对自己在大学里的任务和上大学的目的没有认真思考，不清楚在学校里学什么、怎样学，没有发展的方向，学习效率低下。有的缺乏自己的主见，只是一味地随大流、凑热闹，甚至只是为了求得他人的认同而从众。这些都是比较盲从的表现。在大学校园里常见的从众现象有：学习从众、作弊从众、消费从众、恋爱从众、择业从众等。

调适：从众心理，人皆有之，但过强的从众心理实际上是依赖反映。对于大学生来说，应该有充分的自由去思考、分析、研究自己在困境中可以通行的道路。勇于和敢于独立思考，坚持自己的正确观念而不受他人影响，保持独立性和独特性，这是克服从众心理最基本的途径。

2. 自我体验的偏差：自卑、自负

自卑与自负产生于现实自我与理想自我的矛盾中，同属于自信的误区。

有的学生将现实自我与理想自我作比较，体验到的是“失望”，认为现实自我与理想自我的差距太大，从而对自己缺乏信心，把目光总盯着自己的缺点、不足，从而逃避退缩，这就是“自卑”。

自卑心理是指由不适当的自我评价和自我认识所引起的自我否定、自我拒绝的心理状态。自卑主要是对自己以及周围环境认识评价不客观所致，尤其是对自我的认识缺乏科学的态度。大学生由于高考失利，许多同学自我认识不客观，往往只看到自我缺点而忽略了自我的长处，感到自己什么都不如他人，有一种“失落感”，在同龄人中自感抬不起头来，具有较强的自卑心理。许多同学经常有不安、忧伤、失望等情绪体验，总觉得自己与失败常伴，和成功无缘，不能正确地看待自己。处于这种意识状态的大学生，在把理想自我与现实自我进行比较时，对理想自我期望较高，又无法达到；对现实自我不满意，又无法改进。他们在心理上的一个特征就是自我排斥，对自己各种能力的怀疑，限制了自己对未来事业及美好生活的憧憬，因为过低的自我评价影响了自己的潜力和才能的发挥，在学习与工作上也就不可能取得更好的成绩。或在实现“理想自我”的过程中缺乏应有的耐心和方法，往往在经过努力仍无法接近目标后，就容易急躁、失去自信，从而产生否定自我的心理。其中女生的自卑感比男生强烈，冷门专业的学生比热门专业的学生自卑感强烈，内向性格的学生更容易产生自卑感。

调适：为了改变过度自卑，第一，应对其危害有清醒的认识，有勇气和决心改变自己；第二，应客观、正确、自觉地认识自己、无条件接受自己，欣赏自己所长，接纳自己所短，做到扬长避短；第三，正确地表现自己，对自己的能力持肯定的态度，积极参加各种活动，体验成功的喜悦；第四，根据经验，调整对自己的期望，确立合适的抱负水平，区分长期目标和近期目标，区分潜能和现有表现；第五，对外界影响相对独立，正确对待得失，勇于坚持正确的，改正错误的，同时保持一定程度的宽容。

自负是指有些大学生自信过度，自我感觉太好，骄傲、自大，听不进师长的教诲，听不进同龄人的意见，一意孤行，是自我膨胀的自信。大学生对未来有十分强烈的憧憬和向往，不过不少同学不能根据自己的实际情况来设定目标，自我期望值过高，自我感觉非常好，对未来充满信心和希望，幻想着能成就一番丰功伟业。在这种自我概念的支配下，个体往往扩大现实的自我，形成错误的不切实际的理想自我，并认为理想自我的实现轻而易举，理想自我和现实自我达到虚伪统一，以幻想的我、理想的我代替真实的我。这部分同学在日常生活中常盲目自大，爱慕虚荣，眼高手低，自我评价偏高，丧失清醒的头脑，瞧不起周围的同学，自以为是，缺乏谦虚谨慎的精神，不易被周围环境和他人所接受与认可，常引起别人的反感和不满。因此极易遭受失败和内心冲突，产生严重的情感挫伤，导致苦闷、自卑、自我放弃，有时还会引发过激行为和反社会行为。

调适：自尊心、自信心、好胜心和独立感等诸多形式都是大学生自我意识发展的主要表现。要克服过度自我接受，首先要看到自己的不足，承认自己也需要不断完善；其次，要看到他人的长处，欣赏他人的独特性；再次，多与他人交往，以开放的心态尊重和认真对待来自他人的反馈意见。

3. 自我控制的偏差：自我放弃、懒惰、逆反

大学生在自我控制上开始有了明显的自觉性、主动性，但在追求上进的同时，由于困难、挫折在所难免，因而不少大学生常常情绪波动，在困难面前望而生畏、自我放弃。一方面，一些大学生认为中小学寒窗苦读十余载，如今考上大学，总算解放了，再不愿意埋头苦读，只要求“60 分万岁”，甚至面临数门功课不及格仍然无动于衷，消极懒惰。另一方面，大学生随着自我控制独立性的增强，常表现出力图摆脱社会传统的约束，按照自己的意志行事。绝大多数大学生自认为自己已达到法定的公民年龄，强烈要求像成年人那样独立自主地行事，不愿受父母的约束和教师的训诫。独立意向是大学生自我意识发展中最显著的标志之一，然而大学生在摆脱依赖、走向独立的过程中，有时会矫枉过正，表现出过分的独立意向，导致产生逆反心理，其表现为不分正确与否一概排斥，情绪成分很大，有时只是为了反抗而反抗。逆反的对象主要是家长、老师以及社会宣传的观念和典型人物等，其结果是阻碍了他们自己学习新的或正确的经验。

调适：自我控制是自我意识的最高阶段。大学生要自觉理智地调控自我，首先要建立合乎自我的目标。大学生应学会在不同的时期向自己提出合乎自我的目标并以自己的全部力量为之奋斗。建立合乎自我的目标，就明确了努力的方向，并引导自我不断发展，促进自我不断提高；其次要培养顽强的意志力。目标的实现需要良好的行为习惯支撑。大学生应培养自己具有顽强的意志，发展坚持性和自制力，增强挫折耐受力，自觉主动地为实现目标而努力排除干扰、克服困难，具有不达目标不罢休的勇气与毅力；最后要创造机会，感受成功，培养自信心。大学生可以通过两种方法培养自信心。一是时常进行积极的自我暗示，使自己有自信心。如“我一定会成功！一定会的！”“人人都能干，我为什么不能?”二是积极主动地争取机会、创造机会，让自己多学习多提高，在做的过程中感受成功的体验，这样建立起来的自信心就更坚实与持久。

大学生要准确了解自己，就应善于发现这些偏差，并努力将它们加以修正。

第三节　大学生良好自我意识培养的途径

卢苏伟告诉我们，这世界并无奇迹而言，有的只是持续而不懈的努力，与成就自我人生的矢志信念。正如老子所言，天下大事，必作于细。天下难事，必做于易。合抱之木，生于毫末。九层高台，起于累土。这世界，成功或许是不确定的，但让自己优秀，却是百分百的取决于我们自己。

一、自我意识的标准

大学生良好自我意识的标准：

（1）自我肯定、自我统合。

（2）自我认识、自我体验、自我调适一致。

（3）独立的、同时又与外界保持协调。

（4）主动发展自我、具有灵活自我。

（5）不仅自己能健康发展，而且能促进社会文明和进步。

二、如何遇见更好的自己

良好的自我意识不但是一个人心理健康的有效保证，也是一个人完善自我、实现自我价值的重要途径。良好的自我意识表现为认识自己和对待自己的统一。一方面要能正确地观察自己、分析自己、评价自己，即自知；另一方面即使自己有不尽如人意的地方，也能肯定自己、悦纳自己，即自爱。

1. 全面认识自我，准确评价自我

美国心理学家Jone和Hary提出关于人自我认识的窗口理论，被称为乔韩窗口理论，是全面认识自我的重要方法。在图4-1中，乔韩窗口理论将一个人的自我分成四个部分：A代表自己认识到、别人也认识到的“公开的我”；B代表别人未认识到而自己认识到的“秘密的我”；C代表别人认识到而自己未认识到的“盲目的我”；D代表别人和自己均未认识到的“潜在的我”。一个人A的部分越大，表示他的自我认识越正确，自我评价越全面，心理也就越健康。要全面地认识自我，就要缩小C的部分，同时也要缩小B将真实的我展示于人。人对自己的认识是一个不断探索的过程，通过与他人分享秘密的自我，听取他人的反馈减少盲目的自我，从而使人对自己的了解更全面、更客观。

	自知	自不知
他知	A 公开的我	C 盲目的我
他不知	B 秘密的我	D 潜在的我

图4-1　乔韩窗口

具有较好自我认识能力的人，脑中关于自己有一个积极的、可行的有效行为模式。只有对自身有了准确的认识，才能正确设计自我发展的道路、选择适合自己的职业生涯、寻找与自己相契合的人生伴侣、积极采取适当有效的措施，塑造完善自我，从而走向自我的充分协调发展，发挥自身最大的潜能，达到自我实现的人生最高境界。但在日常生活和学习中，大学生常出现很多不合理的自我概念和自我评价，主要表现在看待问题时以偏概全、绝对化等。

典型案例

马明同学刚入学就担任了班级的代理班长，他觉得自己的工作完成得非常出色。但一个多月后班级干部的正式选举中他的优势不明显，被选为文体委员这个在他看来很不重要的职务。他在给辅导员的辞职信中写道：这一段时间我觉得自己的工作非常努力，没想到自己的辛苦付出大家不仅没有看到，还这样来侮辱我。我做了那么多事，还不如像他们几个，只要把班上同学的关系搞好就行了。这个世界太不公平了！既然结果已经是这样了，我决定以后专心学习，再也不想当班干部了，也希望老师能够理解我……

应对策略：马明同学出现上述问题，是因为他不合理的自我概念和评价。比如：我是班级代理班长，所以班长应该是我；没有当上班长，选举就失败了；别人当选，是因为他们搞好了同学关系……

思考一下，如果马明同学这样看待自己是不是会更好一些：第一，作为代理班长，我尽了自己的努力，当选班干部，表示大部分的同学对我的工作是满意的（自尊、自信获得提升）。第二，人无完人，谁也未必能得到所有人的认可，现在有大部分的同学认可我，这很不错（获得正向的自我评价）。第三，有一小部分的同学没有选我，可能是因为我的工作有不周到的地方，我以后要注意改正（唤起自我反省）。第四，这样的结果的确会让人感到不愉快，但同时它也是一次成长的契机，要好好把握（增加自我接纳，促进正向行为）。第五，同学们选我做文体委员，可能是因为我更适合这个职位（加深自我了解）……

大学时期是人们自我统合的关键期，在这一阶段个体建构起明确的自我概念。如果在这一时期不能完成自我统合，就不能形成正确的自我概念和自我评价，导致目标和行为出现偏差，也会造成心理的失衡。

大学生一般可以通过以下几个途径来认识自己。

（1）依据他人对自己的态度认识自己。个人对自己的评价往往是以他人的评价为参照，在与他人的交往中，不断深化对自己的认识。大学生一般很在乎别人对自己的看法，尤其是重要他人的评价。评价者的特点，评价的性质将会影响到他们对评价接受的程度。开展同学之间的互评，教师给予具体而有个性的评价，都有助于自我意识的提高。当然，大学生应正确看待他人对自己的评价，应注意评价的全面性、准确性、公正性，在听取他人的评价时不能全盘接受或全盘否定，要经过取舍，应注意与自己关系密切的人对自己的评价；应注意人数众多、异口同声地评价；应注意分析评价者所持的态度、观点，然后有选择地接受，形成关于自我的正确概念。从分析他人对自己的评价中进一步认识自我。而不应对自己的优点沾沾自喜，更不应对别人指出自己的缺点而耿耿于怀。

（2）通过与他人比较来认识自己。一个人对自己的认知，总是在不断地与同龄人或类似于自己的人进行比较中获得的。社会比较理论认为，当个体发现自己对自己的评价与类似于自己条件的他人对自己的评价一致时，就加强了自我评价的信心，大大提高了安全感；相反，如果发现和这些人对自己的评价差距很大时，就会使自己的安全感受到极大的威胁。大学生在与他人进行比较时既要学会欣赏他人的优点，又要正视自身的不足，从而看到“我的另一面”，并通过自我控制，对自我做出调整和改进，不断完善自我。

(3) 通过实践活动表现和成果来认识自己。个体在与外部世界接触中，会不断表现出自己的能力、情绪、意志和品德，通过有意识地观察总结自己的活动表现和成果从而使个体充分了解自己的优缺点，对自己形成更深入的认识。当然，个体在对自己进行评价时要尽量以客观评价为依据，避免因为个人认识或个人动机出现较大误差。比如，有的学生成绩一般却自我欣赏，有的学生尽管成绩显著却自感不如他人，自信心不足。完美主义者往往表现为对自己要求过严过高，一旦遭遇挫折就易对自己及社会现实产生失望心理，严重者会出现心理障碍，直接影响自身的心理健康。

(4) 借助外界工具来认识自己。除了上述方法外，现代社会发达的信息来源为大学生了解认识自我提供了现代科学化途径，即通过各种心理测验、量表、仪器来了解自己。通过生理测量或检查，我们可以了解自己的生理状况，对自己的生长发育有正确认识。心理测量包括纸笔测验、面谈、情景测试等，通过心理测量可以了解自己各方面的心理特征：如智力水平、性格特征、气质类型、心理适应状况等。

2. 积极悦纳自我，提高自尊与自信

悦纳自我是发展健康的自我体验的关键和核心。悦纳自我就是要对自己的本来面目抱认可、肯定的态度、正视自己。“尺有所短，寸有所长”，每个人都有短处和缺陷，其中有的是无法补救的，或只能做有限的改善。在这种情况下，应该正视自己，坦然接受这种缺陷，并不为此羞愧，不在别人面前加以掩饰，不采取其他防御行为，平静而又理智地看待自己的长处与短处，冷静地对待自己的得与失。如只注意自身不足的人，容易产生自卑心理，往往片面夸大自身的缺点，对自己持悲观态度，甚至否认自我存在的价值，从而极大地阻碍正确的自我意识的形成。自尊者则对自我充满信心，乐于接受对自我的教育和要求，从而有利于促进正确自我意识的形成。

自信心和自尊心是自我意识的两个主要成分。自尊心是一种尊重自己的人格，尊重自己的荣誉，不向别人卑躬屈膝，不容别人歧视侮辱，维护自我尊严的自我情感体验。自信心是对自己力量的充分估计，是人们成长与成才不可或缺的一种重要的心理品质。自卑者看不到自己的力量，总是认为自己不行，久而久之会形成一种心理定势，给自己的学习和生活带来消极影响。

心理学上有一个著名理论——罗森塔尔效应，也称皮格马利翁效应或期待效应。1968 年，美国心理学家罗森塔尔和另一位心理学家考察某校，随意从每班抽 3 名学生共 18 人写在一张表格上，交给校长，极为认真地说：“这 18 名学生经过科学测定全都是高智商人才。”事过半年，罗森塔尔又来到该校，发现这 18 名学生的确超过一般，长进很大，再后来这 18 人全都在不同的岗位上干出了非凡的成绩。实际上，这是心理学家进行的一次期望心理实验。

这个实验与一个古代传说异曲同工。远古时期，塞浦路斯国王皮格马利翁喜爱雕塑。

一天，他成功塑造了一个美女的形象，爱不释手，每天以深情的眼光观赏不止，看着看着美女竟活了。罗森塔尔提供的名单纯粹是随机抽取的。他们通过“权威性的谎言”暗示教师，坚定教师对名单上学生的信心，虽然教师始终把这些名单藏在内心深处，但掩饰不住的热情仍然通过眼神、笑貌、音调滋润着这些学生的心田，实际上他们扮演了“皮格马利翁”的角色。学生潜移默化地受到影响，不知不觉地变得更加自信，在行动上也更加努力地学习，结果就有了飞速的进步。这个令人赞叹不已的实验，后来被誉为“皮格马利翁效应”“期待效应”或“罗森塔尔效应”。

这个效应说明：赞美、信任和期待具有一种能量，它能改变人的行为，当一个人获得另一个人的信任、赞美时，他便感觉获得了社会支持，从而增强了自我价值，变得自信、自尊，获得一种积极向上的动力，并尽力达到对方的期待，以避免对方失望，从而维持这种社会支持的连续性。

大学生除了老师、长辈给予的期望外，自己也需要运用罗森塔尔效应，经常给自己以积极暗示，从而提高自尊自信，走向成功。

3. 努力调适自我，增强自我效能感

大学生不断调适自我的过程正是自我概念走向同一的过程，在个体自我不断塑造，走向完善的过程中，需要个体发挥顽强的意志品质才能真正实现。其中自我效能感是成功大学生具备的一种坚定不移的信念、相信自己具备取得成功的要素，增强自我效能感对促进大学生成功与成才具有重要意义。

自我效能（Self-efficacy）由美国斯坦福大学心理学家阿尔伯特·班杜拉（Albert Bandura）在20世纪70年代首次提出。自我效能指人们相信自己具有组织和执行行动以达到特定成就的能力的信念，它在很大程度上即是指个体自己对自我有关能力的感觉。简单来说就是个体对自己能够取得成功的信念，即“我能行”。它体现在很多方面，如学习效能、工作效能等。一般来说，成功经验会增强自我效能，反复的失败会降低自我效能。

大学生自我效能感培养的途径：

第一，积极参加实践活动，提高成功体验。成功的体验是提升大学生自我效能感非常有效的一种方法，通过亲身经历获得的成败经验是最具影响力的效能信息。大学生积极参加学校及社会实践活动，是自己在实践中增强社会责任感，激发其社会生活的激情，提高自身的综合素质与创新能力，从而加速大学生的社会化进程，在收获丰富成功经验的同时，其自我效能感也会不断提高。

第二，借助心理辅导获得丰富的替代经验。从观察他人行为所得到的间接性经验对自我效能感提高具有积极的影响。在这个多元化的信息时代，大学生非常需要寻找正确的榜样，从众多的榜样模范中汲取最适合自身个性特点和经历的相关要素来模仿和学习，并且按照榜样的做法来指导自我。团体心理辅导是提供可靠替代经验的有效途径。在团体当中通过分享他人以往的成功与失败经验，可以取得丰富的替代经验，来重新认识和评价自己，并将对自我的积极评价转化为积极行为，从而实现提高自我效能感的目标。

第三，加强正确归因训练。通常，人们总是会对自己行为的结果寻求解释，心理学上称之为归因。如果把失败归于努力不足这种内在的可控的因素，大学生就不会对自己的能力产生怀疑，并且愿意在以后的学习生活中寻求帮助，作进一步的努力去争取成功。反之，如果把失败归因于能力不足这个稳定的、内在的、不可控的因素，就会对自己失去信心，不愿再做进一步的努力。因此，积极的归因会带来自尊、自信、更高的成就动机和成功期望，还可以防止个体产生无助感和行为上的偏差。

4. 不断完善自我

自我完善的过程包括三个环节：首先，要确立正确的理想自我。对于大学生来说，来自职业选择、人际关系、学业等各方面的困惑是人生的必经历程，个体必须正视这些问题并作出自己的选择，这种选择的过程也是大学生逐渐实现自我同一性，走向理想自我的基础。正确的理想自我是在自我认识、自我认可的基础上，按社会需要和个人的特点来确立自我发展的目标。其次，要努力提高现实自我。大学生在确立了基于现实的理想自我的目标后还要为实现理想自我而做出实际的努力，这是一个长期而艰苦的自我塑造和磨砺的过程，需要完善自我控制机制，包括制订计划、实施监督、自我协调等环节的具体实行，需要意志的努力、情感的激励和认识上的不断自我反思。最后，要努力实现现实自我和理想自我的和谐统一。在实现二者统一的过程中，要不断反复分析和确认理想自我的正确性和可行性，然后与现实自我相对照，最后有针对性地、有计划地解决二者之间的矛盾，缩小差距，在不断解决矛盾、自我提升的过程中实现自我价值与社会价值的统一，走向完善的自我。

只有自觉地把客观要求内化成自我需要的人，才能达到自我期望的思想境界。这种思想境界一旦与原有思想水平构成思想矛盾，就会成为自我教育的新内容，才能成为良好自我形象的内驱力。大学生只有将外在社会对人才的需要转变成学生的内在自我要求，转化为学生的自我教育时，才能够真正形成良好成熟的自我概念机制，使自己成为一个身心健康、和谐统一的现代社会人才，才能够逐步自我完善、发展，走向人生的美好境界。

推荐阅读：

[1] 朱建军：《我是谁——意象对话解读自我》，安徽人民出版社 2009 年版.

[2] [美] 塞利格曼著，洪兰译：《认识自己，接纳自己》，万卷出版公司 2010 年版.

[3] [美] 希思著，焦建译：《瞬变：如何让你的世界变好一些》，中信出版社 2010 年版.

[4] 卢苏伟：《看见自己的天才》，电子工业出版社 2012 年版.

心理互动与训练

一、20 个我是谁

【目的】认识并接纳自我。

【操作】

1. 每个同学在一张白纸上写出 20 句“我是谁”，要求尽量反映个人特征、风格。

2. 将写出的20句句子的内容作下列归类：生理自我（身体状况、体貌特征，如年龄、身高等）；社会自我（身份、地位、社会关系及交往方面）；心理自我（如情绪、个性、智力、能力等）。

3. 请评估一下对自己的陈述是积极的，还是消极的，并在每句话后面标注“+”或“—”。看看是“+”多还是“—”多，分别体现在哪方面？如果“+”多于“—”，说明你的自我接纳状况较好；反之，你的自我接纳状况不够，需要反省：是否过低评价了自己？是什么原因造成这样？有没有改善的可能？

4. 请团体成员在小组内交流，并请每个小组代表发言，交流感受。

二、三个“我”

【目的】协助个体作自我反省、促进协调整合自我

【操作】

1. 请先预备三张纸，首先在第一张纸上描述“理想的我”，时间约为10分钟。然后将已写好的第一张纸搁置一旁，暂时不准再观看。接着照此类推，在第二张和第三张纸上分别具体描述“别人眼中的我”和“真正的我”，每一次大概10分钟时间。

2. 完成后，将三张纸放置在桌上，对三张纸上的三个“我”做出检核，主要是看看三个“我”是否协调和谐。若否，则差异何在，并尝试找出原因何在。请你留意另外一个重点：“理想的我”和“真正的我”是否协调一致？透过此重点，你往往可以发现两者之间的差异，甚至矛盾之点。同时，也会发觉自己对人生所产生的深层感受和渴求。

3. 为了达到更积极的效果，你应当努力探索，看看如何可以使三个“我”更加协调一致，制订促进三个“我”协调统一的方案。有了具体的计划，你会较易在生活中落实并做出改进。一个心理健康的人，三个“我”是协调和谐的。当一个人自己和他人眼中的“我”没有太大的差距，个人理想也没有脱离现实，就是一个自我形象明确而健康的人。但当三个“我”不协调时，我们就该问自己：别人为何不了解我？我是否不能表里一致？不过，我们不必期望自己的三个“我”百分之百协调一致，因为那是不实际的期望，只会导致负面的影响。

4. 进行上述思考后，请填写以下汇总表。三个“我”协调一致吗？

三个“我”	开始时	调整后
理想的我		
别人眼中的我		
真正的我		

三、独特的我（我的长处和限制）

【目的】帮助个人具体界定自己的长处和不足，学习接纳自己和欣赏自己，同时，肯

定自己是一个独特的人。

【操作】

1. 请认真地写出我的长处和我的不足。

我的长处：	我的不足：
长处可以让我：	不足可以让我：

2. 假如你所填的长处太少时，说明你是一个自我概念比较低、自我形象贫弱的人，同时你肯定也是一个不能接纳自己的人。因此，接下来所要做的就是设法具体地发掘、界定你的长处，对自己做出肯定。

下面要做的是：邀请你的家人或者熟悉你的同学、朋友（起码要有两位）参与进来，让他们根据对你的了解，分别说出他们认为你拥有的长处。然后，你把包括你自己在内的三种（或更多）回答比对一下，看看其中有多少项是你没有发现，而别人却一致的看法。遇到这些项目时，你还可以和参评人作些讨论，了解自己在他人眼中是一个什么样的人。在经过别人的帮助和诱发后，你的表格中往往是长处多过限制。

当我再一次看清楚自己的长处和不足之后，我感到：

3. 感悟：换一种视角和方法去看待自己时，你有什么样的感觉？你有什么样的收获？

第五章　大学生人格发展与心理健康

生活就像舞台，活跃着各种生动角色——有的热情奔放，有的冷淡孤僻；有的聪慧敏捷，有的反应迟缓；有的顽强果断，有的优柔寡断；有的善良助人，有的恃强凌弱，丰富多样，各具特色的角色性格给我们留下了鲜明而深刻的印象，这种个体在社会中的整体形象也就是每个人区别于他人的心理特征，被称为人格。

人与人之间存在着哪些人格差异、造成人格差异的原因是什么、个体的人格差异又是如何形成和发展的、用什么方法可以观测出人格的差异呢？这是心理学关注和研究的重要内容。在心理学领域中，有关人格的研究与探索是最有理论分歧、方法最不相同的内容，也因此一直吸引着人们的兴趣和热情。

第一节　认　识　人　格

人格一词的英文词源是“personality”。“personality”一词来自拉丁文的“persona”，是面具的意思，原意是指欧洲早期希腊罗马时代戏剧演员在舞台上扮演角色时所戴的假面，类似于中国的京剧脸谱，用来表达剧中人物的身份和性格。“面具”这个词被引申为“人格”，实际上说明两层含义：每个人在社会生活舞台上演的种种行为是个体的外部特征；行为背后都有一个稳定真实的内在自我。

一、心理学中的人格

“人格”一词使用相当广泛，不同的学科对其有不同的界定。伦理学将人格看作“道德的尺度，做人的尊严”；法学定义为“享受法律地位的任何人”；哲学视人格为“人之为人的本质”。心理学关于人格的概念性描述已达 50 多种，人格的现代定义也有 15 种之多。北京大学陈仲庚教授在其著作《人格心理学》中对人格的定义是：“最为简明的说法就是，人格是人的特点的一种组织。人格也是一种心理现象，人有表现于外的、给人印象的特点，也有外部未必显露的、可以间接测得和验证的特点。这些稳定而异于他人的物质模式，给人行为以一定的倾向性，它表现了一个由表及里的、包括心身在内的真实的个人——人格。”黄希庭在综合大量的研究后认为：人格是个体在行为上的内部倾向，它表现为个体适应环境时在能力、情绪、需要、动机、兴趣、态度、价值观、气质、性格和体质等方面的整合，是具有动力一致性和连续性的自我，使个体在社会化过程中形成的给人以特色的心身组织。

二、人格里面都有什么

人格不是由单一特征构成的，它是受一定由个性倾向性制约的心理特征组合而成的一个复杂的结构系统，人格的结构包含着许多成分。

1. 心理特征系统

个体经常地、稳定地表现出来的心理特点，这一系统包括两个重要的内容：气质和性格。心理特征系统是人格中最稳定的部分，但不是绝对不可变的。心理特征形成于心理活动过程中，并且表现于心理过程影响的行为中，它对个体的心理活动起重要的调节作用。

2. 心理状态系统

心理状态系统是指个体在某一时刻或某段时间内相对稳定的心理活动背景，包括意识结构、注意程度、情绪状态等，这些心理状态直接关系到心理活动的差异性。

3. 人格动力系统

人格动力系统是个体行为唤起的动力，包括需求、兴趣、动机、价值观和世界观等。需求是人格的原始动力，需求有时会表现为不被意识觉知的潜意识。动机是行为唤起的起点，是需求的目标化、意识化的存在形式，是行为的直接动因。价值观指引着人们选择怎样的人生方向与生活目标，决定着人们不同的追求与待人处事的方式。价值观形成后具有相当稳定性的特点，控制着个体整个人格系统。

4. 自我调控系统

由自我认知、自我体验、自我控制三个子系统组成的自我调控系统是人格中的内控系统或自控系统。但是每个人在这三个子系统中都表现出丰富多样的差异，调控的目的是对人格的各种成分进行协调，以保证人格的完整、统一与和谐。

三、人格不同所以人不同

人格的概念试图确定和标示个体一些持久而稳定的特征，以用来描述个体与众不同的行为，比如敏感，害羞，顺从，勤奋，聪明，坦荡以及畏缩等。当一个人在各种情境下都表现出趋同的行为特征时，我们称其为人格特质。当这些特质越稳定，出现的频率越高时，描述个体行为时就显得越深刻和重要。

1. 高尔顿个性特征说

《红楼梦》中如林黛玉的一向多愁善感悲伤自怜。但是在刘姥姥进大观园的桥段中，也要“笑岔了气，伏着桌子哎哟”，高尔顿解释为人格特质分首要特质（一个人最典型，最具概括性的特质）、中心特质（是构成个体独特性的几个重要特质）、次要特质（是个体不太重要的特质，往往只有在特殊情境下才表现出来）。小说或戏剧的中心人物，往往被作者以夸张的笔法，特别突显其首要特质。而中心特质在每个人身上有5～10种。比如林黛玉的核心特质是忧伤敏感，中心特质是有才华、刻薄等。

2. 卡特尔的人格特质论

雷蒙德·卡特尔提出了根源特质理论，为人格特质理论提出了新的思考方向。1949年，卡特尔用因素分析法提出了16种相互独立的根源特质，并编制了《卡特尔16种人格因素测验》（16PF）。这16种人格特质分别是：乐群性、聪慧性、情绪稳定性、恃强性、兴奋性、有恒性、敢为性、敏感性、怀疑性、幻想性、世故性、忧虑性、激进性、独立性、自律性、紧张性。

卡特尔认为在每个人身上都具备这 16 种特质，只是在不同人身上的表现有程度上的差异，这 16 个特质不同的组合，构成了各具特色的不同个体。

3. 现代五因素特质理论（大五人格）

20 世纪 80 年代以来，人格结构研究者们在人格描述模式上达成了相对一致的共识，提出了人格五因素模式，被称为“大五人格”。这五种人格特质是：

情绪稳定性：焦虑、敌对、压抑、自我意识、冲动、脆弱。

外向性：热情、社交、果断、活跃、冒险、乐观。

开放性：想象、审美、情感丰富、求异、智能。

随和性：信任、直率、利他、依从、谦虚、移情。

谨慎性：胜任、条理、尽职、成就、自律、谨慎。

4. 艾森克的人格三因素模型

艾森克依据因素分析方法提出了人格的三因素模型也非常有影响力：外倾性，它表现为性格方面内、外倾的差异；神经质，它表现为情绪稳定性敏感与不敏感的差异；精神质，它表现为孤独、冷酷、敌视、怪异等偏于负面的人格特征。艾森克依据这一模型编制了艾森克人格问卷。

第二节 理 解 人 格

当我们谈论一个亲人或朋友时，常用这样的方式“他是一个善于交际、聪明、严谨、做事条理清楚的人”，或者“我的姐姐腼腆内向，但内心坚定，有创造力”……“人心不同，各如其面”，正是人格的具象解释。

一、人是整合的人

人格的整体性是指构成人格的各种心理成分错综复杂地相互联系、交互作用，构成个体整个心理面貌的完整的功能系统。人格的整体性首先表现在各种心理成分的一致性。一个正常的人总是能及时地、正确地认识和评价自己，能及时地调整在人的内部心理世界中的各种矛盾，调整人格中的各种心理冲突，使人的心理和行为经常保持和谐一致。如果没有这种一致性，人们就会长期处于对立的动机、价值观、信念的斗争中，人的心理活动就会出现无序的状态。

卡梅伦·韦斯特博士，在塞布鲁克研究生院获得心理学博士学位，他以其自己多重人格的亲身经历写作了毕业论文，名为《24 重人格》，《24 重人格》出版不久，就荣登《纽约时报》畅销书排行榜，并先后在 10 个国家出版。作者在书中描述了多重人格患者的各个分身们和谐相处的珍贵的资料，前所未有地把心灵扭曲的痛苦、诡秘的气氛和最终的希望呈现给广大读者。这些身份分别是：

精灵：长生不老，没有年龄。任务是激励我。很少露面。

老鲨：原始人，起初不会说话，只会摇头晃脑发出咕噜咕噜的声音。后来学会说话，以及用刀叉进食。

戴维：4岁。可爱的小男孩，脸上总是带着忧伤的神情。是第一个分身，现在不常出现。

安娜和特露蒂：4岁的孪生姐妹。安娜活泼开朗。喜欢吃饼干。特露蒂整天绷着脸，闷声不响，独自躲藏在角落里。安娜是核心团体成员之一，露面机会最多。

莫扎特：6岁。个性沉静，身体瘦弱，呼吸急促。不常露脸。

克莱：8岁。曾经讲话结结巴巴，神情紧张，不敢睁眼看人。现在好多了，不再口吃，偶尔敢正眼看人。常常出现，核心团体成员。

斯威奇：8岁。核心团体成员，好几次把作者的身体弄得遍体鳞伤，其他的分身也会成为他的出气筒，本书开场时他用刀将多个人格共用的身体的手臂割伤。

怀亚特：10岁。非常聪明，常常露面，喜欢在外走动，跟人们攀谈。对物体的形状和模式感兴趣。对文字敏感，以独特和别出心裁的眼光和方式描绘事物。是核心团体成员。

特蕾西、基特、尼基、小湖、玩具仔和凯西：一伙的男孩子，号称“六儿郎”。全部出现在早期，后渐渐融为一体，然后一起隐没入我的心灵深处，不再露面。

尘儿：13岁，女，个性温柔，心地善良，常常上街买菜，做饭给大家吃。核心团体的成员。

盖尔：最近加入我们这个群体的女孩，直到本书写作即将完成时才出现。现在跟尘儿很要好，再过一阵子可能和尘儿融合成一体，是核心团体的成员。

基思：15岁，沉静，退缩，不常露面。

巴特：28岁，个性随和、风趣。每当危机发生，我的生命陷入低潮时，总会跟佩尔联手，扛起重责大任。

凯尔：巴特出现没多久出现，是巴特的好友兼拍档，最终融合成一体。

利夫：30多岁，精力充沛，干劲十足。代表行动、创造力和成就。办起事来铁面无私，不讲情面，对吃喝玩乐无兴趣。现在跟巴特和佩尔合作，帮我处理日常事务。核心团体成员。

老天：30多岁。很早出现，帮助疏导感情和记忆，以免让分身们和作者心灵负荷过重。随着群体运作越熟练，成员间越能够互相沟通、共同合作，他功成身退，从此不再出现了。

浪子：30多岁，喜欢同跟作者表达好感的女人调情，现在是年纪比较小的分身们的监护人。目前只在作者接受精神治疗时才出现，而且次数不多。

佩尔：温柔、慈悲的精灵。给作者带来心灵的宁静和解脱。担任保护人的身份，是群体中包括作者在内所有人格心目中的父亲。

人格整体性表现为人格是由多个紧密相关的成分构成的多层次、多维度、多水平的统一整体。只有从整合的观念出发，在和其他人格特征的联系中，才能认识每个个体的特殊性，使其具有确定的价值和意义。如沉默寡言，常常使人显得孤独这一特征，在不同人、不同情境中，可能有不同意义。有的人沉默缘于怕羞或怯懦；有的人可能为了隐藏某些目标，也有人沉默是为了愿意更多地听取他人的意见。

个体的人格特征与行为表现并不永远一一对应。同一种人格特征在不同的人身上的表现会各不相同——李逵与林冲的豪迈显然是不同的，同一种行为往往是不同人格特征的表现——战栗或许因为紧张或许是兴奋。要认识一个人的人格特征，必须从人格的整体性上进行把握。

二、人是独特和有共性的

在英文中，用来描述人的特点的单词有 18000 个，没有人能用同等数量和内容的词汇描绘两个人；人格的独特性是指，每个人都有与他人不同的人格特征。世界上也没有两个人格完全相同的人。即使是在遗传上最为相近的同卵双生子，其人格也是有差别的。人格独特性充分地表现为人们在需要、动机、兴趣、爱好、价值观、信念、能力、气质、性格等方面的差异性。

人类之所以有各种不同的行为模式，是由各自独特的文化背景决定的。文化给个人提供了生活的素材，个体正是被置于这种素材中生存发展。在长期的生活过程中，形成了符合自己文化特点的人格特征。比方东方社会比较强调趋同的发展方向，西方文化更提倡多样的个性表达。文化对人格的影响解释了人格的共同性，即某一群体、某个阶级或某个民族在一定的群体环境、生活环境、自然环境中形成的共同的典型心理特点。

三、稳定又可变的人

个体的人格特征具有跨时间的持久性和跨情境的一致性。“三岁看大，七岁看老”是指人格在时间上的持久性——昨天的我是今天的我，也是明天的我。时间能改变的是做事策略，改变不了态度的倾向性。过去的我透过现在的我，影响着我的现在和未来。不确定的未来不能决定现在的事件，但自我对未来的洞察力能决定现在的我的行动方向——这就是自我的持续性。人格特征跨情境的一致性表现在不同的情境下，同一个人的人格特征在很大程度上会保持稳定。例如，一个内向的人，在绝大多数场合都会表现出不爱讲话、不爱交际的行为倾向，一个外向的孩子不仅在学校里善于交往，喜欢结识朋友，在校外也喜欢交际，喜欢聚会，虽然他偶尔也会表现出安静内敛，与他人保持距离，但总体上看，他乐群的特点是显著的。由于人格具有稳定的特点，我们才能将不同人的精神面貌加以区别，用以知晓一个人特定行为的表现频率，从而预测他在哪些情况下的表现什么样的行为，这是我们了解一个人的重要途径。

人格的稳定性并不排除它是可以发展和变化的。人格特征的可变，使人格具有可塑性的特征。首先人格特征可能随着年龄增长而使内容和表现方式发生变化。例如同是特质焦虑，学生时期可能表达为考试焦虑、在成年时会担忧工作和前程，对子女前程的忧虑、在老年时则表现为对死亡的恐惧。其次，对个人有重大影响的环境因素或机体因素，如移民、重大的职业角色变化、严重疾病等，都有可能造成人格的某些特征，如自我概念、价值观、信仰态度等的改变。必须搞清楚的事情是：人格的变化不同于行为的变化。行为变化是由情境引起的、暂时的变化，而人格的变化则是内在的特质的变化，具有永久性。比如一个人因面临亲人长久分离而忧伤，是行为的暂时变化。如果因为失去亲人、环境变化而整日情绪低落，长久不能改变这就是人格变化。

四、遗传和环境共同造就的人

在人格形成过程中遗传和环境如何作用是心理学界长久争论的话题。比较辩证的理解是：遗传决定了人格发展的可能性，环境决定了人格发展的现实性。环境把遗传造就的潜在可能变为现实具象，其中起到关键作用的是教育，自我调控系统在遗传与环境的交互作用下，成为人格发展的内部决定因素。

家庭是人类“性格的工厂”，研究人格的家庭成因可以发现家庭的差异和不同教养方式对人格发展和人格差异的影响。双生子研究是研究人格遗传因素的最好方法：同卵双生子具有相同的基因，他们之间的任何差异都可以归结为环境因素的作用；异卵双胞胎基因不同，但在环境上有许多相似性，因此也提供了环境控制的可能性。遗传因素对人格的作用程度随人格特质的不同而异。社会文化塑造了社会成员的人格特征，使其成员的人格结构朝着相似的方向发展，这种相似性反过来维系社会稳定和社会文化。社会文化对人格的影响力因文化而异。

人格发展深受童年经验的影响，临床心理学证实大多数行为障碍都与早期经验有关，但是早期经验不能单独对人格起作用，它与其他因素共同决定人格的形成和发展。学校是人格社会化的主要场所，教师对学生人格发展具有导向作用，而同伴对人格发展具有“弃恶扬善”的作用。

第三节　人　格　理　论

很多心理学大师对人格进行了详细的研究，我们来看看他们怎么说，以帮助我们更好地理解人格怎样影响着我们。

一、人格结构理论

奥地利精神科医生弗洛伊德于19世纪末20世纪初创立了精神分析学说。弗洛伊德理论的基石是人格结构假设——每个人都是由本我、自我、超我三部分组成的。

本我是指原始的自己，本我为人格活动提供动力。本我包含生存所需的欲望、冲动和生命力。本我是一切心理能量之源泉，以快乐为行事原则，不受社会规范、道德模式的约束，本我的目标是获得个体的舒适感，使个体生存和繁殖，它是无意识的，不能被个体所觉察。

自我是人格结构中的“执行者”，是自己可觉察到的执行认知、感觉、思考、判断或记忆的功能，自我的机能是寻求使“本我”冲动得以满足，而同时保护整个机体不受伤害的方法，自我遵循“现实原则”，在现实允许的框架内为本我服务。

超我是“良心与理想”的表达，它是个体在成长过程中通过内化了的道德规范。超我的功能是监督、批判及管束个体的行为，是非现实的，超我大部分情况下也是无意识的，超我要求自我按社会可接受的方式去满足本我的需求，遵循“道德原则”行事。超我过小的人可能成长为一个不良少年，而超我过大，会使人压抑和内疚。

关于人格发展的动力，弗洛伊德认为人的精神活动的能量来源于本能，本能是推动个体行为的内在动力。人类最基本的本能有两类：一是生的本能，二是死亡本能或攻击本能。生的本能包括性欲本能与个体生存本能，其目的是保持族群的繁衍与个体的生存。在弗洛伊德的理论中，性欲（弗洛伊德称之为力必多）有着广义的含意，是指人们一切追求快乐的欲望，性本能冲动是人一切心理活动的内在动力，当这种能量积聚到一定程度就会造成机体的紧张和压力，机体力图寻求途径释放能量。弗洛伊德将人的性心理发展划分为5个阶段：①口欲期；②肛欲期；③俄期；④潜伏期；⑤生殖期。

弗洛伊德是一个彻底的心理决定论者，他认为人类的心理活动有着严密的因果关系，没有哪一件事是偶然的。做梦也不例外，梦境绝不是偶然形成的联想，而是欲望满足的机会，在睡眠时，超我的检验功能衰退，潜意识中的欲望内容绕过抵抗，以伪装的方式，闯入意识而形成梦境，梦是对清醒时被压抑的潜意识中的欲望的一种变相表达。梦是通向潜意识的一条秘密且有效通道。通过对梦的分析可以窥见人的内部心理世界，探究其潜意识中被潜藏的欲望和矛盾冲突。他认为通过释梦可以治疗神经症。

二、人格发展理论

19世纪30年代，一些从欧洲移居美国的精神病学专家和精神分析理论科学家，在新的社会历史条件下，通过医疗实践和理论探讨，开始背离了传统的精神分析路线。他们反对S. 弗洛伊德学说中的性本能论，抛弃了性力（力比多）的概念和人格结构说，把文化、社会环境和人际关系等因素提升到精神分析的人格理论和治疗原则的重要位置，逐渐形成了新精神分析派。

1. 埃里克森人格发展阶段理论

埃里克森是美国著名精神病医师，新精神分析派的代表人物之一。人格终生发展是其理论核心，他认为人的自我意识发展持续一生，整个过程划分为八个阶段（见表5-1），这八个阶段的顺序是由遗传决定的，但是每一阶段能否顺利度过却是由环境决定的，所以这个理论又被称为“心理社会”阶段理论。

表5-1 埃森克人格发展阶段理论的内容

年龄段	特定心理危机	积极（好）结果	消极（坏）
0～1岁	基本信任对基本不信任	内在好的感受，信任自己与他人，乐观	坏的感受，不信任自己与他人，悲观
1～3岁	自主对羞怯与疑虑	意志训练，自我培训，能作决定	积极严厉，自负怀疑，关注自我，空虚

续表

年龄段	特定心理危机	积极（好）结果	消极（坏）
3～5 岁	主动对内疚	成功的欢乐，主动性，方向性，目的性	对深思的目标和取得的成就感到内疚
5～12 岁	勤奋对自卑	被生产性工作吸引，因完成工作而自豪	不适合感和自卑感，不能完成任务
12～20 岁	同一性对角色混乱	对内在一致性和连续性有信心，对生活充满希望	角色混乱，没有固定的标准，感到虚伪
20～24 岁	亲密对孤独	感情的共鸣，分享工作与感情	避免亲密，关系淡漠
24～65 岁	繁殖对停滞	能投入工作，有建立亲密人际关系能力	失去对工作的兴趣，人际关系贫乏
65 岁后	自我整合对失望	有秩序感和意义感	怕死，对生活及生活中已经得到的或没发生的事情感到痛苦失望

2. 阿德勒的自卑人格理论

阿德勒由于其自身成长的经历（小时候残疾和被忽视），认为战胜自卑是个体人格的成长动力。他以“自卑感”与“创造性自我”为理论中心。他创建了一些概念来表达人格的内容，比如假想的目的论、自卑感、创造性自我、追求优越、生活风格、补偿和社会兴趣。他认为人的行为是由于社会力量决定的。人天然是一种社会存在物，在社会生活中，人们通过交往形成相互依赖，相互合作的关系。阿德勒认为人格形成是各自内在动机、特质、兴趣、价值所构成的统一整体。每个人是一个有意识的存在物，通常，人能意识到行为的动机。他反对意识与无意识的绝对对立。对某些事件的内容含义，如果意会到了，那么就是意识的，如果失于意会，那么就是无意识的。意识的行为应该是人类主要的行为类型。阿德勒强调未来对人的行为的影响。他认为，人既然是有意识的、就能洞察到未来的种种条件和环境变化，从而制定计划，用以指导自己的行为。阿德勒也承认过去的经验（特别是原始的经验）对人的行为影响深远，但他认为那不是决定性的。性欲望只是人类行为的动因之一。阿德勒并不完全否认性的作用，但他认为其作用在决定人的行为方面只扮演一个不很重要的角色，真正影响人的行为的重要动力是人的社会需要。

阿德勒强调，寻求掌控感、追求完美和克服自卑是人类的本能，当个体体验到自卑时，便被追求优越的力量所驱动作出努力的行为。他指出“优越”并非一定是比他人优秀，而是一种对自我的知觉到较低的水准发展到较高水准，从感觉到不满到感觉到强大，个体通过对“能力”“控制”“完美”的追求从而克服自卑感。

分享故事

美国有一家农场主，为了方便拴牛，在庄园一棵榆树的树干上箍了一个铁圈。随着榆树的长大，铁圈慢慢地长进了树身里，榆树的表皮留下一道深深的伤痕。有一年，当地发生了一种奇怪的榆树病，方圆几十里开外的榆树全部死亡，唯独那棵箍了铁圈、留下深深伤痕的榆树却存活下来。植物学家对此产生了兴趣，结果发现，正是那个给它带来伤害的铁圈救了它，是它从锈蚀的铁圈里吸收了大量的铁，所以才对真菌产生免疫力。

不仅是树，人也是如此，一直以来都害怕被伤害，不敢正视。既然伤害已造成，为何不积极面对；伤害有时会成为生命的一道养料，它会让生命更坚强。

3. 荣格的人格结构说

荣格曾是弗洛伊德的学生和最“忠诚”学术伙伴，后期因理论上的分歧与老师分道扬镳。荣格关于人格的基本观点是：人格具有与生俱来的整体性，人类首先应做的是保护这种整体性，避免它分裂成独立的、相互冲突的结构系统。其次要进一步发展这种固着已有的人格整体，使之最大限度地分化、整合与协调，实现终极意义上的精神统一。

荣格把整个人格称作心灵，包括意识、个体无意识和集体无意识三个层次。集体无意识包含着人们世代相传的活动方式和经验积累在人脑中的遗传印迹。荣格认为集体无意识的内容是原型，原型与本能有共同的内容，是人格中的根本动力。

荣格从两个维度区分人格的类型，一个是态度（外倾和内倾），另一个是机能。荣格认为，理性的机能包括思维和感情，非理性的机能包括感觉和直觉。根据人格的两种倾向和四种机能，交叉组合，形成了八种性格类型。

（1）外倾思维型——重视理解自然现象和客观事物的规律，重思考而不重感情，喜欢分析问题，处理问题讲求逻辑顺序，有判断和鉴别能力。

（2）内倾思维型 ——不关心外界现实，以自我为主，情感冷漠，与人疏远，倔强偏执，不体谅他人。

（3）外倾情感型 ——容易感情用事，情绪反应强烈，热情奔放，爱浮华虚伪自恋，喜怒无常。

（4）内倾情感型——情感沉着、不向外表露、沉默寡言、对人冷淡、有抑郁情绪，有时表现为恬静、深沉，给人以自信自足之感。

（5）外倾感觉型 ——依据感觉估量生活价值，讲究实际，情感体验肤浅，对事物存在的意义不作更多的思考。

（6）内倾感觉型 ——不能深入到事物的内部，重视个人内心的感觉，在事物与自我之间凭借知觉观察一切，缺乏实际的思想和情感。

（7）外倾直觉型 ——这种人凭直觉观察事物和解决问题，不安于稳定的情境，不能保持长久地追求对工作目标的兴趣，对反复出现的日常事务容易厌倦，不断转移方向。

（8）内倾直觉型 ——不关心外部事物，以自己的意象为主，从一个意象跳跃到另一个意象，而又不能超出个人直觉的范围，内心充满幻想。

荣格认为，童年期是个体学习生存技能的时期，儿童行为模式是父母人格的反映；到了青年期和成年早期，个体面临着新的挑战，有全新的使命感，需要将焦点指向学习、工作、结婚、抚养孩子、社交等丰富的活动内容；步入中年期后，个体的发展会出现转变：从精力充沛的、注重外部世界活动性的人转变到具有成熟的文化的哲理的和高尚价值观的人。中年期是人格发展转折点，中年期遭遇新的危机和人生转折，是一个人第一次开始决定生活意义的时期。

4. 霍妮的人格理论

霍妮早期深受弗洛伊德精神分析的影响，后期由于对自我冲突的不同理解而背离了经典的精神分析学。她的理论强调一个人的心理冲突和心理问题受环境影响十分深刻，但她同时非常认同早期经验对一个人的影响，其代表作《神经症与人的成长》就是从不同角度和类型上深刻地描述与分析了个体的挣扎。

霍妮的核心理论之一就是“心理问题起源于儿童与父母的交互关系”。一个真正意义上得到了父母的关怀和肯定的孩子就会产生安全感，这样的孩子长大后有充分的韧性应付和适应环境的变化，否则就会陷入早期形成的固定而僵化的人际关系模式中不能自拔。这种早期形成的“防御机制”会使个体以破坏性的行为和思维模式来对待生活事件，个体与内在的自我渐行渐远。霍妮把早期没有得到基本安全而产生的不安称之为基本焦虑。有基本焦虑的个体对现有问题的理解往往不切实际，他们在做人和做事方式上不加选择地以自己原有的僵化模式去应对，当这种模式与外界不适应时，就会激发他们强烈的不安和恐惧。

霍妮描述了三种交往风格对人格的影响。

接近人群—— 一些儿童以强调自己的无助感来应对他们的焦虑，他们依赖他人，强制性地寻求父母或养育者的喜爱和接受。他们以各种方式获得同情以暂时免除焦虑，但却承担了在未来现实的人际交往中使用这些对策的风险。其结果是，这些人对被爱和被接受产生了过度的需要，不加选择地依附于身边的某个人，因为他们觉得任何一种关系都比孤独、无助和被冷落好。这样环境中成长起来的个体不会爱，只会索取；不分享感情，只会要求他人。正是由于这样的神经症性的人格模式使每一段新的关系无法长久。

反对人群 ——应对焦虑的另一种极端方式是战斗。有些儿童在与亲人互动中发现攻击性和敌意行为是对付糟糕的家庭环境的最有力手段。他们攻击或伤害其他孩子，以此来补偿自己的不安全感和不适应，这种方式获得了短暂的权利和其他儿童的服从，但他们长大后会更熟练地使用这种神经症的风格处理人际关系，在别人对他们做什么之前先发制人。他们认为爱和其他积极情感都是愚蠢和懦弱的表现，他们只在利用别人时才与他们建立关系。

脱离人群—— 有些儿童采用简单地不理会外部世界的方式处理关系。他们对隐私和自我满足有强烈渴望。成年以后，他们会寻找那些不与人打交道的职业。他们回避情感、爱和友谊等积极的相互关系。避免参与成为避免焦虑的手段。

三、行为塑造人格

行为主义是20世纪初起源于美国的心理学流派，行为主义主张心理学应该研究可以被观察和直接测量的行为，反对研究没有科学根据的意识。行为主义是唯物主义的一种形式，否定一切精神分析的重要性。行为主义人格理论的共同特点是把人格等同于行为，认为人格是个人行为的综合，而且可以通过测量行为的方式来研究人格，非常重视环境对个性的影响作用。

1. 华生——谁会给他12个婴儿

华生在《行为主义》一书中写道："给我一打（12个）健康的婴儿，一个由我支配的特殊的环境，让我在这个环境里养育他们，我可担保，任意选择一个，不论他父母的才干、倾向、爱好如何，他父母的职业及种族如何，我都可以按照我的意愿把他们训练成为任何一种人物——医生、律师、艺术家、大商人，甚至乞丐或强盗"。

华生贡献了两个概念：资产和倾向。人格就是指一个人在行为反应方面现实拥有的和潜在存在的全部"资产"和现有的、潜在的倾向的总和。资产指已被组成的各种行为的总和，经过社会化了的和已被调整过的各种本能，经过社会化了的和已被锻炼过的各种情绪，以及这些东西之间的各种组合和相互关系；可塑性（形成新习惯和改变旧习惯的能量）和保持性（已建立的各种习惯恢复其作用的速度）作为系数，形成个人对于当前或将来外界环境适应的能力。"倾向"是指在当前环境中不发生作用和阻止个体对已改变的环境进行顺应的潜在力量。华生指出，人格是一切行动的综合，是各种习惯系统工作的最后产物。他认为，研究人格的方法就是设法将动作流程切断使之成为横切面。他坚定地认为人格是可以改变的，因为它是环境的影响形成的，所以改变人所处的环境就可以改变人格。

2. 斯金纳——用箱子装着心理学

斯金纳上辈子或许是个手艺人，斯金纳回忆："我总是在做东西。我做了旱冰鞋，可驾驶的运货马车，雪橇和在浅池子里用篙撑来撑去的木筏子；我做了跷跷板，旋转木马和滑梯；我做了弹弓，弓和箭，气枪，用竹筒做的喷水枪；用废锅炉做成了蒸汽炮，这个蒸汽炮可以把土豆和胡萝卜射到邻居的房顶上；我做了陀螺、空竹，使用橡皮筋推动的模型飞机，盒式风筝，用轴和弦转动送上天的竹蜻蜓。我一再试着做一架能把我载上天的滑翔机……我曾经摘熟浆果挨户去卖，所以就做了个分选生熟浆果的浮选系统。我用了好几年时间来设计一台永动机（可惜没有成功）。"——不过后来成功制造了斯金纳箱（图5-1）。

斯金纳用它的箱子和小白鼠，揭示了人类学习行为的秘密。他摒弃了传统心理学中"心理活动"的不可考也不可靠的分析，将人的内部思维作为可演算的函数，对心理学的外在刺激与受试行为作为自变量和函数结果，进行科学的实验分析，这就是大名鼎鼎的"行为心理学"。而"斯金纳箱"，成为他的一项最著名的研究成果。经典实验将一只很饿的小白鼠放入一个有按钮的箱中，演示每次按下按钮，有食物掉落。结果可以想见：小白鼠自发学会了按按钮。

斯金纳的人格理论源于他从比较心理学角度对动物行为机制的研究结果。在他看来，人格的研究对象只可能是可塑性极强的外显行为，人格就是个体的所有外显行为方式或这些方式的组合。环境强化或消弭了个体的适应性行为，个体也就逐渐形成适应复杂环境的生存技能。在这一学习过程中，个体不仅被动地接受强化，为了达到自己的目的也会主动

图 5-1　斯金纳箱

a—灯；b—食物槽；c—杠杆或模板；d—电烙格

地选择与改变环境。每个人的成长环境和经历不同造就了不同的人格特点和行为方式。他强调由于人所处的环境在不断变化，因此其人格也会相应地不断发生变化。由此可以说，斯金纳主要是通过操作性条件反射原理，又被称作强化理论来说明人格的形成，从而达到预测和控制人格发展的目的。

3. 班杜拉——波波娃娃告诉你，你怎样习得了行为

观察学习：这是一个著名的实验，儿童被带到一间屋子里完成一个艺术项目，在同一个屋子的另一端，一个大人正在地上玩一些玩具，在它们的旁边有一个棰子和一个假人(Bobo doll)。参与实验的儿童被分为实验组和控制组：实验组的儿童看到大人叫喊着用棰子击打假人，控制组的儿童看到的是大人只是安静地自己玩娃娃。观察进行十分钟之后，把他们带到另一间放着各种各样玩具的屋子，告诉他们说这些玩具是留给其他人玩的，目的以此激起他们的挫折感。之后把孩子们带到第三间屋子，屋子里有一些玩具允许他们玩，包括假人。结果正如人们预料的：实验组的儿童（看到了大人们的暴力）比控制组的儿童表现出了更多的侵犯行为。

班杜拉认为，行为的习得既受遗传因素和生理因素的制约，又受后天经验环境的影响。人的行为，尤其是复杂行为主要是后天习得的。先天因素的影响和后天经验的影响在决定行为的作用中微妙地交织在一起，很难将两者分开。

如果你最近一次考试不及格，你觉得这是一次激发你努力的契机呢？还是提醒你留级的信号呢？或者是你不再努力的借口？你的行为选择，很可能被你的期望所左右。

自我强化：班杜拉认为自我调节是个体的内在强化过程，人能依照自我确立的内部标

准来调节自己的行为。个体通过将自己对行为的计划和预期与行为的现实成果加以对比和评价，来协调自己行为的过程。按照班杜拉的观点，每个自我都具备提供参照机制的认知框架和知觉、评价及调节行为等能力。人的行为不仅要受外在因素的影响，也受通过自我生成的内在因素的调节。自我观察、自我判断和自我反应三个过程组成了自我调节的方式，经由这三个过程，个体完成内在因素对行为的指示。

自我效能：自我效能是指个体对自己能否在一定水平上完成某一活动所具有的能力判断、信念或自我把握。也就是个体在面临某一任务活动时的胜任感及其自信、自珍、自尊等方面的感受。自我效能也可称作“自我效能感”“自我信念”“自我效能期待”等。“效能预期不只影响活动和场合的选择，也对努力程度产生影响。被知觉到的效能预期是人们遇到应激情况时选择什么活动、花费多大力气、支持多长时间的努力的主要决定者”。自我效能的形成主要受五种因素的影响，包括行为的成败经验、替代性经验、言语劝说、情绪的唤起以及情境条件。

四、人本主义——爱与成长

在精神分析与行为主义对抗中，马斯洛带着人本主义来了，它既反对行为主义把人等同于动物，只研究人的行为，不理解人的内在本性，又批评弗洛伊德只研究神经症和精神病人，不考察正常人心理，因而被称为心理学的第三种运动。

人本主义关注人类的经验、遇到的问题、潜力和理想。

1. 马斯洛——自我实现

马斯洛从小很自卑。爸爸曾和大家说，“你们见过比他丑的孩子吗?”父母关系不好，对他也不关心。学校里的老师同学也不喜欢犹太人——后来，马斯洛提出了非常有爱的人本主义心理学的理论。

需求层次：马斯洛认为人都潜藏着七种不同层次的需要，这些需要在不同的时期表现出来的迫切程度是不同的。人的最迫切的需要才是激励人行动的主要原因和动力。人的需要是从外部得来的满足逐渐向内在得到的满足转化。马斯洛在人生的两个阶段提出了不同的观点，所以我们在一些书上只能看到马斯洛需要层次的五个层次：生理需要、安全需要、爱与归属的需要、尊重的需要、自我实现的需要。

自我实现：马斯洛最著名的研究理论“自我实现”是什么呢?他在课上给学生讲自我实现的特征，包括自然表露自己的思绪和情感，笑看人生的困境与烦恼，乐于解决问题，有开放的心态和无私的爱心，敢于自嘲，有主见，等等。更详细地描绘出“自我实现者”（成长者）的画像。自我实现者有下列16个特色。

（1）观察力与判断力能够正确地预测将来事情会如何演变。

（2）他们能够接纳自己、接纳别人，也能接受所处的环境。安之若命，处之泰然。能接受不完美的现实，然后负起责任改善现状。

（3）他们单纯、自然不虚伪。他们对名利没有强烈的需求，因而不会戴上面具，企图讨好别人。

(4) 对人生怀有使命感，注视众生而不计较自我。

(5) 既能享受独居的喜悦，也能享受群居的快乐。

(6) 喜乐有余，常常愿意与人分享自己，却不太需要向别人收取什么。

(7) 懂得欣赏简单的事物，从平凡之中领略人生的美。

(8) 他们当中有许多人曾经历过“天人合一”的宗教经验。

(9) 虽然看到人类有很多丑陋的劣根性，却长存悲悯之心、看到人性的善良可爱。

(10) 崇尚君子之交，灵犀相通。

(11) 尊重不同阶层、不同种族、不同背景的人，以平等和爱心相待。

(12) 有智慧明辨是非，不会用绝对二分法（“不是好就是坏”）分类判断。

(13) 他们说话含有哲理，也常有诙而不谑的幽默。

(14) 富有创造性。真情流露，欢乐时高歌，悲伤时落泪。

(15) 对世俗和而不同。

(16) 对生活有改造的意愿和能力。

2. 罗杰斯——无条件积极关注

“爱点头，爱微笑，爱嗯嗯啊啊，爱面带微笑，爱倾听，也爱尊重理解不说教，我不是什么老师，也不是生活的指导，我是罗杰斯。”其代表作《咨询和心理治疗》影响很大，有人评价“没有任何一部著作对美国心理咨询和心理治疗所产生的影响能超过这本书”，“来访者”“来访者中心”的概念就帮助其获得 APA 第一届杰出科学贡献奖，颁奖词说“发展出一种方法，使得对心理治疗过程的描述和分析具有客观性，对心理治疗及其对人格和行为的影响作用提出了一个可检验的理论……”

罗杰斯人格理论的核心是关于自我的理论，“个体是完整的有机体的存在，是一切体验的发源地，且在自我实现倾向的驱使下成长与发展，其结果就是‘自我’‘自我概念’的发展、扩充及实现”。

自我——人对“我是怎样的人”的知觉以及这种知觉与所处的外部世界如何发生关系的方式，即个体对自我的特征、人际关系模式及其价值规范的认知。人格由“经验”和“自我概念”构成，当自我概念与知觉的、内隐的经验协调一致时，他便是整合、真实且适宜的人，反之他就会经历或体验到人格的不协调的扭曲状态。自我概念有两种：一种是真实的自我——符合现实存在的自我形象；另一种是理想的自我——期望每个人实现的自我形象。这两种自我是否和谐与趋近，会直接影响到心理健康的水平（图 5 - 2）。

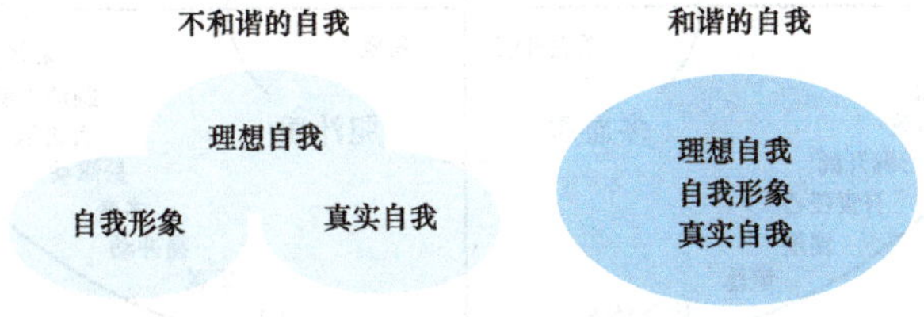

图 5 - 2　自我概念

罗杰斯认为，自我概念总是在个体与环境相互作用的过程中形成。儿童出生后，由最初的物我不分、主客不分，到逐渐把自我与环境区分开来，并在语言的帮助下进一步分清了主我（I）和客我（me），随着身心的成长而生成自我概念。

罗杰斯用“无条件积极关注”来解释自我发展的机制——即使自我行为不够理想，当他觉得自己仍受到父母或重要他人真正的尊重、理解和关怀时，依然可以很好地发展自我概念。在自我发展的过程中，最重要的经验是在婴幼儿时期得到无条件积极关注。无论婴儿如何行动，父母都对他施以关注和热爱，这种满足就能实现。在任意情境下，他们都会感觉到自己的价值。因而没有了防御行为存在的必要，在自我和现实知觉之间便协同一致。这种人在自我实现的道路上，会自由地发展一切潜能，达到最终指向的目标，成为一个健康而有丰富人格的人。在其人格理论中，罗杰斯提出了“机能健全的人”的概念，就是那些获得了“无条件积极关注”的人。这样的人有这样一些共性特征：①经验的开放性。对一切经验采取开放态度，自由舒适地体验所有的情感和经验，他们从不封闭自我。②存在主义的生活方式。对生活有充满新鲜感，生活于存在的每一瞬间。③信任自己的机体。不徒劳地思虑所面临的事物细节，全面考虑问题发展态势，并且能对行动的过程迅速做出决定。④富有自由感。他们的决定都是出自个人的意愿，而不是受外部的强制或内部的压抑的驱使。充分享受生活的个人权力感，相信自己能决定自己未来。⑤高度创造力。这种人富有创造和创新能力，积极适应环境而不仅仅遵循或者消极适应社会和文化传统。

第四节 做个更丰富的自己

一、有趣的气质类型

气质类型是指一类人所共有的气质特征的有规律的结合。由于气质特征的种类很多，它们的组合形式是多种多样的，因而气质的类型很多。但较为代表性的气质类型有四种，即多血质、黏液质、胆汁质和抑郁质。每一种气质类型都具有独特的气质特征（图 5 - 3）。

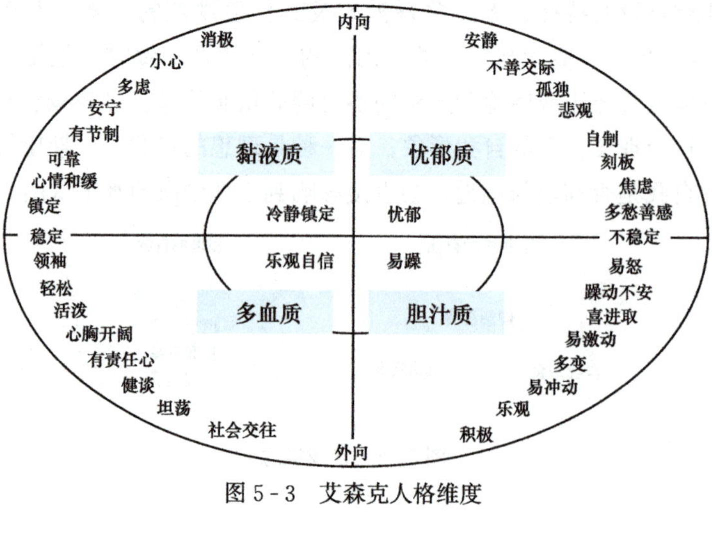

图 5 - 3 艾森克人格维度

兴奋的胆汁质：精力旺盛，直率、热情，行动敏捷，易于激动，感情用事，自制力差。

活泼的多血质：喜形于色，可塑性强。活泼好动，反应迅速，情绪发生快而多变，兴趣容易转移，做事轻率。

安静的黏液质：稳重，反应缓慢，沉默寡言，情绪不易外露，注意稳定难于转移，忍耐力好。不善于随机应变。

自抑的抑郁质：行为孤僻，多愁善感，行动迟缓，情感体验深刻，善于觉察细节，富于想象。

二、丰富多彩的性格

如果说气质是个性特征系统中影响其特征表现形式的一种外部色彩的话，那么性格则是个性的特征系统中具有核心意义的成分。它与人们日常生活中所说的人品、秉性等含义相近。性格是人格结构中表现最明显，也是最重要的心理特征。性格是个体对现实比较稳固的态度以及与之相应的习惯化了的行为方式。

性格类型是指一类人所共有的性格特征的有规律的结合。按照一定的标准将性格加以分类，在理论上和实践上都是有意义的。性格通常有以下几种分类方式。

按照性格结构中认知、情绪、意志三种心理机能哪种占优势，可以将性格分为理智型、情绪型、意志型。理智型的人善于以理智来调节自己的言行，深思熟虑地解决问题。情绪型的人的言行受情绪支配，处理问题不冷静，但情绪体验深刻。意志型的人自觉性强，处事果断，勇于克服困难，善于控制自己的言行和情绪。

按照个体心理活动是否外露，可以将性格分为内向型和外向型。外向型的特点具体表现为：心理活动倾向于外露，社会适应能力强，对人对事都能很快熟悉起来。表情丰富，活泼，开朗，易激发情绪，不善隐饰自己的思想和情绪。善交往，好交际、不拘小节。喜欢自由，缺乏谦虚态度。反应敏捷，动作迅速。好动但不太多思考，做事不太精细。内向型的具体表现为：心理活动倾向于内敛，不易适应环境，社会适应能力弱。不轻易相信别人，不善与人交往，思想和情绪不易外露。愿独处，沉静，孤僻，喜欢安静。反应敏感、迅速，处事谨慎，往往心胸狭窄，不宽容人，多思虑，好疑心，冷静，办事稳妥。

按照个体心理活动的独立性程度，可以将性格划分为独立型和顺从型。独立型的人心理活动的独立性强，有主见，不易受外界环境的影响，喜欢独立地完成任务。顺从型的人心理活动的独立性弱，缺乏独立的思想观点，在情感上依赖他人，容易受外界环境的影响而改变自己原有的观点，信奉权威，在没有权威的影响时，则顺从多数人的观点。

三、扭曲的人格

人格障碍也称病态人格、变态人格，它是一种人格发展的内在不协调，是在没有认知过程障碍或没有智力障碍的情况下出现的情绪反应、动机和行为活动的异常。一般认为，人格障碍可能是生理、心理和社会文化等因素共同作用下形成的，尤其是儿童早期的环境和家庭教养方式对人格形成和发展起着非常重要的作用。虽然在大学生人群中真正人格障碍的人并不多，但存在不良人格倾向的人却不少，他们是人格障碍的易感人群，应该引起警惕。

根据人格的特质理论，可将人格障碍分为 11 种类型：偏执型人格障碍、分裂型人格障碍、分裂样型人格障碍、戏剧化型人格障碍、自恋型人格障碍、反社会型人格障碍、边缘型人格障碍、回避型人格障碍、依赖型人格障碍、强迫型人格障碍、被动攻击型人格障碍。

以上所描述的各类人格障碍类型可分为三大人格障碍群。第一群以行为怪癖、奇异为特点，包括偏执型、分裂型、分裂样型人格障碍；第二群以情感强烈、不稳定为特点，包括戏剧化型、自恋型、反社会型、边缘型人格障碍；第三群以紧张、退缩为特点，包括回避型、依赖型、强迫型、被动攻击型人格障碍。

回避型人格障碍——哭泣的鸵鸟。除了至亲外，没有好朋友和知心人；除非确信受欢迎，一般总是不愿卷入他人事物中；行为畏缩，在社交场合总是缄默无语，怕惹人笑话，怕回答不出问题；敏感羞涩，害怕在别人面前露出窘态；夸大潜在困难、危险或可能的冒险。回避型人格障碍表现为怕羞心理，而怕羞心理的形成与儿童期缺乏父母的抚爱或很少与外界环境接触有关。这类人的性格大多内向，其只属于黏液质、抑郁质或两者混合，神经系统较脆弱，女性多于男性。怕羞心理产生还与环境和教育有关。

表演型人格障碍——水塘中的倒影。与自恋癖有着本质的联系。自恋癖即以自身为性恋对象的一种性变态。自恋多表现为影恋，即以自己的影像作为性爱对象。影恋多见于女性，由顾影自怜或自我冥想引起性爱的情绪。现在更多的心理学家把它归结为一般性的人格障碍，即“神经性自恋症”，具有表演型的人格障碍。自恋是一种心理倒错，每个人的能量都要向外寻找投射对象。如果受到亵渎，人就会将心理能量折回自身，这就是“自恋症”。这其实是陷入封闭，严重的自恋可能导致痴呆。

偏执型人格障碍——妄想者的天堂。以系统性妄想为主要症状，妄想内容与现实生活有联系，妄想内容是有可能发生的事。妄想与患者所处的文化环境无关，主要表现为被害、嫉妒、夸大、疑病等，在不涉及妄想的情况下，精神活动往往无明显障碍，且长期无精神衰退。

妄想在不可动摇并持续 6 个月以上，便属于“偏执狂”了。偏执性人格的人很少有自知之明，他们对自己的偏执行为持否认态度。

反社会型人格障碍——驶向黑暗隧道的道德列车。高度攻击性，缺乏羞惭感，不能从经历中取得经验教训，行为受偶然动机驱使，社会适应不良等，然而这些均属相对的。

攻击性人格障碍——心灵午夜的“爵士乐”。因微小精神刺激而突然爆发非常强烈而又难以控制的愤怒情绪并伴有冲动行为的人格障碍，主要特征为情绪不稳定及缺乏冲动控制能力，暴力或威胁性行为的突然爆发也很常见，其表现随着年龄的增长可以有不同的变化，一般具有逐渐缓解的趋势，但往往仍遗留有人际关系的障碍，表现为对亲友和邻居的敌对态度。

四、让自己变得坚定有方向

人格障碍的矫正虽然有一定的难度，但也不是什么“不治之症”。在临床实践中发现，有相当一部分人格障碍者，在精神科医生和心理学家的指导下，通过自身的努力，在可能的限度内，在人格障碍的矫正方面取得了令人满意的效果。下面简要介绍几种人格障碍自我矫正的方法：

1. 反向观念法

人格障碍者大多伴随有认识歪曲现象，反向观念法即是改造认识歪曲的一种有效方法。反向观念法是指自己主动与自己原有的不良自我观念唱反调，原来是以自我为中心，现在则应逐渐放弃自我中心，学习设身处地为他人着想；原来爱走极端，现在则学习多方位考察问题；原来喜欢超规则化，现在则应偶尔放松一下，学习无规则地自由行事。采用反向观念法克服缺点的要点是：先对自己的错误观念进行分析，然后提出相反的改进意见，在生活中努力按新观念办事。这种自我分析可以定期进行，几天一次或一星期一次，也可以在心情不好或遭挫折之时进行。人格问题形成的重要原因是“认识上的错误往往被内化成无意识的”，通过上述自我分析，就可把无意识的东西上升到有意识的自觉层次，这有助于发现和改进自己的不良人格状态。

2. 习惯纠正法

人格障碍者的许多行为已成为一种习惯，破除这些不良的习惯有利于人格障碍的矫正。以依赖型人格为例，实施这种方法有三个要点，一是清查自己的行为中有哪些事是习惯地依赖别人去做，有哪些事是自作决定的，你可以每天做记录，记录一个星期。二是将自主意识很强的事归纳在一起，如果做了，则当做一件值得庆贺的事，以后遇到同类情况应坚持做；如果没做，以后遇到同类情况则应要求自己去做。而对自我意识差、没有按自己意愿做的事，自己提出改进的想法，并在以后的行动中逐步实施。例如，在制订某项计划时，你听从了朋友的意见，但你对这些意见并不欣赏，便应把自己不欣赏的理由说出来，这样，在计划中便渗透了你自己的意见，随着你的意见的增多，你便能从依赖别人意见逐步转为完全自主决定。三是找一个你信赖的人做监督者，并与监督者订立双边协议，当你有良好表现时，予以奖励，当你违约时，予以惩罚。

3. 行为禁止法

对于人格障碍者的许多不良行为，可以采取该法。例如，一个偏执型人格障碍的人当对一件事忍无可忍而将要发作时，你对自己默念如下指令：“我必须克制住自己的反击行为，我至少要忍十分钟。我的反击行为是过分的，在这十分钟内，让我当即分析一下有什么非理性观念在作怪。”采取这种方法后，不久你就会发现，每次你认为怒不可遏的事，只要忍上几分钟，用理性观念加以分析，怒气便会随之消减。不少你认定极具威胁的事，在忍耐了几分钟后，你会发现灾难并未降临，不过是自己的一种无谓担忧罢了。

4. 情绪调整法

人格障碍者多伴有情绪障碍。例如，戏剧型人格的情绪表达太过分，旁人无法接受。

回避型人格会压抑自己的情绪，让人无法了解。采用此法首先要做到的便是向你的亲朋好友做些调查，听听他们对你的看法。对他人提出的看法，你应持尽量接受的态度，不要急于反驳，然后扪心自问——上述情绪表现哪些是有意识的，哪些是无意识的，哪些是别人喜欢的，哪些是别人讨厌的。对别人讨厌的尽量予以改进，对别人喜欢的则在表现强度上力求适中。对无意识的表现，你将其写下来，放在醒目处，不时地自我提醒。此外，可请你的好友在关键时刻提醒一下，或在事后对自己的表现作一评价，然后从中体会自己情绪表达的过火之处。这样坚持下去，你的情绪表达就会越来越得体和自然了。

第三部分　提高自我心理调适能力

第六章　大学期间能力发展及生涯规划

有四只毛毛虫，都很喜欢吃苹果，他们长大了，决定去森林找苹果。第一只毛毛虫努力地寻找，终于爬到一棵苹果树下，但它并不知道这是苹果树，更不知道上面会有可口的红苹果。当它看到其他虫子往上爬时，就稀里糊涂地跟着往上爬。没有目的，不知终点，更不知自己到底想要哪一种苹果，也没想过怎么样去摘苹果。最后结局呢？也许它找到了一颗大苹果，幸福地生活着；也可能在树叶中迷了路，过着悲惨的生活。第二只毛毛虫给自己定了目标：寻找一个大苹果，它看见苹果树就努力地爬上去。但它不知道大苹果会长在树的什么地方，它猜想：大树枝才能承受大苹果！于是，它慢慢地往上爬，遇到分枝的时候，就选择较粗的树枝继续爬。它按这个标准一直往上爬，最后有一颗大苹果出现在它的面前。这只毛毛虫刚要扑上去大吃一顿，但是放眼一看，它发现这个大苹果是全树上最小的一个，上面还有许多更大的苹果。更令它懊恼的是，如果上一次没有选择这个分枝，而是另一个，那就会有一个很大的苹果。第三只毛毛虫也很清楚自己想要一个大苹果，它制作了一副望远镜，搜寻了一番后才开始朝着最大的那颗苹果前进。同时，它发现当从下往上找路时，会遇到很多分枝，有不同的路径可以选择；但若从上往下找路时，却只有一条可以走。它很细心地从苹果的位置由上往下推至目前所处的位置，记下这条确定的路径。于是，它开始往上爬了，当遇到分枝时，它很清楚要选择该往哪条路走，而不必跟着一大堆虫子去挤破头。按理说它已经有了一个计划，最后会得到那个大苹果，可是真实的情况是，等它到爬到上面的时候，苹果已经被其他虫子吃掉了，或者苹果烂掉了。第四只毛毛虫先给自己制定了一个计划，清楚自己要什么样的苹果，也了解了苹果的生长情况。因此，它拿着望远镜观察，目标并不是一颗大苹果，而是一朵含苞待放的苹果花。它计算着自己的行程，估计着当它到达的时候，这朵花正好长成一个成熟的大苹果，它将是第一个吃到的虫。结果可想而知，那个又大又甜的苹果就归它大快朵颐。

你，是哪条毛毛虫呢？你愿意做哪条毛毛虫呢？

人生短暂，想要实现自己的梦想，收获精彩，就要时刻准备，了解在大学期间需要发展的能力目标，并在此基础上对自己的大学生涯进行规划，有目的地安排自己的时间，更好地适应大学生活，把握机会，一步一步朝着自己的理想勇敢前行，获得自我发展。

第一节 大学生的能力及发展目标

一、不打无准备之战——大学生应具备的能力

大学毕业时，有的学生能找到理想的工作，有的却四处碰壁。这种差异主要在于他们是如何度过大学生活的。在大学期间，对自己有着清晰定位的学生，会有意识利用各种资源培养能力。还有些学生，将大学生活过成了“老和尚撞钟”，得过且过，浑浑噩噩，很难把握好的发展机会。所以，进入大学以后，我们首要任务就是分析作为大学生的我们应该具备哪些能力，如何给自己“充电”。联合国教科文组织提出大学生的四项主要任务：学会做人（learn to be）、学会做事（learn to do）、学会相处（learn to bewith others）、学会学习（learn to how to learn）。

1. 学会做人

有人说，我们这一生都在写一个“人”字，一撇一捺两笔，看似简单，却蕴含深意。学会做人，“德行”为重，要求我们提升个人品德，遵从社会公德，信守职业道德，弘扬家庭美德。有人说：有德有才是上品，有德无才是次品，无才无德是废品，有才无德是危险品。那么，经过大学的浸染和锤炼，毕业后步入社会的我们会是哪一种呢？

一个没把“人”字写好的人，掌握了高水平的技术，那他对社会有用还是有害呢？答案是非常明了的。当一个人在道德方面存在缺陷时，越是拥有卓越的才华，给社会造成的危害越大。以道德为基础，再加上出众的才华，才能成为对个人、社会和国家发展有利的人才。

药家鑫，西安音乐学院大三的学生，于2010年10月20日深夜在陕西省西安市西部大学城学府大道上驾车撞到被害人张妙，下车后发现张妙在记自己的车牌号，药家鑫拿出刀子，连捅张妙8刀，致其死亡，后驾车逃跑，行至郭杜南村村口再次撞伤行人，被周围目击者们发现堵截并报警。2011年5月20日，陕西省高级人民法院裁定，驳回上诉，维持死刑判决。

林森浩，复旦大学医学院研究生，2013年向室友黄洋投毒被判死刑，引发广泛争议。林森浩和黄洋为同一宿舍舍友，林因琐事对黄不满，逐渐怀恨在心。2013年3月29日，林森浩在大学宿舍听黄洋和其他同学调侃说愚人节即到，想做节目整人，3月31日中午，林森浩将其做实验后剩余并存放在实验室内的剧毒化合物带至寝室，注入饮水机槽。4月1日早上，与林森浩同寝室的黄洋起床后接水喝，饮用后便出现干呕现象，最后因身体不适入院。4月16日下午，黄洋经抢救无效去世。经过两年的审理后，最高人民法院核准林森浩死刑。

2. 学会做事

学会做事是指用一种善始善终的态度认真地对待和处理各种事务，坚持不懈并力求完善。有的同学眼中只有“大事”，不愿做可能锻炼能力和蕴含机会的小事，觉得会埋

没了自己；有的同学做事只注重其中的某些“有意思”的环节，而不太注意那些需要默默无闻工作的环节。美国著名汽车公司——福特公司，其创始人福特就是因为在当初应聘之时，弯腰捡起门口的一张纸而获得了原本不属于他的机会，进而发展成为全球著名公司。福特成功的精髓就是从小事做起，不放过任何一个细节。同学们，我们都想一想，我们是否做到随手捡起地上的纸屑，上课不迟到早退，开会时做好笔记？如果我们连这些小事都不愿意做，都不屑做，都做不好，那么，我们将来又怎么能做好大事呢？有这样一则故事，一个小和尚担任撞钟一职，每天都能按时撞钟，但半年下来主持却很不满意，就调他到后院劈柴挑水，说他不能胜任撞钟一职。小和尚很不服气地问：“我撞的钟难道不准时、不响亮？”老主持耐心地告诉他：“你撞的钟虽然很准时，也很响亮，但钟声空泛、疲软，没有感召力。钟声是要唤醒沉迷的众生，而我却没有听到这样的声音。”小和尚撞钟，只不过是“做一天和尚撞一天钟”而已，并没有用“心”去撞。米开朗基罗之所以被称为人类历史上杰出的艺术大师，是因为他无论雕刻还是绘画，总是花许多时间在那里沉思、推敲、琢磨，力求作品的完美。我们只有在大学里学会做事，用心做事，才能度过丰富精彩的大学生活，最终实现自己的理想。

3. 学会相处

有这样一则故事：有一个人很想知道天堂与地狱有什么不同，他决心去看看。他先去了地狱，看见里面所有人都是面黄肌瘦。每人拿着一双两米多长筷子，面前都是美食，大家都在努力往自己嘴里送。但由于筷子太长，夹到的饭菜怎么都送不到自己的嘴里。接着，这个人来到天堂，他看见天堂的人红光满面，欢声笑语。吃饭时，他们和地狱一样，每人拿着一双长长的筷子，饭菜同地狱是一样的。不过，他们用筷子夹着饭菜，你喂给我吃，我喂给你吃，人人吃得津津有味，其乐无穷。

在生活中，为了更好地发挥自己的潜能，人们需要得到周围环境的支持和帮助，至少不应该受到别人的有意阻挠。在大学校园里，学生们的生活圈变大，社会性要求越来越高，学习活动、社团活动、社会实践等等都需要与人相处。学会与人相处，成为大学里必须面对的课题。但是，同学们的文化背景、生活习惯等各不相同，同学们之间发生矛盾的可能性极大。

“己所不欲，勿施于人”常被人们作为处理人际关系的黄金法则。人们也都有这样一个重要特点：即总是站在自己的角度去思考问题。假如我们能换一个角度，总是站在他人的立场上去思考问题，会得出怎样的结果呢？最终的结果就是多了一些理解和宽容，改善和拉近了人与人之间的关系。

在工作岗位上，做到换位思考也是非常重要的。如果你以后会成为一名销售人员，不要只为赚取更多的盈利，而硬将顾客不需要或品质差劣的产品推给他。试想，若你也遭受这种待遇，感受又会是如何呢？

4. 学会学习

当今世界，国家、企业乃至个人的发展，愈来愈依赖于知识与科技的进步。学会如何学习是每一个人都要面对的时代课题，大学生自然也不例外，它既是打开终身学习之门的钥匙，也是进入知识经济时代的通行证。

知识更新和转化的速度日益加快，现在很多同学已经明显感觉到知识根本不够用，我们需要不断学习，不断积累，才能更好地适应社会发展进程。因此，我们要去掌握的不仅仅是知识本身，更重要的是学会如何学习，只有学会如何学习，才能更好地吸取大量的新知识和适应多变的新形势。

从中学到大学，是人生的重大转折，大学生活的重要特点表现在：管理上要自治，生活上要自理，思想上要自我教育，学习上要求高度自觉。很多大学生发现自由时间变多了，自己却更迷茫了。甚至，有的宿舍竟变成了“网吧”，下课以后学生都在宿舍打游戏。这些空余的时间，本来是给予学生发挥创造力、舒展自己能力的留白，而他们却不知道怎么去描绘，荒废了青春。因此，自学能力的培养对于大学生来说非常重要。大学生要特别注意学会独立地支配学习时间，自觉地、主动地、生动活泼地学习，在其中注重自身思维能力、创造能力、组织管理能力、表达能力的培养，为将来适应社会工作打下良好的基础。

著名美籍中国物理学家李政道教授曾于 1984 年 5 月 2 日访问了中国科技大学。当时李教授问学生：“你们谁是上海来的学生？”

“我是。”一个学生答。

“你对上海的马路熟悉吗？”

“差不多都熟悉。”

“那好。我再找一个从来没去过上海的同学。”

李教授一边说，一边指着另外一个学生：“好比如你，没去过上海。现在我给你一张上海地图，告诉你，明天考试的内容是画上海地图，要求标出全部主要街道的名称。”然后，李教授又回头对那位上海同学说：“不过，并不告诉你。第二天，叫你们俩来画地图。你们大家说，他们俩，哪一个地图画得好一些？”

同学们不约而同地指着那位没去过上海的同学，齐声说：“当然是他画得好一些。”

“大家说得对！”李教授接着说；“他虽然没去过上海，但是他可以连街道名称都标得准确无误。不过，再过一天，如果把他们俩都带到上海市中心，并且假定上海市所有的路牌都拿掉了。你们说，他们俩哪一个能从上海市中心走出来？”

同学们都笑了，答案是显然的。

李教授说：“我们搞科学研究，就是在没有路牌的地方走路。只有多走，才能熟悉。你地图虽然画得好，考试可得 100 分，但是你走不出去啊。所以，真正的学习是培养自己在没有‘路牌’的地方也可以走路的能力，最后能走出来。这才是学习的最本质的东西。”

“真正的学习是培养自己在没有路牌的地方也能走路的能力。”学习最核心的意义在于培养能力。通过不断学习，培养各种能力，我们才能更好地适应知识经济、信息时代对创新能力型人才的需求。

二、目标指引我们前行——大学生的发展目标

在非洲西撒哈拉沙漠里，有一个名叫比塞尔的小村庄。多年前，这里是一个不为人知、与世隔绝的小村落。当地的人很少走出村庄，外面的人也很少来到这个村庄。后来，有一个叫肯莱文的欧洲青年来到了比塞尔，建议他们走出沙漠。当地一个叫阿古特尔的青年，年富力强，上进好学，在肯莱文的建议下他费尽周折，历尽磨难，最后一次终于用三天就走出了沙漠。在此之前，比塞尔人曾多次试图走出沙漠，但每一次都绕回了原地。原来，比塞尔人没有使用任何导航工具，由于人两侧肌肉发达程度有差异，会在不知不觉中走出一个朝左拐的弧形，而且拐的幅度会越来越小，越来越小，最后就走成一个像卷尺的螺旋状，回到起点。阿古特尔把外面的人带进来，又把里面的人带出去。多年以后，比塞尔成了一个远近闻名的旅游胜地。比塞尔人在村子中央小广场上，设立了一个阿古特尔的铜像，铜像的基座上镌刻着一句话：新生活从选定方向开始。大学生活里，更需要目标。网易的创办人丁磊曾说过："一个人的生活就像在大海里航船，当一个人连自己的目标都不知道是什么时，任何方向对他来说都是不顺的"。没有方向感，我们就不知自己走向哪里，所有的努力都会缺乏一个标准，我们会处于混沌与盲目的状态之中。摸石头过河，遇山爬山，遇河蹚水，那么未来成功的机会非常渺茫。

如何制定有效的目标呢？

制定目标看似是件简单的事情，每个人都有过制定目标的经历，但是，如果想要目标发挥作用，必须掌握 SMART 原则。SMART 原则指的是具体化（Specific）、可量化（Measurable）、可实现（Attainable）、相关性（Relevant）、时限性（Time bound）。在设定目标时，必须考虑这五项要点，任何目标的确立应该是明确具体并可衡量的，在一定时间内经过自己的努力去超越挑战并切实可行的，如图 6－1 所示。

接下来，我们详细说明以上五个要点。

1. 具体化（Specific）

具体化就是要用具体的语言清楚地说明要达成的行为标准。设定的目标模棱两可，宽泛不明确，就失去了目标的引导意义。有人曾经做过一个实验，他把人分为两组，让他们去跳高。两组人的个子差不多，先是一起跳过了 1 米。他对第一组说，你们能够跳过 1.2 米，他对第二组说，你们能够跳得更高。经过练习后，让他们分别去跳，由于第一组有具体的目标，结果第一组每个人都跳过了 1.2 米，而第二组的人因为没有具体目标，所以他们中大多数人只跳过了 1 米，少数人跳过了 1.2 米，这就是有和没有具体目标的差别所在。因此，目标一定要具体。有人说："我想做销售工作"。这不是具体的目标。作为一个具体的择业目标，

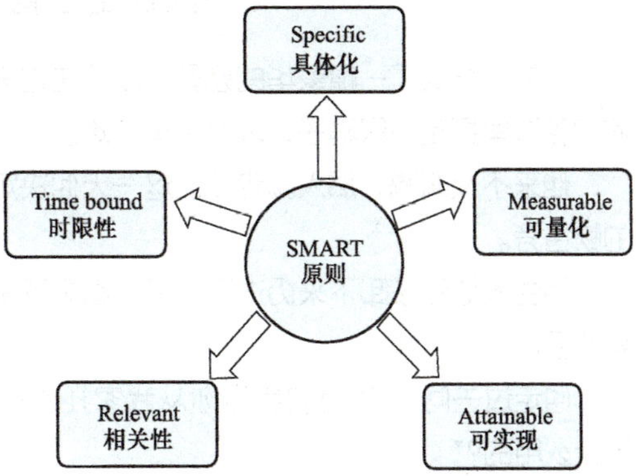

图 6－1　SMART 原则

至少应该包括想从事的职业、行业、单位类型、地域等信息。当然不要把目标定得太局限，譬如只进行业内排名第一的公司。目标太局限会极大地限制你的择业范围，丧失其他机会，因此要根据自己的实际情况设立目标。

2. 可量化（Measurable）

量化是指目标要可衡量，有可以用来衡量目标完成情况的标准，目标越明确，就能提供越多的指引。背诵英语单词，每天规定一个数量，会比缺乏计划效果好很多。同样，在择业目标中应包括期望收入，它能极大地督促你为达到目标而努力。

3. 可实现（Attainable）

目标要基于个人的现实情况，并通过一定的行动可以达到。目标“可望而不可即”，会让人望而却步；目标“唾手可得”，就失去了它存在的意义。目标应具有一定的难度，略高于我们现有的能力，留有发挥潜能的空间，付出努力后可以达到。

4. 相关性（Relevant）

目标的制定应与自己的生活、工作有一定的相关性。一个学生，如果整天考虑的不是怎样才能增进能力 、找到好工作，却一心想着赚钱，好高骛远，不肯努力奋斗，那么就会在一天一天消耗中丧失学习和生活的兴趣，不思进取，最终被社会淘汰。

5. 时限性（Time bound）

目标的设定必须考虑时间的限定。“明日复明日，明日何其多。”人是有惰性的，没有时间限制，目标可能被无限期地推后。比如你说：“我一定要拿到教师资格证书。”目标应该很明确了，只是不知你是计划在一年内完成，还是十年后才完成？

三、学会时间管理——让你的每一分每一秒过得都有意义

谁扛走了富翁的“箱子”

一位富翁买了一幢豪华的别墅。从他住进去的那天起，每天下班回来，他总看见有个人从他的花园里扛走一只箱子，装上卡车拉走。

他来不及叫喊，那人就走了。这一天他决定开车去追。那辆卡车走得很慢，最后停在城郊的峡谷旁。

陌生人把箱子卸下来扔进了山谷。富豪下车后，发现山谷里已经堆满了箱子，规格式样都差不多。

他走过去问：“刚才我看见你从我家扛走一只箱子，箱子里装的是什么？这一堆箱子又是干什么用的？”

那人打量了他一番，微微一笑说：“你家还有许多箱子要运走，你不知道？这些箱子都是你虚度的日子。”

“什么日子？”

“你虚度的日子。”

“我虚度的日子？”

"对。你白白浪费掉的时光、虚度的年华。你朝夕盼望美好的时光，但美好时光到来后，你又干了些什么呢？你过来瞧，它们个个完美无缺，根本没有用，不过现在……"

富豪走过来，顺手打开了一个箱子。

箱子里有一条暮秋时节的道路。他的未婚妻踏着落叶慢慢走着。

他打开第二个箱子，里面是一间病房。他的弟弟躺在病床上等他回去。

他打开第三只箱子，原来是他那所老房子。他那条忠实的狗卧在栅栏门口眼巴巴地望着门外，已经等了他两年，骨瘦如柴。富豪感到心口绞疼起来。陌生人像审判官一样，一动不动地站在一旁。富豪痛苦地说："先生，请你让我取回这三只箱子，我求求您。我有钱，您要多少都行。"

陌生人做了个根本不可能的手势，意思是说："太迟了，已经无法挽回。"说罢，那人和箱子一起消失了。

时间总在不知不觉之间悄悄溜走，当我们渐渐发觉时，剩下的已经越来越少。鲁迅先生曾说过："时间，每天得到的都是二十四小时，可是一天的时间给勤勉的人带来智慧和力量，给懒散的人只留下一片悔恨。"进入大学，学生们有了充足的自主时间，好像一下子成了"时间富翁"。如何才能更好地利用这些课余时间来学习知识、挖掘潜能、发展自我，关系到能否顺利地度过大学生活的适应期，更关系到人生的发展和生活的质量。接下来，让我们一起学习一些有效的时间管理技巧和方法。

1. 合理安排时间——时间管理四象限法

穆尔于 1939 年大学毕业后，在哥利登油漆公司找到一份业务员的工作。当时的月薪是 160 美元，但满怀雄心壮志的他仍拟定了一个月薪 1000 美元的目标。当穆尔逐渐对工作感到得心应手后，他立即拿出客户资料以及销售图表，以确认大部分的业绩来自哪些客户。他发现，80%的业绩都来自 20%的客户，同时，不管客户的购买量大小，他花在每个客户身上的时间都是一样的。于是，穆尔的下一步就是将其中购买量最小的 36 个客户退回公司，然后全力服务其余 20%的客户。结果如何呢？第一年，他就实现了月薪 1000 美元的目标，第二年便轻易地超越了这个目标，而成为美国西海岸数一数二的油漆制造商。最后还当了凯利穆尔油漆公司（Kelly - Moore Paint Company）的董事长。

这个故事告诉我们，在日常生活中，20%的事情可决定 80%的成果。例如，那些 20%的客户给你带来了 80%的业绩，可能创造了 80%的利润。因此，要把注意力放在 20%的关键事情上。

根据这一原则，应当对要做的事情分轻重缓急，适当加以取舍，在有限的时间里，完成对自己及社会最有意义的事。根据具体事情的重要性和紧迫性，我们可以把每天会面对的事情分成四类（图 6 - 2）：A. 既重要又紧急的事情，B. 重要但不紧急的事情，C. 紧急但不重要的事情，D. 既不紧急又不重要的事情。按照 ABCD 的顺序，将每天的事情排序，

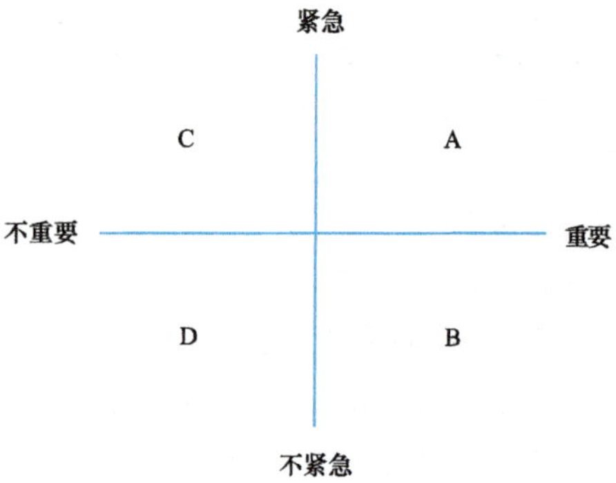

图 6-2 时间四象限法

然后完成它们。对于重要且紧急的事情，如考试前的备考等，我们需要立刻去做；对于重要但不紧急的事情，如和朋友谈心等，做完紧急的事情以后，可以去做，不要拖延；对于紧急但不重要的事情，如突然有人打电话请你吃饭等，排在第三位，这类事情经常会造成困扰，但是要记得，有些事情看似紧急，其实拖一拖也无妨；最后，是既不紧急又不重要的事情，如娱乐消遣等，那就等你有空的时候再去做吧。

2. 排除外在干扰，守时惜时

时间对于每一个人都是公平的，要想保质保量地完成工作任务，就必须守时惜时，在它流逝的进程中把握每一瞬间，发挥其最大效能。

(1) 拒绝拖延，提高时间有效性。"立下目标无数，但总是动力奇缺，常常在网上浏览着各种的小说和帖子，或是玩很无聊的在线小游戏，一拖再拖，只有在最后期限来临前才会因紧迫感而开始着手学习任务。长此以往，学业上总体算是马马虎虎，但却离自己的理想越来越远。总之，就是无法完全地上进，又不愿彻底地堕落。"这是学生典型的拖延状态。单纯的做事拖拉或是懒得去做，只能定义为"拖延"，也仅是一种坏习惯，改正它并不难。但当"拖延"已经影响到情绪，如出现强烈自责情绪，强烈负罪感，不断的自我否定、自我贬低，伴生出焦虑症、抑郁症、强迫症等心理疾病时，就被称为"拖延症"，这就一定要引起重视了。

从对付拖延开始，改变坏习惯。你可以给自己定出完成某件事情的期限，让不紧急的事变得紧急。把事情一次性地做完，不要重复做。最关键还是要靠自己下定摆脱拖拉惯性的决心。

(2) 抵制诱惑，提高时间利用率。有时候网络诱惑、不想接听的电话或不速之客，常把我们手边的重要工作打乱得七零八落。那么我们需要注意分辨这些干扰是有价值的还是没有价值的。没有必要的干扰，应设法避开或立刻中止。比如，做事情的时候将手机静音，远离干扰；长话短说或告诉对方有要事要处理。一些必要的干扰，或和你有重要关系，或是你的责任范围，那应该立即处理。当然，最好还是给处理这些外在干扰另定一个合适的时间比较好。

第二节 大学生的职业生涯规划

人的一生应该怎样度过呢？当回首往事的时候，如果能为自己从事了最大限度地发挥了自身潜力而贡献于人类的职业而感到满足，能为与世人共处的融洽而感到欣慰，能为与家人共度和睦时光而感到舒适，那么他的人生就是幸福人生。人生需要一个适合自己的职业：有了这个职业，就能够维持生计，发挥个人才能，承担社会义务，服务于社会，实现人生的价值；有了这个职业，就会堂堂正正地做人，不会有虚度时光的抱憾。选择并从事一定职业，是人生的必须。在一般情况下，一个人从20多岁从职，到60岁左右退职，30多年的职业生涯大约占到了一生时间的三分之一。我们的一生大多是经历幼儿园、小学、中学、大学、工作岗位这样几个阶段。多少年来，我们的前辈，还有许多身边的同龄人重复着这条不变的人生轨迹，一切按部就班，仿佛坐上惯性火车，行程的主题只有一个——“活着”，不知道自己究竟想要什么，甚至根本就没想过自己想要做什么。直到有一天年老体衰时，失望的情绪像潮水一样涌上心头：为什么？学了这么多年，工作了这么久，到头来却两手空空。年少曾经的梦想早已成为遥远的空中楼阁，曾经憧憬的有趣的工作、快乐的生活方式、诱人的成就感都埋没于光阴的流逝之中。

如果早一天规划自己的人生呢？机遇，从来只青睐有心人。这就是我们要进行职业生涯规划的原因，不论是未出校门的学生，还是已到中年的不如意者，或者渴望更大成就者，只有尽早进行科学的个人职业生涯规划，才能把握开天辟地的利斧，获得机遇的青睐。

一、了解大学生职业生涯规划

我们先来了解几个概念：

1. 职业生涯

职业生涯是指一个人从职业学习开始到职业劳动最后结束的职业工作经历的过程，是人生中较长的重要阶段。通过职业生涯进行自我探索、理清自己的生涯期待、合理设计自身接受教育和深造的机会及选择未来的职业，制定合理的职业发展规划并努力实施，既是自我教育，也是人生准备。

2. 职业生涯规划

职业生涯规划是指结合自身条件和现实环境，确立自己的职业目标，选择职业道路，制定相应的培训、教育和工作计划，并按照生涯发展的阶段实施具体的行动以达到目标的过程。按照时间维度，职业生涯规划可以分为短期规划、中期规划、长期规划和人生规划四种类型。

短期规划是指两年以内的规划，主要是确定近期目标，规划近期应完成的任务。如计划两年内熟悉新公司规划，融合到企业文化中，为此要花较多的时间与同事、领导沟通，向“过来人”学习。

中期规划一般涉及2～5年内的职业目标和任务，是最常用的一种职业生涯规划。例如3年后要成为部门经理，完成相应的业绩，以及为实现此目标而参加的培训等可采取具体措施。

长期规划是指5～10年的规划设计，主要是设定较长远的目标，如规划35岁时成为分公司副总经理，掌握更大的权力，以及为实现此目标应采取的具体措施。

人生规划是指整个职业生涯的设计，设定整个人生的发展目标和阶梯。

从字面上看，个人职业生涯规划从短期到中期，再到长期，直至整个人生规划，如同将要拾级而上的台阶，一步一步地发展。但在实际操作中，设计时间太长的规划由于环境、个人的变化性而难以把握；而时间跨度太短的规划又没有多大意义，所以，一般我们提倡个人职业生涯规划掌握在2～5年内比较好。这样既便于根据实际情况设定可行目标，又便于随时把握现实的反馈进行修正和调整。

3. 大学生职业生涯规划

大学生职业发展规划是大学生结合自己的学习特点及职业发展需要制定的职业规划，它是以职业方向的确定、职业素质和才能的积累为主要目的职业发展规划。

（1）大学生职业发展规划与职业生涯规划的关系。大学生职业发展规划是职业生涯规划的一个组成部分。大学生职业发展规划的时间期限一般为5～10年，主要包含大学学习时期及上大学前后的若干年。

职业生涯规划是贯彻人一生的整个漫长过程，整个人生职业生涯规划是宏观上笼统的概念，很难具体实施，必须进一步制定长期、中期、短期规划。例如，如果你的职业生涯规划目标是要成为一个掌握上亿资产公司的总经理，为了实现这个目标，就要把他的规划分成几个中等的规划，从中等规划中体现出：什么时候成为一个部门的主管，什么时候成为一个部门的经理，然后再把这些规划进一步地细分为可直接操作的具体计划。为了达到总经理的要求，需要攻读MBA工商管理硕士学位，丰富管理理论知识，从事不同的职业，丰富各个流程。

整个人生职业生涯规划应该分成几个长期职业发展规划，长期职业发展规划再分成几个中期的职业发展规划，中期的职业发展规划再分成几个短期的职业发展规划，只有这样，才能逐步地实现它。

大学生职业发展规划是大学生一生职业生涯规划的一个很重要的中长期规划，是进一步明确职业方向、学习专业知识和专业技能、培养职业素质、建立人际关系的一个较为系统、全面、集中的以培训、提高为主的职业发展规划。

（2）大学生职业发展规划是自身发展的需要。大学生职业发展规划具有自主性、开放性、个性化和全面化的特点。大学生处于职业探索阶段的中期，是一生职业发展的关键时期。这一时期是结束了中小学阶段的文化科学基础知识的学习，进入了大学，选择了专业，在一个较为宽松、自由的校园环境中，开始了专业知识技能的学习和职业方向的探索。

在这种情况下，大学生的职业发展充满了变数，具有很大的选择空间，相对处于实际工作岗位上具有较小的选择空间的人有很大的不同；大学生职业选择的自主性和自由度较大，也明显不同于已经走上工作岗位的人；大学生的可塑性和随意性大，处于心理发展成熟的关键期，由于刚刚从高中阶段单调的学习生活和家长的管教中放飞，开始独立处理学习、生活、人际交往等事务，往往会过于享受生活的自由，而忽略应受的约束；大多数大学生实际生活的压力较小，职业发展缺乏明确的目标。针对大学生的特点，指导他们制定自己的职业发展规划，激发他们有目的、有动力、积极地进行职业探索，是高等学校人才培养应尽的义务，也是大学生自身发展的需要。

二、职业生涯规划应考虑哪些因素

1. 环境因素

环境因素左右着人所从事的行业、改变着人生的发展轨迹。个人职业规划必须考虑职业环境需求和变化趋势，分析职业环境，认清所选职业在社会大环境中的发展状况、技术含量、社会地位和未来发展趋势等。影响职业生涯的社会因素包括社会环境、政治环境、经济环境、价值观念、行业环境、企业内部环境。

2. 教育因素

教育奠定了个人的基本素质，一个人通过接受教育与培训，形成了自己特有的知识结构、能力结构和职业素质结构，对个人的职业生涯会产生巨大的影响。其中包括受教育程度的影响、所学专业的影响、不同层次教育的影响。

3. 家庭因素

每个人从幼年开始，就受到家庭长期而深刻地影响，形成一定的价值观和一定的行为模式。有的人还会从家庭中不自觉地学到某种职业知识和技能。此外，家庭其他成员在个人择业和职业变动中的态度和行为，也会对大学生产生一定的干预作用和对个人的职业生涯产生影响。包括对专业选择的影响、对职业选择的影响、对职业变动的影响。

4. 个人因素

（1）职业价值观。职业价值观是指一个人对职业有用性评判的观点和方法。传统的职业价值观认为满意的职业应该是：薪水高，福利好；工作稳定有保障；能够提供比较好的受教育机会；人际关系良好；工作不太紧张，外部压力小等。现在的职业价值观多倾向于自我价值的实现，也就是把职业目标定在为社会谋求幸福上。

许多职业方面的专家通过大量的调查研究总结出，按照人们的职业价值观可以把职业分为六大类（见表 6 - 1）。

表 6 - 1　职业价值观与职业

职业价值观	特点	相应职业类型
自由型	不愿意接受别人的指使，而是凭借自己的能力来拥有自己的城堡，不愿受别人干涉，想通过自己的方式展示自己才华	室内装饰专家、作家、诗人、摄影师、漫画家等
小康型	追求虚荣，自我优越感非常强。渴望得到很高的社会地位和名誉，渴望受人尊敬和爱戴。通常具有强烈的欲望，自我意识强烈，有时会感觉自卑	会计、打字员、秘书、计算机操作员、办公室职员、核算员等
支配型	想当上组织的一把手，成为领头羊，无视他人的观点，并以此为快乐	政治家、律师、推销员、商品批发员、零售商等

续表

职业价值观	特点	相应职业类型
自我实现型	不关心平常的幸福，只是一心一意地想要追求真理，发挥个性。对收入、地位、别人看法都不以为然，生活意义就是挖掘自己的潜力，施展自己的本领	化学家、天文学家、数学家、动物学者、科学报刊编辑、科研人员等
志愿型	有同情心，把他人的痛苦当成自己的痛苦，不喜欢哗众取宠，把帮助不幸的人作为快乐的源泉	社会工作者、导游、护士、福利机构工作者等
技术型	拥有一技之长，喜欢钻研技术，认为靠本事吃饭是一件可靠且稳定的职业	机械师、机械制图员、木匠、飞机机械师、自动化技师等

（2）自身条件：健康状况、性别因素、年龄等。

（3）个性心理因素。职业生涯在人的一生中占着非常重要的位置，选择合适自己的职业，才能充分发挥自身的潜能，使心理需求得到最大限度的满足。因此，在进行职业生涯规划时，应充分考虑自身的兴趣、能力、性格、气质等个性心理因素，进行科学的职业生涯规划，推动事业向更好的方向发展。

5. 机会因素

机会也是机遇，是随机出现又稍纵即逝的，非常难以把握。但它却对个体的发展有着积极作用。机会通常会表现为一个难得的职业，一个适合的岗位等。机会的出现具有偶然性，只有善于抓住机会、把握机会的人才拥有更多的有利于自己的新的发展机会，才有可能发现和创造出更多的机会。

从某种意义上说，机会往往青睐于有准备的人，如爱因斯坦所说：“机遇只偏爱有准备的头脑。”

三、大学生职业发展规划的基本内容

大学生职业发展规划的基本内容有：题目；发展方向及目标；综合分析评估自己；客观分析评价所学专业及发展环境；了解职业及职业要求；了解社会发展趋势，评价社会环境；确定成功的标准；制定实施方案等。

四、大学生职业生涯规划的流程

大学生职业发展规划制定的流程与一般职业生涯规划大致相同，可以分为自我评估、抉择、方案与实施、评估反馈。评估与抉择可以概括为知己、知彼、抉择，如图 6 - 3 所示。

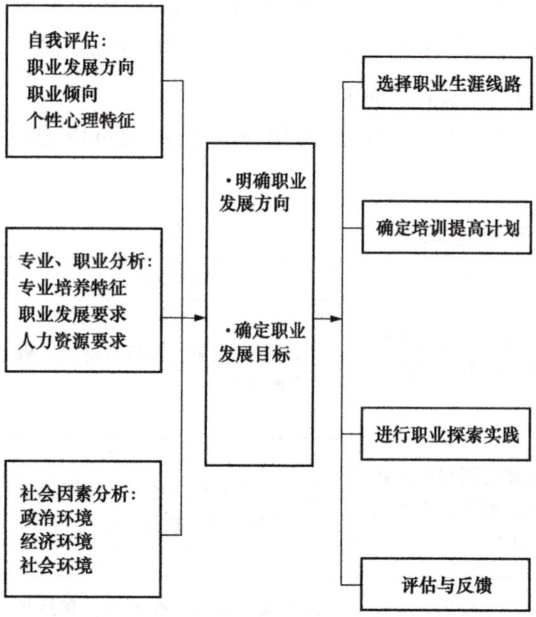

图 6 - 3 大学生职业发展规划制定流程示意图

第三节　大学生求职择业中常见的心理误区及择业对策

一、大学生职业生涯规划现状及存在的问题

根据一份调查，统计数据结果显示大学生表现出较强的自信，他们对于自己的兴趣、个性、能力特长及喜欢从事的职业有较明确的了解；关于职业规划现状虽然超过2/3的大学生都认为职业生涯规划非常重要，但职业生涯规划模糊，合理规划职业生涯的方法比较欠缺，大学生对职业的了解及外部工作世界信息欠缺、对未来从事的职业不明确，求职技巧相对欠缺。

通过面谈和调查现状分析，职业生涯规划不合理因素表现在以下几个方面。

1. 职业生涯发展目标不明确

主要表现在有的大学生对自己的学业进行规划时发现不喜欢所学专业，但又没有找到自己喜欢的专业；希望将来能成就一番事业，但是找不到成就事业的专业方向。因此有很多学生会问："我到底喜欢什么？""我能做好什么？"这些现象的产生究其原因主要是大学生在入学前的自我探索不够，高中生在懵懵懂懂时被分为文科生和理科生，上大学选专业也很少考虑到其职业兴趣和能力倾向。以至于出现有些学生学习目的不够明确，学习动力不足，甚至有的大学生沉迷于和学业无关的事情不能自拔，导致大学生因学习成绩不合格而被迫退学的现象时有发生。

2. 职业生涯发展目标相互冲突

有些大学生的专业兴趣不在被录取的专业上，而是喜欢其他专业。作为学生应该完成规定的学习任务才能够取得毕业资格，而兴趣与爱好指引该生很多精力放在和所学专业关系不大的学习上，处于这种状态之下的大学生会感到无从抉择，无所适从，甚至出现招生分数很高专业的学生因不喜欢该专业而要求退学的现象。这种现象出现的主要原因是高考录取时学生填报志愿时所选专业与志向专业的偏差和录取结果与志向专业的偏差。

3. 职业生涯发展短期目标不明确

这主要表现在有些大学生不能分清主次，盲目模仿。如看到别人参加社团活动锻炼综合能力，自己在一入学就参加了几个社团，一学期下来，由于忙于参加各种社团活动，在学业考试时没能取得自己期望的成绩，后悔莫及；有的学生干部没能处理好学习和社团工作的关系；有的学生为某一门成绩而严重影响了其他学科成绩等。问题的出现主要是大学生不能够将目标系统化，主次不清，没有一个逐步实现各种目标的计划。以至于出现了综合素质高、能力强的学生由于学业成绩不理想而影响职业生涯发展的现象。

4. 职业生涯知识和抉择能力缺乏

有些学生在进行具体的生涯抉择时表现得迷茫和犹豫。一是表现为学生对自我认知和职业知识的缺乏，难以抉择；二是希望"鱼和熊掌兼得"的心态，不愿意放弃任何事情，而现实生活中有些事情必须做出选择，以至于有些学生出现了严重的心理障碍。

5. 自我信念不合理

这主要表现为有些学生以自我为中心。在做各种规划时只想到自我的发展，没有合作意识和集体精神，做事情功利性很强。这样的学生会容易出现人际关系紧张，敏感、多疑、为达目的不择手段等现象，严重影响将来的职业生涯发展。

6. 意识缺乏

主要表现在有些学生缺乏上进心，对外界事物缺乏足够的兴趣。凡事都需要别人帮助，依赖性很强，在问题面前裹足不前，常常怨天尤人，总以为社会对自己不公平。这样的学生生活没有目标，学习没有动力，生涯没有规划。

7. 大学生的职业价值观不合理

听说某个行业赚钱多，感觉某个公司待遇好，就随大流去选择一份职业、一个公司、一个老板，干着与自己的性格、兴趣和天赋完全不适合的工作，当然也就无法在事业上取得成就，更不会从中获得快乐了。其结果就是一次次跳槽，一次次被解雇。

小兰一直对自己很有信心，但毕业那一天，她觉得自己心情好烦。家人的意见通常都是自己做决定的基础，这一年来自己为了应付高考学得很辛苦。在会谈中，可以发现小兰自己的声音、看法不见了，说的都是哥哥、姐姐的建议。小兰原来以为，反正我就照他们的意思做，做错了，他们没有理由骂我（将错的责任推给别人）。依赖的小兰忽略了自己好动外向、积极突破的特质，一味地顺从，其实是不负责任。

阿强念大二，听说找工作很难，不想毕业后马上就业，盲目地和同学一起上图书馆、补习，准备参加专升本考试。“反正高职毕业也不知道能做什么，不如再读本科蹲几年，这样毕业后年纪大一点，更加认识自己，再不然有张本科文凭，别人也会比较看重自己。”

分析：阿强和小兰的抉择过程是依赖他人的意见和目前追求高学历的潮流。对阿强而言，在没有经济压力的情况下，多念几年书，将来在社会上立足只赚不赔，何乐不为？她们抉择的潜在风险是：①小兰按照家人的意愿，如果自己特质与工作不匹配结果会怎样？②阿强是否确定自己要念哪一个大学的本科？如果本科的学习与本人的兴趣相差过大，他该如何面对？③本科毕业之后，他真的就可以比较了解自己吗？如果答案是否定的，那么就业时他该如何做好职业生涯的准备工作？④阿强念本科的原因，如果主要是逃避就业的压力，那么长久的逃避模式，对他的职业生涯有什么影响？

二、大学生求职择业常见的心理误区

1. 期望过高

我国现行的就业制度是市场导向、政府调控、学校推荐、学生与用人单位双向选择。这不等于完全的自由选择，有些同学认为就业就应该是自由选择，想去哪里就去哪里。他们不知道就业制度的改革要和劳动人事制度、招生制度和户籍制度改革配套进行的，而且即使这个过程已经完成了，也不能就是自由选择，还要有优胜劣汰，还要经得起用人单位的选择。

有的同学在择业中面对学校提供的择业信息无一中意，迟迟不作选择，造成信息利用率低，还有的同学择业多变，今天满意的职业明天就不满意了。更有较多的同学认为热门行业才是好职业，殊不知热门意味着最激烈的竞争，今天最热门的职业也是明天淘汰率最高的职业。

期望值太高是很多同学在就业过程中总是不能找到称心如意的职业的问题所在。从另一个角度看，期望值太高就是对自己的估计值太高，要客观地评价自己，客观地看待形势，客观地进行选择。

2. 攀比心理

择业过程中常常存在一种攀比心理，毕业生往往以谁去了知名度高、效益高的单位，谁去了大城市或高层次部门作为自己价值的评价标准。尤其是学习成绩稍好一点更在心理上有“我不能比别人差”“我不能不如人”“过去我一切顺利，现在我依然会顺利”的想法。不从实际出发，不考虑择业时的各种综合因素。结果延误了时机，影响了就业。

正视社会、正视自身，大学生择业要知己知彼，知己就是要实事求是地评价自己，对自己有个正确的认识，性格、兴趣、特长，要明确自己想做什么和能做什么；知彼就是要了解择业的社会环境和工作单位，正确地认识面临的就业形势，了解社会需要什么样的大学生，即社会允许你做什么。

3. 盲从心理

什么样的工作是好工作？其实这很难界定。大企业有大企业的难处，小单位有小单位的优点；机关工作较稳定，外企风险高，基层有机会。这都要与自身的情况相结合来分析，不要随波逐流。而在现实中总有些同学人云亦云，大多数人选择哪里自己就选择哪里；大多数人往哪里挤，自己就往哪里挤。他们认为，大多数人钟情的工作一定是好工作；大多数人选择的一定没错。结果，忽视了自己的特长，放弃了自身的优点，失去了适合自身特点的工作机会。

4. 实惠心理

“宁要大城市一张床，不要边远地区一套房。”是这些年毕业生择业过程中的一种思潮。虽然在客观上沿海城市的待遇高，大城市的发展机会多。但并不是每一个人，每一个专业都适合在沿海和大城市发展，西部地区、边远地区也是同学们建功立业的地方，希望同学们在择业时以自己的事业发展和能力的发挥为重，更要以国家的需要为重。

在招聘会上，有些同学说不上三句话就问“能给多少钱，工资多少，奖金多少，能不能分配住房”，这是一种严重的功利主义思想。要知道用人单位选才首先要看你能为单位做什么，而不是你想得到什么，只讲索取，不讲奉献，往往会适得其反。有些同学眼睛只盯在外资、金融、保险、电信类企业，错过许多很好的机会。同学们在毕业求职的过程中，一定要分析自己到底适合于哪种职业，适合自己职业的发展前景，动态地把握职业的发展方向。工作并不是毫无感情的，它对一个人来说决不仅是供吃供喝，实际上它又是一个人生活幸福快乐的隐形伴侣。

5. 不正当竞争心理

有些同学认为求职的竞争不是自身素质的竞争，而是关系的竞争，看谁的关系硬，看谁的关系起作用。不将立足点放在自身努力上，而是寻人情、找关系、托门子，甚至不惜一切代价，重礼相送，打匿名电话，写匿名信，不择手段，使公平、公正、公开的竞争原则受到了损害。

也有的同学遇到挫折就认为是不正当竞争所致。不从自身找原因，只是一味地找理由逃避现实。实际上，人们愿望中的“绝对公平”在现实世界中是不存在的。抱怨于现实无益，只是一种消极对待的方法。我们应该相信一时的“不公平”不代表一世的不公正，只要我们为机遇做好了充分的准备，就不害怕没有机会。中国有句老话：三十年河东，三十年河西，谁能说今天的挫折不是明天的财富呢?

6. 宿命心理

这是一种计划体制下的择业观，认为一次就业定终身。其实，随着我国人事制度的改革，人才流动的良性机制正在形成。越来越多的人通过人才交流，找到了发挥自己才能的岗位。毕业生就业后的第一份工作，更多的是经验的积累和技术的实践，也只有在不断的积累中，毕业生才能真正成为一名职业者。才能重新认识自己，重新为自己定位，确立更适合自己的职业目标。

7. 求稳心理

持有这种观点的人认为：国有单位可靠、保险、稳定。其实可靠不可靠、保险不保险、稳定不稳定，不是单位所有制性质决定的，而是看其能否主动适应市场经济的需要，是否有发展。实际上，不少非国有单位主动适应社会主义经济的要求，在竞争中表现出良好的势头，既是对国有经济的有效补充，又缓解了国家的就业压力。大学生到这类单位工作，同样可以发挥自己的聪明才智。而随着人事制度改革的深入，国有单位也充满了竞争，不适应工作岗位的人，也是会被“炒鱿鱼”。

简单地说，大学生就业应该：正视现实、审时度势；了解自我、脚踏实地；目标明确、坚持理想；大路朝天、各走一边；峰回路转，捷报频传。

三、大学生择业对策

小王是广州一所民办高职院校计算机专业的应届毕业生。当年4月份，他和5名同班男生一起，被学校就业推荐办安排的东莞长安镇一家企业实习——对许多高职毕业生来说，进企业实习是就业工作中最重要的一步。不少高职毕业生，就是通过学校安排的“实习”最终留在了企业。

但是不到两个月，小王和他的5名同学集体被“炒”，原因是这家企业发现这6名学生“甚至无法制作出一份稍微像样的表格，更不用说进行网页设计和编程”。更让他们无法接受的是，当时同他们一起进这家企业实习的一名计算机专业的女技校生，却最终被这家企业留用。

被迫回到学校后，他和几位“难兄难弟”在就业推荐办老师的反复推荐下，几个月来又联系了好几家企业实习。毕业5个月来，他已经换了两次工作：第一份工作是销售保健品，接着去太平洋电脑城卖电脑硬件。一个多月前，他在一位亲戚的帮忙下，进了一家超市做店员。最让他沮丧的是，自己干过的三份工作，工资“从未超过1000元”。

讨论：

（1）小王被“炒”是由哪些原因导致的？

（2）就业前要做好哪些准备工作？

（3）如果你是小王，你该怎么做来实现就业？

现在的就业市场，强手如林。大学毕业生想要在就业竞争角逐中处于有利地位，想要在最短时间内找到最合适的工作，除了要具备一定的基础知识和专长，搜集到方方面面的信息外，还要讲究择业的策略和技巧。本节从求职信与简历的制作、面试应对及着装礼仪几方面给予相应的指导。

1. 就业材料的精心准备

准备一份精美的求职材料是目前大学毕业生求职时常用的主要手段。因为大学毕业生与用人单位的初次接触往往通过书面自荐材料而发生。用人单位通过对众多求职者的书面材料进行筛选，才能决定哪些人可以参加面试或见面。因此，对大学生来说，制作一份有说服力的求职材料是踏上求职成功之路的第一步。

（1）求职信书写“三部曲”。

1）求职信第一部分。

第一，说明自己的情况。应届毕业生要说明所在学校和所学专业，比如“我是××××学院××××专业2010届高职毕业生”。简单一句话，就让招聘经理对你的身份了解了个大概。

第二，说明你从何处得到这一招聘信息。许多公司通过报纸、网站等公众媒体发布招聘信息，因此在求职信上注明你是从哪家招聘中介处获得信息，会使招聘者对于你的信息渠道充分认同，而不会产生“来路不明”的印象。

第三，阐明你要应聘什么职位。你的求职材料有可能被送到人力资源部门，也可能被送到公司的某个业务部门，或者几经周折才到达招聘人员手中。为了使招聘人员明确这些材料的意义和目的，要开宗明义，在求职信开头写明你应聘的岗位。

有些同学以为求职信开篇就直奔主题太过功利，于是开篇就是大段热情洋溢、文采激扬的文字，以为这样能够吸引招聘人员的注意，对自己求职有益。其实那只能让紧张工作的招聘经理感到浪费时间，他很可能会把你的材料搁置一边，甚至扔掉。招聘人员对文字游戏并不感兴趣，他所感兴趣的是你这个人是否有可能是他们所需要的人才，是不是面试的首选。

2）求职信第二部分。

第一，描述你对招聘公司的认识和理解。这部分的行文要力求简洁到位，可以列举一个有关公司较新的重大发展，或是谈谈自己对公司的独特见解，让招聘人员认识到你对该公司颇有认识。但阐述这部分内容的前提是，你必须对该行业、企业有一定的了解，对于该行业、企业的近况和发展都很熟悉。否则一知半解地班门弄斧，会给人轻浮的感觉，写了还不如不写。

第二，综合介绍自身能力。以上阐述你对招聘公司的认识，是为了接下来告诉招聘经理，基于你对公司的了解，你有如下优势，可以为公司做出贡献。

对于在校生来说，你能展现的卖点除了毕业院校、对口专业，还有你对所应聘行业的深入了解，你曾经兼职或是实习的工作与应聘工作的相关程度，你在原来的工作岗位上做出的成绩，创造的价值，这些能够体现出你的工作能力、业务技能等。招聘人员关心这些内容是为了横向比较谁能为公司作更大贡献，谁更适合。

密密麻麻、大段大段的描述会使招聘经理在阅读和记忆时缺乏效率，这对你的求职非常不利。因此建议使用点句格式，言简意赅，只需 3～5 条即可，结构清晰、重点突出，让招聘人员从堆积如山的应聘材料中一眼就选中你的材料，并放在“进入面试”的人员名单中。

第三，强调自己能为公司做出哪些贡献。许多同学在写求职信时没有真正明白招聘公司招聘的目的，大书特书自己尚有欠缺，希望能在招聘公司提供的岗位上努力学习，有所收获。但事实是，公司开展招聘主要不是为了给社会创造更多就业机会，更不是像学校一样主要是提供学习机会，而是为了网罗人才为己所用，他们需要求职者能够为公司贡献力量。因此，这一部分可基于上述个人能力和经验，表明可为公司在哪些具体方面做出贡献。

3）求职信第三部分。

首先，表明你非常愿意接受面试。结尾应再次强调你对该职位的强烈兴趣和与他们进行进一步接洽的愿望；要表达出你想与招聘经理面谈的意愿，让他们来安排一次面试；表示你会主动再与他们联系，而且渴望收到他们的回复。大家应该明白的是，求职信是为了能得到面试机会，而并非为了马上能得到工作机会，也不可能因为信写得好而被录取。因此，你的求职信若能使读者产生欲知后事如何，且听下回分解的渴盼就达到最高境界了。

再次，详细告知自己的联系方式。有人认为联络方式在信头、简历等处都已经包括了，没有必要到处都写。根据“使用者友好原则”，再次写清联络方式有助于繁忙的招聘经理轻而易举地找到你的联系信息，同时也让人知道你很善于沟通，善于提供良好服务。

联系方式的书写也可以使用点句格式，而不用段落，这样清楚明白，一目了然，让人感觉你是一个很讲效率的人。举例如下：

手机：139×××8888

电话：(022) 27××15（宿舍）；(022) 272××39（家庭）

地址：××市××区××路××号（邮编）

电邮：××××××@126.com

(2) 简历制作技巧。所谓简历，就是概括介绍个人情况，如出生年月、学习和成长经历等需要说明的文字材料。求职者撰写个人简历的目的在于引起用人单位的注意，以赢得面试的机会，进而充分展示个人的能力和才华，达到被录用的目的。简历一般应该打印，否则应找书写优美的人抄写公正整齐，保证简历的整洁性。

最好的简历是最有效率的，它应该具有以下写作标准。

1）简短明了。个人简历通常很简短，一般情况下不要超过一页纸。对于与求职目标有关的情况要重点突出，但对于其他无关紧要的一些情况，要一掠而过，以简单明了为标准，一般以 1200 字以下为好。

2）整洁清晰。用人单位看到整洁清晰的一份简历，就仿佛看到了你本人。因而，简历一定要写得整洁清晰，反映出你的真实、准确的形象，使你的简历在众多的简历中脱颖而出，富有魅力，充分引起用人单位的注意。假如你是应聘秘书职务的，你不妨规范地将个人简历打印出来。这样，既能向用人单位展示你所具备的文件排版、打字能力，更能因整洁清晰的简历而具有吸引力，达到获得面试的机会。

3）准确无误。一份好的简历一定是在用词上、术语上及撰写上准确无误的。撰写时要打底稿，反复修改、斟酌，在没有任何错误后，再打印出来。一份准确无误的简历能使用人单位感到你是很认真的。

4）真诚坦率。简历从头到尾要贯彻一个原则，即诚实地描绘自己。个人方面与求职无关的，暂时可以不写；能表现自己的、与求职目标相关的优势要写上。假如你太谦虚，用人单位感到你根本就不具备求职条件，那么还谈何面试。真诚坦率地推荐自己会使你得到意料不到的好结果。

2. 顺利面试有技巧

（1）面试类型及技巧。

1）情况介绍式面试。这是为求职者安排的面试方式。这种面试是在你及与你在某领域有共同兴趣的人之间安排的，通过这种面试，你可以了解到某种工作或职业的信息，结识一些人以便将来进行联系。你应该对一系列问题进行准备，并且多带几份个人简历。

参加此类面试，请注意以下四个问题：

①取不同类型职业和工作环境的有关信息；

②对你所感兴趣的某领域内的主要问题进行探讨；

③了解你所感兴趣的某些职业或工作的特点；

④在此领域内结识一些人以便将来联系，获得更多的信息和帮助。

在面试期间，你也可以向对方提出一些问题，例如，你的主要职责是什么？要成为你现在所从事的工作的合格候选人，我需要具备哪些经验，需要接受什么样的教育？你是怎样开始你的工作的？你工作发展的前景何在？该单位是什么样的组织机构，你应该向谁汇报？等等。

2）筛选型面试。这是一种你寻找特殊工作时才可能参加的面试，通常由一名人事专家、业务专家和联合招聘人员出面进行，他们往往是经验丰富的面试者，应记住，虽然他们的工作不能决定你是否能成为本工作的理想人选，但也在一定程度上起着关键作用。他们通常会与主管人员或部门负责人交换意见，如果你有机会，他们将继续对你进行面试，因此，不要轻视这种面试，这种面试的时间往往很短（15～45 分钟），往往是在你递交了工作申请后，在人事部门的办公室里进行。然而，现在以电话进行这类面试的方法也逐渐被人们采纳。由于面试者不能看到你的仪表，因此，要让你的声音来反映你的精神风貌。

3）决策型面试。在某种程度上，这是一种很重要的面试方式，往往由主管人员、部门负责人或者有权决定是否雇佣你的人来对你进行面试验，对你进行面试的人有数名，有时要花费一整天的时间。有时，主持面试的人并不一定熟悉这项业务。这对你既是好事，又是坏事。你可能不得不回答一些古怪的问题。但是，如果你已做好了充分的准备。你就能通过提出一些关键性的问题，并在适当的时机恰到好处地介绍自己的情况从而在面试中占据主动。

4）研究和筛选型面试。人们很少使用这种面试，一般来说，当公司招聘经验丰富的人员（如高级管理人员、行政官员）时才采用这种大幅度方式。被面试者一次要与 5～10 名面试者进行交谈，他们都将向你提问，都有同等的权力来决定是不是雇佣你，参加这种面试做好充分准备是非常关键的。

（2）面试十大“经验法宝”。

1）自我介绍不超 2 分钟。“请你自我介绍一下”这道题 90%以上的用人单位都会问，面试者事先最好以文字的形式写好背熟。其实面试者的基本情况用人单位已掌握，考这道题的目的是考核面试者的语言表达能力、逻辑能力以及诚信度。所以，面试者自我介绍的内容要与个人简历相一致，表述方式上尽量采用口语化，注意内容简洁，切中要害，不谈无关、无用的内容，条理要清晰，层次要分明，时间以不超过 2 分钟为宜。

2）强调温馨和睦的家庭氛围。“谈谈你的家庭情况”此类问题 70%的用人单位都会涉及，面试者应简单地介绍家人，一般只需介绍父母，如果亲属和应聘的行业有关系也可介绍。回答时注意强调温馨和睦的家庭氛围，父母对自己教育方面的重视，各位家庭成员的良好状况，以及家庭成员对自己工作的支持和自己对家庭的责任感。

3）用乐群性爱好点缀形象。“谈谈你的业余爱好”是合资企业、民营企业乐于问的问题，因为企业主要想通过此题了解面试者的性格是否开朗，是否具有团队精神。所以面试者千万不要说自己没有业余爱好，也不要说自己有哪些庸俗的、令人感觉不好的爱好。谈爱好时最好不要说自己仅限于读书、听音乐、上网等一个人做的事，这样可能会令面试官怀疑应聘者性格孤僻，最好能有一些如篮球、羽毛球等，在户外和大家一起做的业余爱好来“点缀”自己的形象，突出应试者的乐群性和协作能力。

4）不忘本令考官难忘。“你最崇拜谁”是近两年用人单位爱考的一道题。面试者回答时，不宜说自己谁都不崇拜，或者说崇拜自己，也最好不要说崇拜一个虚幻的或者不知名的人，更不能崇拜一个明显具有负面形象的人。面试者所崇拜的人最好与自己所应聘的工作能“搭”上关系，说明自己所崇拜的人的哪些品质、哪些思想感染着自己、鼓舞着自己。

5）座右铭与应聘行业相关。通过提问座右铭，用人单位就可以判断面试者是否具有发展前途。面试者不要说那些易引起不好联想的座右铭，也不应说那些太抽象的座右铭，更不宜说太长的座右铭。座右铭最好能反映出自己的某种优秀品质，或者和本专业、本行业相关的一句话，比如“只为成功找方法，不为失败找借口”。

6）说与工作“无关紧要”的缺点。当考官问到你的缺点时，面试者不能说自己没缺点，也不能把那些明显的优点说成缺点，但更不能挑严重影响所应聘工作的缺点，或者说令人不放心、不舒服的缺点。可以说出一些对于所应聘工作“无关紧要”的缺点，甚至是一些表面上看是缺点，从工作的角度看却是优点的缺点。

7）尽量回避待遇问题。考官问道“你为什么选择我们公司”时就试图从此题中了解面试者求职的动机、愿望以及对此项工作的态度，面试者最好不要说待遇好等，可以说：“我十分看好贵公司所在的行业，我认为贵公司十分重视人才，而且这项工作很适合我，相信自己一定能做好。”

8）遇到提问陷阱采用迂回战术。“如果我录用你，你将怎样开展工作?”这是一道陷阱题，如果应聘者对于应聘的职位缺乏足够的了解，最好不要直接说出自己开展工作的具体办法，以免引起不良的效果。面试者可以尝试采用迂回战术来回答，如“首先听取领导的指示和要求，然后就有关情况进行了解和熟悉，接下来制定一份近期的工作计划并报领导批准，最后根据计划开展工作”。

9）回避回答对上级具体的希望。“你希望与什么样的上级共事?”通过面试者对上级的“希望”可以判断出面试者对自我要求的意识，这既是一个陷阱，又是一次机会。面试者要好好把握此机会，最好回避对上级具体的希望，多谈对自己的要求，如“作为刚步入社会新人，我应该多要求自己尽快熟悉环境、适应环境，而不应该对环境提出什么要求，只要能发挥我的专长就可以了”。

10）尽量体现机智、果敢和敬业。“你是应届毕业生，缺乏经验，如何能胜任这项工作?”此题的回答应体现出面试者的诚恳、机智、果敢及敬业。可以这样回答：“作为应届毕业生，在工作经验方面的确会有所欠缺，因此在读书期间我一直利用各种机会在这个行业里做兼职。我也发现，实际工作远比书本知识丰富、复杂。但我有较强的责任心、适应能力和学习能力，而且比较勤奋，所以在兼职中均能圆满完成各项工作，从中获取的经验也令我受益匪浅。请贵公司放心，学校所学及兼职的工作经验使我一定能胜任这个职位。”

描绘你的生活角色

生涯发展阶段论将个体的整个人生进行了阶段划分，并指出了各个阶段所扮演的职业角色、所处的职业状态以及所需承担的职业任务，为我们进行职业生涯规划提供了很好的理论依据。

（1）写出你自己目前所扮演的全部生活角色，然后按照投入的大小画一个饼图。

（2）如果你的生活可以朝着你理想的方向发生改变，那么，再把你理想中的角色分配画一个饼图。

对照现实的饼图和理想的饼图，看看有什么因素妨碍了你的理想实现，或者你准备做什么可以让你的理想尽可能实现。

第七章　大学生学习心理

第一节　大学生学习心理概述

在欧阳修 4 岁时，他的父亲就去世了。母亲为了节约开支，用芦苇、木炭做笔，在沙地上教他认字写字，6 岁时他就认识了几千个汉字。后来母亲没什么可以教他了，他只好自学，他借人家的书，在规定的日期内把书抄完，然后还给人家，书抄完后再背诵。十岁时他就能写诗了，后来很多人都让他教自己的孩子，他长大后成为北宋时期著名的政治家、文学家、史学家和诗人。与韩愈、柳宗元、王安石、苏洵、苏轼、苏辙、曾巩合称“唐宋八大家”。

赫胥黎 8 岁时开始上学，由于家境贫寒，他只上了两年学就辍学了，但是他喜欢学习，家里穷，没钱买书桌，他就点起一支蜡烛，将毛毯披在肩上，然后坐在床上读书。赫胥黎学习兴趣广泛，对什么都感兴趣，每天坚持自学，求知欲非常旺盛，学习上永不满足，他第一个提出人类起源问题，最终成为英国博物学家、英国科学促进协会主席、伦敦大学校长，成为一个自学成才的伟大学者。

分析：人们只有通过学习才能获得生存技能，取得人生成功。

（资料来源：腾讯新闻，http://news.qq.com）

在大学阶段，学习仍是大学生生活的主要任务。与中学阶段不同，大学学习有着很强的目的性、自主性与选择性，它不单纯是为了学习而学习，而是为了兴趣而学习，是为了未来而学习，为了成长而学习。更为重要的是，大学时期是每位学子们记忆力、动作反应速度最佳的黄金时期。学习，不仅是大学生未来事业的基础，更是其成长历程的关键。人是知识的创造者和载体，人们通过学习获得知识与做人的道理，面对科学技术飞速发展与网络的迅速普及，学习已经成为所有人了解与适应社会的重要途径。大学生只有通过学习才可能获得人生成功，同时，学习对大学生的心理健康也有着极其重要的影响。

一、学习的概念

学习一词，我国古代文献中早就有之。孔子说：“学而时习之，不亦说乎？”又说“学而不思则罔，思而不学则殆。”孔子的这一观点，在一定程度上揭示了学习与练习、学习与情感、学习与思维的关系。但长期以来，人们对学习仍无一个统一的概念。

许多心理学家、教育学家和哲学家从不同的观点角度提出了学习的定义。桑代克说："人类的学习就是人类本性和行为的改变，本性的改变只有在行为的变化上表现出来"；加涅说："学习是人类倾向或才能的一种变化，这种变化要持续一段时间，而且不能把这种变化简单地归之为成长过程"；希尔加德说："学习是指一个主体在某个现实情境中的重复经验引起的，对那个情景的行为或行为潜能变化。不过，这种行为的变化不能根据主体的先天反应倾向、成熟或暂时状态（如疲劳、醉酒、内趋力）来解释的"。联合国教科文组织在 1987 年所做的《学习，财富蕴藏其中》报告中指出："学习是指个体终身发展，终身教育的理念。"

二、学习的价值和内容

1. 学习的价值

长期以来，社会上对学习普遍存在着不恰当的价值观念，其核心是把学习看成是"升学谋职"的手段、"升官发财"的资本。然而知识经济社会要求学习是每个人获得全面自由发展、提升生命价值的需要。只有这样，学习对人的发展所具有的意义才能真正体现，学习上的主体作用和内在潜能才能得到充分发挥。

2. 学习内容

传统观点只是把老师传授的和以升学考试为目的的有关知识和技能作为学习的内容。现代学习观将学习内容扩展为三个层面：

（1）知识的学习：包括自然科学知识和人文科学知识。

（2）能力的学习：包括智力技能、动作技能和社会行动技能，诸如学习能力、交往能力、生活能力、健体能力、实践操作能力、审美能力、创新能力等。

（3）情感态度学习：又称人格学习、人文精神的学习，这种学习渗透于知识学习系统、能力学习系统之中，又渗透在日常的实践活动中。

三、高职大学生学习特点

1. 学习主体的变化

中、小学时期的学习以教师为主，以教师组织教学为主，高职生学习是以教师为主导、学生为主体进行的，这就决定了学习带有一定的创造性，即学生不仅能举一反三，还能提出自己的独到见解，活学活用。

2. 学习的自主性

无论在学习内容、学习时间及学习方式方面都更加强调个体在学习活动中承担的角色，主要强调学习的自觉性与能动性。这种能动性表现在两个方面：第一，学生可以根据自己的专长、爱好、兴趣，自由选择。第二，学生可以控制自己的学习时间、学习方法与学习内容，而且自学能力已经成为衡量大学生学业拓展能力的重要指标。第三，高校更加重视学习知识活化能力，即知识应用能力、课程设计、学年论文、毕业设计与毕业论文都体现着知识的运用能力，也充分体现学生的主观能动性。同时有些学生利用业余时间参加高自考、专升本以及其他与专业相关的培训课程的学习，在学历上提升了自己，而且在一定程度上拓展了自己的实践能力，从而为就业奠定了基础。

3. 学习的专业性

高职生的学习是在确定了基本的专业方向后进行的，因此其学习的职业定向性较为明确，即为将来走上工作岗位，适应社会需要所进行的学习；专业与学科群的划分也为以后的学习与未来职业生涯紧密联系在一起，而专业学习要求高职生既要了解本专业的前沿知识与经典理论，又要掌握与专业相关的基础知识与专业基础，为以后较快适应工作岗位奠定坚实的基础。

4. 知识的学习与能力、素质的培养并重

无知必然无能，目前正在进行的高等教育改革一再强调知识技能的学习与实践能力的培养同样重要，受长期应试教育的影响，那种只重视学生学习具有实用价值的知识，忽视学生创造能力的培养的思想，必须摒弃。职业教育的兴起要求一批有能力、专业水平高的科技人才，而高职教育的兴起要为企业培养这方面的人才，因此高职院校应注重学生技能的操作与其他能力的培养。

四、学习活动对心理健康的影响

学习活动是一种全方位的心理活动过程，它是认知、情感、意志等心理过程全面参与的过程，同时也是能力、性格等个性心理品质形成与发展的过程。因此，学生学业成就的水平与其心理素质的水平有直接的关联。

1. 学习对心理健康的积极影响

（1）学习可以使人聪明。学习对心理健康的作用体现在生理结构上，学习可以促进大脑活动，增强健康。“用进废退”是生物发展的一条自然法则，大脑也不例外。大脑长期不用就会萎缩、退化，只有勤用脑、善用脑，开展积极的思维活动即所谓“脑活动”，才能保证脑细胞数目的相对稳定，甚至有所增长，让人变得聪明起来。

（2）学习可促进智力的发展和潜力的开发。个体的心理发展过程就是在学习活动中形成新的认知结构，或加工改组已有的认知结构，从而使主观世界变化发展。人生来就有各方面的发展潜能，但这些潜能必须通过学习才能实现，一个人的智力也是在学习过程中不断发展的。一定的智力水平是心理健康的基础，而潜能开发的状况则反映了心理健康的状况。

（3）学习可促进心理品质的提高。学习能带来满足，体现能力，增强自信心；排除情绪的干扰，保持稳定积极的情绪状态，发展健康情绪和高级情感；有助于提高认知水平，纠正错误的认知观念，发展正确的认知方式；使个体与自然环境保持平衡，同社会环境、人际关系保持和谐。

2. 不良学习对心理健康的消极影响

如果学习方式不当，就会事倍功半，影响学习积极性；如果学习内容过多、负荷过重，就会由于压力过大而引起身心不适；如果搞“疲劳战术”，不注意劳逸结合，则会损害身心健康；如果学习环境嘈杂，则会使人心烦意乱，效率甚低等。这些伴随学习活动而带来的种种不利因素比智力因素对学习更具有影响力。

第二节 大学生在学习中常见的心理问题

一、学习动机问题

1. 学习动机的功能

对大学生而言，学习动机在学习中发挥着重要作用。第一，学习动机决定着学习方向，学习动机是以学习目的为出发点的，它是推动学生为达到一定的学习目的而努力学习的动力。没有明确学习目标的学生自然不会产生动机力量，因此，学习动机首先要求学生懂得为什么学，朝着什么方向努力；第二，学习动机决定着学习过程，学生是否能持之以恒，差异在学习动机。美国心理学家阿特金森于 1980 年全面探讨了有关动机研究，得出了“完成某项学习任务所需要的时间与对这项任务的动机水平为正相关”；第三，学习动机影响着学习效果。沃尔伯特研究了动机水平与学习成就的关系后得出，“学习动机越强烈的被试，其学习成绩越好，其正相关达 98%”。

美国心理学家耶克斯和多德森做的焦虑实验发现，一个人的学习效率和他的焦虑心态有显著的相关性，紧张的动机和学习成绩呈“倒 U 型曲线”，即动机过低，焦虑水平过低，不能激起学习的积极性，但过强的学习动机表现为高度焦虑和紧张，也会引起学习效率的降低，如图 7-1 所示。中等焦虑的学生成绩显著地高于低焦虑和高焦虑的学生，高焦虑只有同高能力相结合才能促进学习；高焦虑若与一般能力或低能力相结合则会抑制学习，把焦虑控制在中等程度才有利于一般能力和一般水平者的学习，增强学习效果。同时过高的目标在现实生活中由于不容易实现，常会导致个体严重的挫败感，影响人的自信心。这种自信心的下降又会加重高焦虑状态的形成。

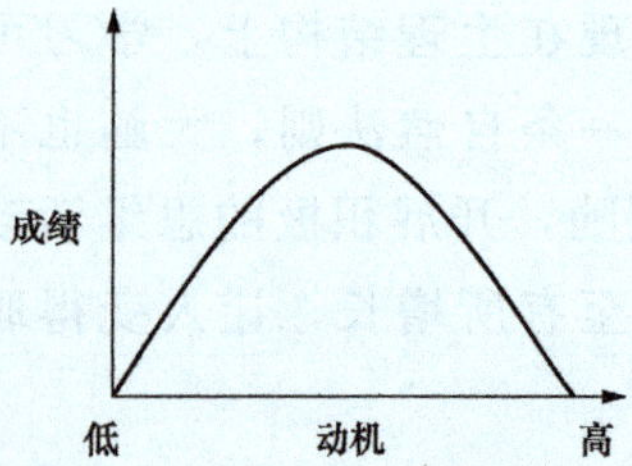

图 7-1 耶克斯—多德森定律

2. 学习动机不当

（1）学习动机不当的主要表现。学习动机不当包括学习动机不足和学习动机过强，这二者都会影响大学生的学业效能感。学习动机不足的主要表现为：无明确的学习目标，为学习而学习甚至厌倦学习和逃避学习；学习动机过强的主要表现为：成就动机过强，奖励动机过强，学习强度过大。

（2）学习动机不当的原因。

1）学习动机不足的原因分析。学习动机不足主要是学习动机不正确，社会责任感不强，价值观念不强，学习态度不端正，学习毅力不强，对专业不感兴趣，对自我的学业期望不足，学业自我效能感低。

2）学习动机过强的原因。个体学业期望过高，自尊心强，对自己的学习能力缺乏恰当的估计，因而造成学业自我效能感下降，因而心理压力大；渴望学业成功而又担心学业失败，受表面的学业动机的驱使，渴望外在的奖励与肯定，特别是由于学业优秀带来的心理满足使学生更看重自己的学业优势，因此造成学习强度过大，引起心理疲劳。

（3）学习动机不当的自我调节。

1）学习动机不足的自我调整。一是正确认识学习的价值与大学的目标，重新规划学业与人生；二是调整心态，以积极的心态对待学习特别是学习中遇到的挫折与困难，用自身的意志战胜惰性；三是改进学习方法，提高学习效率与学业自我效能感，提高学业的自我价值与社会价值。

2）学习动机过强的自我调节。一是正确认识自己的潜质，制订恰当的学业目标与学业期望，调整成就动机，与此同时，脚踏实地，循序渐进，不好高骛远；二是转换表面的学习动机为深层学习动机，淡化外在奖励特别是学业成就的诱因，正确对待荣誉与学业成绩；三是端正学习态度，树立远大理想，保持旺盛的学习热情，坚持不懈，便会取得预期效果。

二、学习注意力问题

注意是心理活动对一定对象的指向，具有指向性、选择性和集中性。注意是人类学习的前提，没有注意，就没有大学生的学习。注意在大学生学习中具有极其重要的意义。

1. 注意力不集中的主要表现

一是上课不能专心听讲，大脑常常开小差，盯着黑板却心猿意马，自己不能控制思维；二是易受环境的干扰，教室外的小小动静都能引起注意力的转移，而且长时间不能静心；三是参加活动如体育运动或看一场电影后，久久沉浸在情节的回忆之中。

2. 大学生注意力不集中的主要原因

一是由于青年时期发展任务多，因而导致压力与心理冲突加剧，特别是由于恋爱、性幻想等更容易引发注意力问题；二是生活事件导致心理应激，如考试失败、家庭生活发生重大变故、经济困难、评优失败、失恋、宿舍关系失和等造成的思想负担重，精力分散；三是学习动机不足，学习焦虑过低，缺少压力与紧迫感。

3. 注意力不集中的自我调节

首先是学会注意力转移，遇到生活应激事件与挫折，能够尽快从中解脱出来；二是适当强化学习动机，保持适当的学习压力与学习焦虑，并进行积极的自我激励与自我暗示；三是养成良好的学习习惯与生活习惯，保持旺盛的精力；四是选择理想的学习环境，减少与学习无关的活动，并进行适当的自我监控。

提高注意力的课堂心理游戏

我国年轻的数学家杨乐、张广厚，小时候都曾采用快速做习题的方法，严格训练自己集中注意力。这里给大家介绍一种在心理学中用来锻炼注意力的小游戏。在一张有25个小方格的表中，将1～25的数字打乱顺序，填写在里面，然后以最快的速度从1数到25，要边读边指出，同时计时。研究表明：7～8岁儿童按顺序寻找每张图表上的数字的时间是30～50秒，平均40～42秒；正常成年人看一张图表的时间大约是25～30秒，有些人可以缩短到十几秒。你可以自己多制作几张这样的训练表，每天训练一遍，相信你的注意力水平一定会逐步提高，如图7-2所示。

21	12	7	1	20
6	15	17	3	18
19	4	8	25	13
24	2	22	10	5
9	14	11	23	16

图7-2 锻炼注意力表格

三、记忆力差

学习中记性不好是很多大学生感到头痛的问题，它不仅直接影响学习的效率，而且还会影响学生学习的兴趣和情绪。记忆是过去的经验在人脑中的反映，它包括识记、保持、再现和回忆四个基本过程。记忆作为一种基本的心理过程对保证人的正常生活起着重要的作用。良好的记忆力应具有四个品质，即识记的敏捷性、保持的持久性、记忆的精准性和信息提取的及时性。记忆力差就是因为这四个品质中的一个或几个表现差，带来了记忆力下降的表现。记忆力差的具体表现主要有以下几个方面。

1. 识记速度慢

识记是识别和记住事物，从而积累知识经验的过程，它是记忆过程的第一个基本环节。识记速度慢是大学生记忆力差的表现之一，在现实中表现为学习时经过多次重复仍感到难以记住学习内容。

2. 保持时间短

保持是巩固已经获得的知识和经验的过程，它的对立面是遗忘。实际上保持的问题就是防止遗忘的问题，它是记忆过程的第二个基本环节。大学生记忆保持时间短，表现为“记性好，忘性大”，识记的东西保持时间短，容易遗忘。

3. 记忆不精确

记忆不精确是大学生记忆力差的又一表现，表现为凡事只记住一个大概，只有模糊的印象，经常似是而非，出现错漏。看书时好像都记住了，等到考试或要用时，才发现很多记忆内容都不完全，比较模糊，或者记错了。

4. 信息提取有障碍

记忆信息的提取，是指大学生根据当前任务的需要，把需要运用的知识信息从记忆中提取出来，它是使知识运用于实际的重要品质。大学生在需要运用知识的时候，如果不能顺利地从记忆系统中提取信息，不能使已经保持的信息运用于实际，就会表现出记忆力差的问题。

四、考试焦虑问题

1. 考试焦虑及其表现

考试是一种复杂的智力劳动，是一种非常状态，要求考生的头脑清醒、情绪稳定。考试焦虑是一种严重影响考试水平发挥的情绪反应。考试是滋生紧张情绪的土壤，有的学生因考试紧张，不能正常发挥自己的水平，主要是由于求胜心切，加重了心理负担，求胜动机在大脑皮层的某一区域形成了占主导地位的兴奋中心，致使其附近区域处于抑制状态，这会破坏知识之间的联系，妨碍了对知识的调动与提取，而记忆的暂时中断往往会加重焦虑情绪，从而加深考生对考试成绩得失的忧虑，于是导致恶性循环，容易造成错答、漏答或不知如何应答，在焦虑的状态下，学生的分析、综合、抽象、概括等具体思维能力无法正常发挥，从而导致考试失败。

考试焦虑的具体表现：一是情绪上表现出担忧、焦虑、烦躁不安；二是认知上表现为注意力不集中，记忆力下降，看书效率低，思维僵化；三是行为上表现为坐立不安，手足无措；四是身体上表现为头痛、食欲下降、恶心、心慌、睡眠不好等。严重的还会出现具有高度考试焦虑的学生在考前出现明显的生理心理反应，如：过分担忧、恐惧、失眠健忘、食欲减退、腹泻等症状；在临考时心慌气短、呼吸急促、手足出汗、发抖、频频上厕所、思维肤浅、判断力下降、大脑一片空白；个别学生在考场上出现视障碍，如看不清题目、看错题目、漏题丢题、动作僵硬、手不听使唤、出现笔误等。

2. 你为什么会考试焦虑

考试只是检验学习结果的一种手段而非目的，不能全面反映学生的学习能力。由于大学生更看重考试的外在价值，如获得奖学金，保送研究生等各种荣誉，对考试的内在价值掌握知识却重视不够。造成考试焦虑既有客观因素，也有主观因素。

(1) 客观因素。造成大学生考试焦虑的客观因素主要有：一是考试本身。如考试的重要性、难易程度、竞争程度等。越是重要的考试，越容易产生考试焦虑；题目越难，越容易产生考试焦虑；竞争程度越激烈，越容易引发考试焦虑。二是学生的学业期望。一般而言，学业期望越高的学生，对学习投入的精力越多，越看重学业成绩，因而对考试失败的恐惧越高，越容易产生考试焦虑；而那些学业期望较低的学生，满足于六十分，一般不会产生考试焦虑；而当学业期望较低的学生面临学业失败时，也可能会激发其考试焦虑。三是知识掌握程度。我们经常说："难者不会，会者不难"，考试的难易程度是相对的，现在有一部分学生上课不认真，下课不复习，推崇考前一周效应，平时学习不努力，临阵磨枪，匆忙上阵，面对考题，感到任务太难，便产生考试焦虑。四是考试压力的传递。学生间的相互影响也会造成考试焦虑。如一些学生将考研作为重要的人生目标，考前以发誓言、写战书等方式激励自己的斗志，人为制造紧张空气，使部分学生感到考研失败可耻，整天笼罩在失败的恐惧之中。

（2）主观因素。造成考试焦虑的主要因素主要有五方面：一是个性气质特点。那些敏感、易焦虑、过于内向、缺乏安全感和自信心、做事追求完美的学生在考试中容易出现考试焦虑。二是考试经验。大学生多数在中学时代都有考试成功的经验，而进入大学后，偶然的考试失败会加剧这部分学生的考试焦虑，将过去考试成功归于题目容易、运气好，而将大学的考试失败归结为自己不聪明、能力差、会对自己失去信心，因而面临考试就会紧张焦虑。三是知识掌握与复习准备。如果复习准备不足，对考试没把握，自然会产生考试焦虑。四是对考试外在价值的过分重视，考试成绩与大学生学业荣誉如奖学金，政治前途如入党，学业前途如研究生保送等密切相关。因而，大学生会对考试成绩看重，特别是学业成绩优异的大学生，恐惧考试失败的心理压力更大，更容易出现考试焦虑的症状。

3. 考试焦虑的调节

（1）充分的复习准备。80%的人考试焦虑是由复习准备不充分引起的，因此牢固掌握知识是克服考试焦虑的根本途径。

（2）正确评价自我，确立恰当的学业期望，培养自信心。正确对待考试结果，不以一次成败论英雄；过于担心、焦虑不仅于事无补，而且还会影响水平的正常发挥。

（3）学会放松。放松有许多方法，我们介绍其中一种：首先，以舒服的姿势坐好，保持身体两边的平衡；然后，用鼻子深深地、慢慢地吸气，再用嘴巴慢慢地吐出来；接下来，想象身体各部位的放松，放松的顺序为脚、腿、背部、颈、手心。

（4）开展考前心理辅导。对一些敏感、焦虑、抗挫折能力差、有心理障碍的学生在考试前进行有针对性的心理辅导以缓解其心理压力；对高度考试焦虑的学生进行集体辅导，使学生客观地认识自己，提高心理素质，增强自我心理调整能力，提高考试技巧，有效地化解外来压力，发挥出应有的水平。

五、学习缺乏自信

缺乏自信就是自卑，所谓学习中的自卑心理就是一个人对自己的智力、学习能力及学习水平做出偏低的评价，总觉得自己不如别人而悲观失望、失去信心等，这些都是缺乏自信且羞于落伍的自尊心和学习成绩低下的客观事实，在长期的矛盾冲突中得不到解决而造成的心理创伤所致，是后进生中普遍存在的心理现象。这类学生中有的虽然一直在努力，但成绩总是提高不上去，结果就丧失了进取心；有的是由于学习成绩太差，自己又不想努力，学习上一再受挫连续性失败，再也鼓不起学习的勇气；有的觉得考研无望，竞争又没有资本，因而自甘落后，自我轻视，自我消沉。自卑心理产生的原因是多方面的，有的与家庭教育方法不当有关；有的与社会影响不良有关；有的是由于学校教育失误造成的；有的因个人智力和非智力因素的影响所致。自卑是学生健康成长的严重障碍，对学生的整个学习过程影响极大。

大学生学习缺乏自信也与消极归因有很大关系。“归因是指人们对别人或自己的行为原因加以解释或推论。”消极归因者往往不能正确认识问题。如学习成绩低下的学生，不从学习动机、学习态度、学习方法上找原因，而把责任推给教师，认为教师教得不好，或认为学习环境不理想，影响了自己的学习，以此来消极地保护自尊心和虚荣心。当他们因学习上的问题受到老师的批评时，没有勇气作自我批评，总是设法找一些理由来为自己辩护，或以他人类似的行为来为自己开脱。消极归因是缺乏自我意识的表现，不利于健康心理品质的形成，同时，对自己的学习也有不良影响。

怎么打赢的？

从前有一位将军，在率兵打仗之前，他当着全体将士的面进行了一次占卜，当他抽签时，全体将士都屏住了呼吸，因为抽签的结果将会告诉他们此次出征是否能取得胜利。将军把签郑重地举到将士的面前，上面很清楚地写着：“神将帮助你们赢得战争的胜利！”全体将士听后都欢呼雀跃。结果，将军率领他的军队取得了很多场战役的胜利。在庆功会上，将士们纷纷说：如果没有神，我们将不可能取得胜利，让我们为神而干杯！听了将士们的提议，将军微笑着拿出所有的签来，众人奇怪的是所有的签上都写着同样的话。看着惊呆了的将士们，将军激动地说：“勇敢的将士们！你们才是赢得这项胜利的决定力量，没有什么神帮助我们，我们完全靠的是自己！让我们为自己干杯吧！”

这则故事告诉我们：归因能直接影响人的行为结果，对人成就事业产生重要影响。也就是说，成败的关键是内因，我们不能一味强调外因，而忽视自我的力量，这样就会失去自信心和责任心，导致最终的失败。在日常学习和生活中，不合理的归因，很容易产生失败的后果，因为不合理的归因会产生不正确的行为和习惯，而不正确的行为和习惯，又必然会产生不良的、失败的后果。正确合理的归因方式是什么呢，也就是三要三不要的原则：

第一，要客观分析影响成败的原因，不要主观地判断。

第二，一般情况下，要先从自己内部找原因，激发自我责任感，不要一味埋怨外部环境，也不要一味自责。

第三，尽量找自己可以改变的原因，不要过多归因于不可改变的原因。

那么，如何克服自卑心理呢？

首先，正确评估自己，培养自信心理。

其次，在平时的学习中选准突破口，获得一次成功，感受成功的喜悦。

最后，积极补偿，以勤补拙，所谓补偿就是发挥自己的长处弥补自己的短处，以消除烦恼和痛苦的情绪。

第三节 培养健康的学习心理，提高学习能力

一、树立正确的学习观，培养自主学习能力

对学生进行评价时首先应该确立正确的学生观，学校里没有所谓的“差生”存在，每个学生都是独特的，也是出色的。这样的学生观一旦形成，就使得教师乐于从多个角度来评价、观察和接纳学生，重新寻找和发现学生身上的闪光点，发现并发展学生的潜能。这为发现人才，实现面向全体、因材施教，有效地使每个学生都得到发展提供了现代理论与实验研究的依据。

1. 以学生为本、促使学生主动评价

学生是具有自主发展意识的个体，教师在充分尊重学生的主体性和发展欲望的基础上，让他们意识到自己在某一方面是有特长的，只是自己还没有发现。鼓励他们在科学课的学习过程中去发现自己的才能，树立自信心，并且充分加以展示。从而使他们在基本素质全面发展的基础上，充分显示自己的个性。

2. 建立和谐平等的师生关系，激发学生主动学习，主动参与评价

在师生交往中，尤其在课堂教学中，要消除老师在学生心目中的绝对权威地位。

二、端正学习态度，激发学习动机

在高职院校中，存在这样的现象：很多学生不知是为何而学习，因此学生应明确学习目标。目标是指想要达到的境地或标准。在学习的过程中，一旦制定了一个目标，就会从内心深处产生一种力量，努力朝着所定的目标前进。目标，是一种希望，在希望的激发之下，人才会不断地追求进步向上，所以，为了提高学习成绩和效率，在学习的过程中，需要设立非常明确的目标。

1. 如何确立适合自己的学习目标

一般来讲，确定自己的学习目标应当符合以下几个原则。

(1) 遵从自己的意愿。如果你充分地相信自己，从某种意义上说，你就具有了从事任何活动，并且达到任何一个目标的信心和能力。一旦你敢于自主地确定自己的学习目标，并为这个目标投入自己几乎所有的精力时，你在考试中一定可以取得好成绩，高考中一定能考上理想的大学。

(2) 由自己的兴趣和实力来决定。目标也不一定是一成不变的，它可以随着自己实力的变化而变化，无须过高，也不能过低。有一位高考状元说过：“高一的时候，我只能保证自己上武汉大学；高二时改为人民大学；到了高三，我便把目标锁定北大，并为此奋斗不止。我喜欢这样的追赶，去追寻遥遥领先的理想，在追赶中，我觉得自己是自由自在的人生的主人。”

(3) 让目标吸引你前进。目标要能促使你克服各种挫折和困难，并为之奋斗，能对自己起到良好的约束和督促作用的。

2. 确立什么样的目标

学习目标可以分为两部分内容：

一是学习的目标，或称学习阶段的总目标。例如自己要知道学习到底是为了什么？为自己、为父母或是为其他需要感激和感恩的人？为了将来的发展，为了上大学，为了证明自己的价值？这都是很不错的理由。只要你认为它可以给你带来源源的动力，促使你向着自己希望的方向去发展，去努力，就可以当作自己的目标确定下来。可以说，这是人生中的阶段性目标。

学习目标的第二个部分，是实现第一个步骤性目标。由这步骤性目标最终才能实现自己学习的总目标。比如说，我这一节课必须掌握哪些知识，我这一天的复习要包括哪些内容，这一个月的学习要达到什么效果，小到一小时，大到一月、一学期、一年，都要有目标，只有这样，才可以不懈怠，不放松，一步一个脚印地朝着自己的最终目标前进。

3. 如何制定目标

（1）确定你的长远目标。人生的长期目标，是一个十年、二十年甚至几十年为之奋斗的结果，应该定得比较远大一些，这样有利于发挥自己的潜能。但由于某些不确定因素的存在，人生目标不一定非常具体详细，只要有一个明确的方向就可以。

（2）制定中期目标。长期目标比较遥远，因此，应该分解成为一些中期目标，一般中期目标可以三至五年，高中学生可以“高考”为界。如“三年后进入什么样大学学习”等。

（3）制定短期目标。高中学生可以按照学年、学期为阶段来制定。短期目标不能和学校规定的学习任务相冲突，并且要综合考虑各科学习目标实现的可能性。从时间上来看，短期目标可分为学年目标、学期目标、半学期目标等；从内容来看，短期目标可以分为数学、语文、外语等各学科的学习目标。

（4）分析你的现状。制定目标为自己的未来勾画了一个蓝图，描绘了到达最终目的地的时间和要求，但究竟如何起步，还得从自身的现状出发。因此，要充分分析自己的目前情况。例如自己有哪些优势和不足，如何发挥优势，克服不足，自己的各科潜能如何，是否已经充分发挥出来了，自己各科成绩如何，偏科情况如何，如何补救；自己的学习毅力和勤奋程度如何；自己的学习方法和学习效率怎样，需作哪些改进等。

（5）制定行动计划。根据自己的学习潜能、学习成绩、学习方法、努力程度等实际情况，制定自己的行动计划，主要是明确自己将要在哪些方面采取什么样的措施。例如在外语学习方面，要加大课外时间的投入，选择较好的英语参考书，提高阅读能力，增加词汇量；在语文学习方面，增加课外阅读书报量，逐渐丰富作文素材，提高作文能力。

三、掌握科学的学习方法，提高学习效率

大学生的学习过程是多方面的，需要大学生使用不同的策略。学习策略是指学习者为有效地达到学习目标而采取的具体学习过程或学习步骤。对大学生而言，进行专业的学习，掌握一定技能，选择一定的学习策略，对提高学习的效率和学习能力具有重要的意义。这里重点介绍几种常用而有效的学习策略。

1. 复习策略

复习策略解决如何对所学内容进行适当的重复学习，主要用于信息的长时记忆与保持。根据遗忘发生的规律，采取适当的复习策略来克服遗忘，即在遗忘尚未产生之前，通

过复习来避免遗忘。

（1）复习的时间。应该注意及时复习和系统复习。及时复习可以较大限度地控制遗忘，但它也不是一劳永逸的，要想长时间保持所学的内容，还必须进行系统的不断地复习。根据有关研究，有效的复习时间最好作如下安排。

第一次复习：学习结束后的5～10分钟，例如下课后将要点加以背诵；或者阅读后尽快用自己的语言来表述所学的内容。第二次复习：学习当天的晚些时候或学习结束后的第二天。重读有关内容，将要点用自己的语言表述出来。第三次复习：一个星期后。第四次复习：一个月后。第五次复习：半年后。

在每次复习时，究竟用多长时间是最有效的呢？是否复习时间越长，记忆效果越好呢？对人类记忆的研究发现，人们对事件的开始和结尾具有较强的记忆，而对中间的记忆较差。例如，若连续复习3个小时，那么只有一次开始和结尾，可能产生两头记忆效果好而中间记忆效果差的现象。为解决这一问题，可以将连续的集中复习时间加以分散，分为几个小的单元时间，中间穿插短暂的休息。这样，就能够增加开始和结尾的数量，进而提高记忆效果。至于每一单元的复习时间，可根据学习材料的趣味性与难易程度而定。

（2）复习的次数。学习完某一新内容后，复习多少次最有利于记忆？这涉及过度学习的问题。所谓过度学习，即在恰能背诵某一材料后再进行适当次数的复习学习。这种重复学习绝不是无谓的重复，相反，它可以加深记忆痕迹以增强记忆效果。一般而言，过度学习的程度达50％～100％时效果较好。例如，当你识记某一材料读6遍刚好能够记住时，那么最好再多读两三遍。但要注意，这并不意味重复次数越多越好，超过100％的过度学习反而会引起疲劳、注意力分散甚至厌烦情绪等不良效果。

（3）复习方法。要注意选择有效的复习方法。研究发现，许多人经常反复地、一遍遍地阅读某种材料，以期达到记忆的目的。这种方法虽然也能够使学习者最终记住有关内容，但事实上，它并不是一个非常有效的复习方法。较好的方法是尝试背诵法，即阅读与背诵相结合：一面读，一面试着背诵。这样，可以使注意力集中于学习中的薄弱环节，避免平均分配学习时间和精力，进而达到提高学习效率的目的。此外，还应尽量地调动起多种感官来共同地进行记忆，眼到、口到、耳到、手到、心到，多种形式的编码和多通道的联系增加了信息的储存和提取途径，自然就可使记忆的效果得到增强。

复习策略的主要目的在于使信息在头脑中牢固保持。而一系列的研究证明，只有理解了的信息才比较容易记忆并长久保持，反之，呆读死记的东西既难记，又容易遗忘。因此，复习策略应该与其他的学习策略协同作用，共同促进学习效果的提高。

2. 养成良好的学习习惯

学习习惯是指在长期学习过程中逐渐养成的不易改变的行为倾向，是极其稳定的思维和行为的动力定型。良好的学习习惯，有利于激发学习的积极性和主动性；有利于形成学习策略，提高学习效率；有利于培养自主学习能力；有利于培养创新精神和创造能力，使学生终身受益。良好的学习习惯主要有以下几个特点。

（1）课前自主预习。预习时能对要学的内容认真研读，自己寻找到重点难点，不理解的地方，查阅工具书或有关资料进行学习，对有关问题加以认真思考，把不懂的问题做好标记，以便课上有重点地去听、去学、去练，有不懂的地方，在相应处作批注，课前预习可以提高课上学习效率，有助于培养自学能力。

（2）课堂认真听课。老师上课时，不仅用语言传递信息，还会用动作、表情传递信息，用眼神与学生交流。因此，具有良好学习习惯的学生上课能紧随老师思路，调动所有感觉器官参与学习，情绪饱满，精神集中；主动参与，思考分析；大胆发言，展示思维。

（3）主动、多思、善问。能够主动学习，无须他人强迫与监督，学习起来要求自己立刻进入状态，力求高效率地利用每一分钟学习的时间。能有意识地集中自己的注意力，并坚持始终。学习严肃认真，多思善问，不囫囵吞枣，一知半解。“多思”就是把知识要点、思路、方法、知识间的联系、与生活实际的联系等进行认真思考，形成体系；“善问”是不仅多问自己几个为什么，而且还虚心向老师、同学及他人询问，以此来提高自己。

哈佛校训

1. 此刻打盹，你将做梦；而此刻学习，你将圆梦。
2. 我荒废的今日，正是昨日殒身之人祈求的明日。
3. 觉得为时已晚的时候，恰恰是最早的时候。
4. 勿将今日之事拖到明日。
5. 学习时的痛苦是暂时的，未学到的痛苦是终生的。
6. 学习这件事，不是缺乏时间，而是缺乏努力。
7. 幸福或许不排名次，但是成功必排名次。
8. 学习并不是人生的全部，但是如果连人生的知识学习也无法征服，还能做什么呢？
9. 请享受无法回避的痛苦。
10. 只有比别人更早、更勤奋地努力，才能尝到成功的滋味。
11. 谁也不能随随便便成功，它来自彻底的自我管理和毅力。
12. 时间在流逝。
13. 现在淌的哈喇子，将成为明天的眼泪。
14. 狗一样地学，绅士一样地玩。
15. 今天不走，明天要跑。
16. 投资未来的人，是忠于现实的人。
17. 教育程度代表收入。
18. 一天过完，不会再来。
19. 即使现在，对手也不停地翻动书页。
20. 没有艰辛，便无所获。

（资料来源：百度文库，http：//wenku. baidu. com）

心理互动与训练

一、同学之间互相分析彼此的学习动机，互相交流。

二、案例分析。

我今年已经大三了，一直优秀的我一向对自己要求很高，当然这也与家庭的期望有关，父母都是具有高级职称的知识分子，在他们的言传身教下，我从小就知道努力与奋斗。在大学，我进行了认真细致的生涯设计，一步一个脚印向前走，成绩要拔尖，英语二年级通过国家六级和托福考试，为将来出国留学做好准备；三年级入党，使自己的政治生命有所皈依；与此同时锻炼自己在各方面的能力。于是，在大学我像一只陀螺飞速运转着，珍惜大学的分分秒秒，因为我相信付出总有回报。但我却发现自己离目标越来越远，我忽然怀疑自己的学习能力，我感到自己在学习上的优势在失落，甚至多年积累的自信也受到挑战，对未来，我忽然担心起来，我该如何办？

心理自测——考试焦虑自我检查表

为了帮助你准确地把握自己在考试焦虑方面存在的问题，我们准备了这份考试焦虑自我检查表。请你仔细阅读每一道题目，看看它是否反映出你在应试时的真实情况。

如果是的话，就在该题目右边的圈内做一个标记（打√）；如果不是的话，则无须做任何标记。一定要如实作答。不要花太长时间思考。要尽可能按你看完题目后的第一印象来回答。假如有些题目实在难以确定，请你随便用一种方式做个备查的记号，因为它可能表明了某种潜在的问题。

题　目	是	否
1. 我希望不用参加考试便能取得成功	○	○
2. 在一次考试中取得的好成绩，似乎不能增加我在其他考试中的自信心	○	○
3. 人们（家人、朋友等）都期待我在考试中取得成功	○	○
4. 考试期间，有时我会产生许多对答题毫无帮助的莫名其妙的想法	○	○
5. 重大考试前后，我不想吃东西	○	○
6. 对喜欢以“突然袭击”方式组织考试的教师，我总是感到害怕	○	○
7. 在我看来，考试过程似乎不应搞得太正规，因为那样容易使人紧张	○	○
8. 一般来说，考试成绩好的人，将来必定在社会上取得更好的地位	○	○
9. 重大考试之前或考试期间，我常常会想到，其他应试者比自己强得多	○	○
10. 如果我考糟了，即使自己不会老是记挂着它，也会担心别人对自己的评价	○	○
11. 对考试结果的担忧，在考试前妨碍我准备，在考试中干扰我答题	○	○

续表

题　目	是	否
12. 面临一次必须参加的重大考试，我会紧张得睡不好觉	☐	☐
13. 考试时，如果监考人员来回走动注视着我，我便无法答卷	☐	☐
14. 如果考试被废除，我想我的功课实际上会学得更好	☐	☐
15. 当了解到考试结果将在一定程度上影响我的前途时，我会心烦意乱	☐	☐
16. 我知道，如果自己能集中精力，考试时便能超过大多数人	☐	☐
17. 如果我考得不好，人们将对我的能力产生怀疑	☐	☐
18. 我似乎从来没有对应试进行过充分的准备	☐	☐
19. 考试前，我的身体不能放松	☐	☐
20. 面对重大考试，我的大脑好像凝固了一样	☐	☐
21. 考场中的噪声（如日光灯的响声，暖气或冷气发出的声音，其他应试者的动静，等等）使我烦恼	☐	☐
22. 考试之前，我有一种空虚、不安的感觉	☐	☐
23. 考试使我对能否达到自己的目标产生了怀疑	☐	☐
24. 考试实际上并不能反映一个人对知识掌握得究竟如何	☐	☐
25. 如果考试得了低分数，我不愿把自己的分数确切地告诉别人	☐	☐
26. 考试前，我常常感到还需要再充实一些知识	☐	☐
27. 重大考试之前，我的胃不舒服	☐	☐
28. 有时，在参加一次重要考试的时候，一想起某些消极的东西，我似乎觉得就要垮了	☐	☐
29. 在即将得知考试结果之前，我会感到十分焦虑或不安	☐	☐
30. 但愿我能找到一个不需要考试便能被录用的工作	☐	☐
31. 假如在这次考试中我考得不好，我想那就意味着自己并不像原来所想的那样聪明	☐	☐
32. 如果我的考试分数低，我的父母将会感到非常失望	☐	☐
33. 对考试的焦虑简直使我不想认真准备了，这种想法又使自己更加焦虑	☐	☐
34. 应试时我常常发现，自己的手指在哆嗦，或双腿在打战	☐	☐
35. 考试过后，我常常感到自己本来应考得更好一些	☐	☐
36. 考试时，我情绪紧张，注意力不集中	☐	☐
37. 在某些试题上我考虑得越多，脑子就越乱	☐	☐
38. 如果我考糟了，且不说别人可能对我有看法，就连我自己也会失去信心	☐	☐
39. 考试时，我身上某些部位的肌肉很紧张	☐	☐
40. 考试前，我感到缺乏信心，精神紧张	☐	☐
41. 如果我的考试分数低，我的朋友们将会对我感到失望	☐	☐
42. 考试之前，我所存在的问题之一就是不能确知自己是否做好了准备	☐	☐

续表

题 目	是	否
43. 当我必须参加一次确实很重要的考试时，我常常感到十分恐慌	☐	☐
44. 我希望主考人能够察觉，参加考试的某些人比另一些人更为紧张，我还希望主考人在评价考试结果的时候，能对此加以考虑	☐	☐
45. 我宁愿写一篇论文，也不愿参加考试	☐	☐
46. 公布我的考分之前，我很想知道别人考得怎么样	☐	☐
47. 如果我得了低分数，我认识的某些人将会感到快活，这使我心烦意乱	☐	☐
48. 我想，如果能为我单独举行考试，或者没有时限压力的话，我的成绩将会好得多	☐	☐
49. 考试成绩直接关系到我的前途和命运	☐	☐
50. 考试期间，有时我非常紧张，以至于忘记了自己本来知道的东西	☐	☐

结果分析：

该检查表由三部分内容组成：

第一部分，测查你考试焦虑的来源或原因，其中包括担心他人对自己的评价（所属题号为3，10，17，25，32，41，46，47）、担心考试成绩不好会使个人的自我意象受到伤害（所属题号为2，9，16，24，31，38，40）、担心个人未来的前途（所属题号为1，8，15，23，30，49）、担心个人对应试准备不足（所属题号为6，11，18，26，33，42）四个方面。

第二部分，分析你的考试焦虑的表现，其中包括身体反应（所属题号为5，12，19，27，34，39，43）和思维障碍（所属题号为4，13，20，21，28，35，36，37，48，50）两个方面。

第三部分，测量你的一般性焦虑的状况（所属题号为7，14，22，29，44，45）。一般性焦虑可作为人格特制的指标，为考试焦虑的分析提供有价值的信息。为了防止答题时的心理定式，编排时将各部分的题号作了混合。

第 一 部 分	
担心他人对自己的评价	
担心考试成绩不好会使个人的自我意象受到伤害	
担心个人未来的前途	
担心个人对应试准备不足	
第 二 部 分	
身体反应	
思维障碍	
第 三 部 分	
一般性焦虑的状况	

第八章 大学生情绪管理

2014年某省高考作文题目是"也许将来有这么一天，我们发明了一种智慧芯片，有了它，任何人都能古今中外无一不知，天文地理无所不晓。比如说，你在心里默念一声'物理'，人类有史以来有关物理的一切公式、定律便纷纷浮现出来，比老师讲得还多，比书本印得还全。你逛秦淮河时，脱口一句'旧时王谢堂前燕'，旁边卖雪糕的老大娘就接茬说'飞入寻常百姓家'，还慈祥地告诉你，这首诗的作者是刘禹锡，这时一位金发碧眼的外国小女孩抢着说，诗名《乌衣巷》，出自《全唐诗》365卷4117页，这将是怎样的情形啊!"你有没有想过，假如有一天，科学家真的在你朋友大脑里植入了一枚芯片，他所有的记忆都被保留，你如何感知到他与以往的不同呢？——情绪的缺失应该是你首先察觉的征兆：他的表情、姿势、感觉与以往不同了。

第一节 大学生的情绪特征

情绪活动是人类生活的重要组成部分，情绪被形容为人生活的发动机，所以有时会因发动机故障而影响人的正常生活。判断情绪好坏和正常与否的标准是情绪是否适"度"。适度的情绪是人类在进化过程中获取的、有利于种族生存和发展的适应性机制，即便是人们通常视为消极的情绪，如悲伤或忧虑等，若能保持在适度的范围内也不会伤害到人体，而那些通常被视作积极的情绪，如兴奋、欢愉过头也会导致灾难，如乐极生悲。判断情绪反应是否适度，要看其情绪体验和行为是否与诱发刺激的强度相适宜，考试前感到一些紧张是正常的，而紧张到慌乱无措、坐立不安则是过度的情绪反应。

一、情绪如何被人们看到

人类的情绪可以分为两大类——积极的和消极的，人们通常认为它们是对立的，其实不然。例如一个小朋友在偷吃糖果时，他的情绪可能是既兴奋又害怕，同时体验着积极和消极两种情绪。大脑活动的记录表明，积极情绪的加工主要在大脑的左半球，而消极情绪加工主要在大脑的右半球。大脑中有一个叫杏仁核的区域负责产生害怕的情绪，使人们在没有真正意识到发生了什么事情之前就对潜在的危险做出反应，例如，你正在驾驶，忽然前方路口冲出一辆车，此时你本能地转动方向盘并紧急制动，停车后你才发现自己呼吸急促，四肢僵硬，吓得半死。临床案例表明，杏仁核受到创伤的人，无法辨识情绪，劫匪用枪顶着他的头他也不会感到害怕，同时他也不能读懂别人的情绪。

一般来说，情绪包含三个方面：认知层面上的主观体验、生理层面上的生理唤醒、表达层面上的外部行为。

1. 主观体验——发生了什么

主观体验是指大脑的一种感受状态，如喜、怒、哀、乐、爱、恶、惧等。人们对不同事物的态度会产生不同的感受，如对朋友遭遇的同情、对凶暴敌人的仇恨、对事业成功的喜悦。

罗伯·普拉奇克（Robert Plutchik）在自己的研究中提出情绪有八种基本类型，每一种都可以根据强度的变化而细分（见表 8-1）。

表 8-1 情绪的八种基本类型及细分

低强度	基本情绪	高强度
兴趣	期待	警觉
宁静	快乐	狂喜
接受	信任	赞赏
忧虑	恐惧	恐怖
分心	惊讶	惊愕
忧伤	悲伤	悲痛
厌烦	厌恶	憎恶
生气	愤怒	狂怒

2. 生理唤醒——情不由己

情绪反应时，常常会伴随着一定程度的生理唤醒，如激动时血压升高，愤怒时浑身发抖，紧张时心跳加快，害羞时满脸通红。当你在野生动物园遇到老虎和在街区深夜遇到强盗时感觉到的恐惧是相似的，因为这些反应的启动都源自“自主神经系统”。它包括交感神经系统和副交感神经系统。交感神经系统激发身体采取紧急行动，副交感神经系统负责平息情绪的唤起以及储备能量，如图 8-1 所示。

3. 外部行为——喜形于色

有个同学经过你身边，大叫道：“嗨，傻瓜，跟上我们啊！”你会愤怒吗？也许不会，因为他笑容满面，他的身体姿态和表情都在表达，要你快些加入大家的活动。

大部分情况下，人的身姿体态和表情都能表达他的情绪，高兴时开怀大笑、眉飞色舞，激动时手舞足蹈、语调高亢，悲伤时痛哭流涕，沮丧时垂头丧气、语调低沉。情绪的外部行为既是传递情绪的鲜明形式，也是情绪体验的重要发生机制，是人们判断和推测情绪的外部指标。但是，由于人类心理活动的复杂性，有时人们的外部行为会出现与主观不一致的现象。与表情相比，身姿更能彰显一个人的情绪状态，比如紧抱双肩往往有保护和防御的色彩，一个人成功时往往站得很挺拔。

读取人的外显行为时，应注意识别文化差异。拇指和食指环成一个圈，在北美的含义相当于“OK”“很好”“一切顺利”，在法国的含义是“你一文不值”，在意大利南部的意

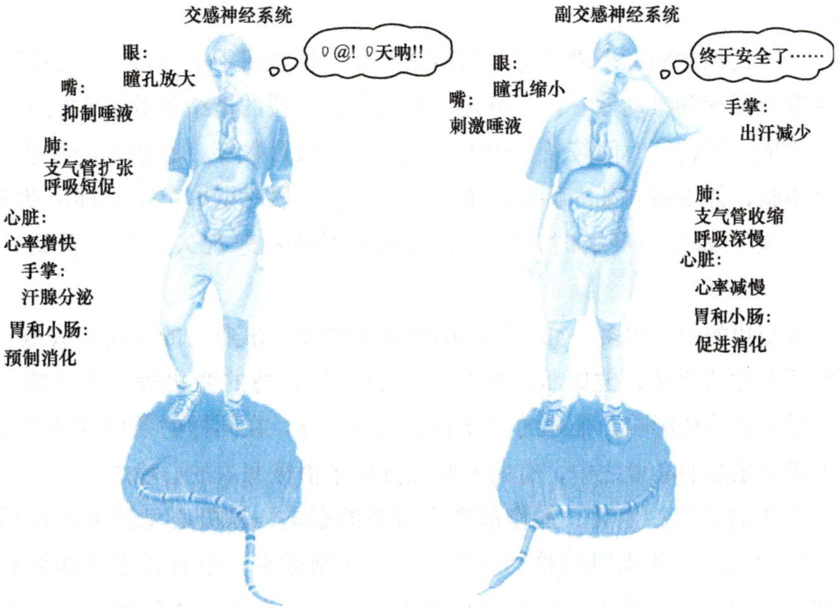

图 8-1 自主神经系统工作图

思是“你像头蠢驴”。

二、情绪的状态

情绪状态指在某种事件或情境影响下，在一定时间内所产生的情绪。根据情绪的发生的强度、持续的时间和紧张度，可以将情绪分为心境、激情和应激。

一天晚上，在漆黑偏僻的公路上，一个年轻人的汽车抛了锚：汽车轮胎爆炸了！

年轻人下来翻遍了工具箱，也没有找到千斤顶。怎么办？这条路半天都不会有车子经过，他远远望见一座亮灯的房子，决定去那个人家借千斤顶。在路上，年轻人不停地想：

“要是没有人来开门怎么办？”

“要是没有千斤顶怎么办？”

“要是那家伙有千斤顶，却不肯借给我，那该怎么办？”

……

顺着这种思路想下去，他越想越是生气，当走到那间房子前，敲开门，主人刚出来，他冲着人家劈头就是一句：“哼，你那千斤顶有什么稀罕的。”

弄得主人丈二和尚摸不着头脑，以为来的是个精神病人，“砰”的一声就把门给关上了。

在这么一段路上，年轻人走进了一种常见的“自我失败”的思维模式中去，经过不停地否定，他实际上已经对借到千斤顶失去了信心，认为肯定借不到了，及至到了人家门口，他就情不自禁地破口大骂了。

在我们平时的生活中，也有许多人会对自己做出一系列不利的推想，结果就真的把自己置于不利的境地。

1. 心境

心境是一种比较微弱、平静且持久的情绪状态，像微风下的水波。如心情舒畅、闷闷不乐等。从发生强度和激动性看，心境是一种轻微、平缓的情绪体验，它发生时人们甚至觉察不到。心境一般持续时间较长，少则几天、多则数月数年。心境是一种非定向的、弥散性的情绪体验，并不指向某一特定的事物，而是在一段时期内整个心理活动和行为都染上某种情绪色彩。如心情舒畅时，做什么都兴致勃勃；悲观失望时，看到什么都心灰意冷。

引发心境变化的原因很多，如工作中的顺境和逆境、事业上的成功与失败、人际关系的亲疏、生活条件的优劣、健康状况的好坏乃至自然环境的变化等，都可能导致心境变化。心境也受人格特征影响，个体的主导心境也有差异，在同样的条件或环境下，有的人能经常处于积极乐观的心境之中，有的人则经常处于消极悲观的心境之中。

心境对个体的学习、生活、工作都产生重要的影响。积极心境使人振奋乐观，加强神经平衡，既能增强个体克服困难的勇气，提高生活效率，也有益于身体健康；消极的心境则易使人悲观，情感低迷，降低个体的工作效率，有损身体健康。锻炼意志力，形成良好的品格特征，与正向积极的人多相处，都是帮助个体克服消极心境、培养积极心境的有效措施。

2. 激情

激情是热烈的、爆发式的、短暂呈现的情绪状态，如暴怒、狂喜、绝望、恐惧等。如果把心境比喻为“和风细雨”式的情绪现象，那么激情则可描绘成情感生活中的电闪雷鸣。激情的发生过程十分迅猛，高强度的心理能量在极短的时间内喷涌而出，犹如火山爆发，强度极大。激情一旦发生，个体完全被情绪驱使，言行缺乏理智，带有极大的盲目性，常会出现短时“意识狭窄的现象”（即个体在激情状态下认知活动范围缩小，理智分析能力受到抑制）。此时个体的自我掌控能力衰退，行为失控。冲动后，事过境迁，激情会弱化直到消失了。激情通常由特定的引起事物，如意外的成功会引起狂喜，突发的灾难可导致绝望。激情有明显的外部表现，如愤怒时全身肌肉紧张，怒目圆睁，怒发冲冠，咬牙切齿；狂喜时手舞足蹈，眉开眼笑，不能自已。

引起激情的原因是多方面的。对个体具有重大意义的事件、对立的意愿或观念的冲突、过度的压抑或兴奋等，都可能引发激情。激情并非总是消极的，它可以成为激励个体积极行动的巨大力量。战士在枪林弹雨中冲锋陷阵需要有激情，诗人写出行云流水的诗句需要激情，运动员奋勇拼搏创造纪录需要激情。但是，人们也必须学会控制激情的负面影响，在任何时候都不能以激情为由原谅自己的过失。在现实生活中，加强自我修养学会制怒、合理释放、艺术升华、适当转移注意力、运用心理换位等方法都能够在相当程度上缓和、调节或控制激情的负面影响。

3. 应激

应激是由出乎意料的紧张状况所引起的情绪状态，是人对意外的环境所作出的适应性反应。应激的概念最早始于医学领域，由加拿大著名生理学家汉斯·赛里提出。心理应激或称作“精神压力”。适度的心理应激有助于个体适应能力的提高，而长期的、超过负荷的应激会引起各种心身症状，并造成脆弱易感倾向，应激问题已经日益成为当代人最突出的心理问题之一。例如，突然遭遇火灾，个体必须利用自己的经验和智慧，集中自己全部的能力，迅速做出抉择，采取最有效行动，此时人的身心处于应激状态。无论是在危险情境，还是在紧要关头，个体都会由于客观事物的强烈刺激而承受巨大的心理压力，并集中反映在情绪紧张程度上。在应激状态下，个体生理和心理上承受了超乎寻常的负荷，个体必须充分调动体内的各种资源或能量去应付最紧急、重大的事变。

应激状态的产生与个体对所处情境的自我应对能力的评估有关。当个体意识到情境的要求已经超出自己的应对能力时，就会处于应激状态。个体在应激状态下的反应也有积极和消极之分。积极反应表现为急中生智、力量倍增，这时个体的体力与智力都得到超水平发挥，从而转危为安，化险为夷，及时摆脱困境。人们在这种情况下常常能够做出许多平时根本做不到的事情。消极反应则表现为惊慌失措、意识狭窄、手忙脚乱、四肢瘫痪。有关研究表明，持续的应激状态能击溃个体的生物保护机制，导致胃溃疡、高血压等多种疾病。一般来讲，应激状态的很多消极影响是可以调节的。过去的知识经验、良好的性格特征、高度的责任感、积极的应对方向等，都是在应激状态下防止行为混乱的重要因素。

三、情绪的意义

心理学家诺尔曼·丹森曾说：“情感规定着人的存在，没有情感性，日常生活将是一种毫无生气、缺乏内在价值、缺少道德意义、空虚乏味而又充满无穷无尽交易的生活。因为一个真正的人，必须是一个具有丰富情感的人。”所以他认为，情感的本质就是自我的感受。人们之所以一次又一次地陷入情网不能自拔，就是因为在情感里，他们发现了其他任何地方都有不能给予的自我的内在意义。

1. 情绪是生存的工具

情绪是婴儿在运用语言之前适应生存的重要心理工具，婴儿会通过情绪与成人交往、表达自己的各种需要和要求。他们饿了、困了就会哭，吃饱了、舒服了就会笑。在日常生活中人们微笑着向对方示好，颦眉表示厌恶。通过移情和共情来维系人际关系，情绪能起到促进社会亲和力的作用。而恐惧情绪能帮助人们回避危险，保障自身安全。可见，情绪可以有助于我们更好地适应环境。

2. 情绪是行为的力量

在相应的情绪推动下人常常可以更高效地工作，比如运动员上场前会与队友击掌互相鼓励。情绪的动机作用不仅体现为对生理需求的放大，而且它在人类高级的目的性行为和意志行为中也能发挥重要影响。兴趣、好奇会促使人们去探索复杂的现象，即使屡遭失败也能顽强坚持，各行各业的成功者都是带着强烈的正向情绪才能完成困难的工作的。

3. 情绪能监测人行为

情绪是人脑内的一个程序非常合理的监测系统，能评估和影响其他的心理活动。这种影响表现为促进和瓦解两方面。一般来说，积极情绪对活动起组织、协调的作用。消极情绪会起破坏、瓦解或阻断的作用。人们的日常行为常被当时的情绪所支持。当个体处在积极乐观的情绪状态下，倾向于注意事物美好的一面。对人乐观和善，利他助人，勇于承担重任；而消极情绪状态则使人悲观，失去希望与追求的动机，更易产生攻击倾向的行为。

4. 情绪是交流的手段

人类在没有获得语言之前，是通过情绪信息的相互传递而协调彼此之间的关系以求得生存的。情绪是一种独特的非语言沟通，它能通过面部肌肉的运动、身体姿态、声调和节奏的变化来传递信息。情绪所携带的信息是对语言性沟通的重要补充。在许多情境中，表情、身姿能消除语言交流中的不确定性，成为人的态度、感受的最好注解，而有时有些不便“言传”的信息，人们可以通过情绪达到“意会”的目的，可见情绪传递信息的重要意义。

5. 情绪能提高心理活动的效率

人类心理中情感体验是认知过程和意志过程的心理背景，属于基础性的过程，对信息的接收、选择、加工、储存、回忆、思维等认识活动，对态度、动机、行为等意志过程，情绪有发动、协调和组织的功能，做任何事情，只有人们在情绪上喜欢并乐于接受了，才会去主动地认识、接受、学习和使用，所以情绪是人一切行为活动的发动机。在积极稳定的情绪状态下，思维活动的效率升高，思路敏捷，解决问题精准迅速，不易被困难和挫折阻止。相反，在失当的情绪状态下，无论是积极情绪还是消极情绪，都会干扰到认识过程的效率和意志活动水平。当情绪低落时，心理活动水平较低，对外界刺激反应迟钝，思维与行动放缓，遇到困难感觉备受打击，常常会停止行动；如激动、兴奋过度，则导致意识范围狭窄，考虑问题不充分全面，会轻易盲目做出冲动的决策和行为。

人类情绪活动也受认识过程的影响和制约。认识的调整可以减少过度的情绪体验对心理活动效率的不利影响，大家都有这样的体会：一件事情我们经历的次数多了，就会大大减少我们的紧张情绪，所谓“艺高人胆大，胆大艺更高”就是这个道理。一般而言，平时情绪稳定，不易过分焦虑的人比那些容易激动焦虑的人工作绩效好；稳定的情绪可以提高从业者工作效率，而高度焦虑情境下的工作手忙脚乱、效率低下；适中的焦虑程度使大多数人达到最佳的工作水平。反过来，一个人对自己从事的工作越是熟悉，就越不容易产生焦虑情绪——我们可以想见：一个有 20 年驾龄的老司机和一个刚刚考了驾照的新手在遇到紧急状况时的焦虑水平是大相径庭的。

6. 良好的情绪有助于人际关系的改善

语言是人际交流的重要工具，情绪信号则是人际交流的另一种主要方式，是无声的言语。表情、动作、姿势的微妙变化在人际沟通过程中至关重要。在许多情境中，情绪发出的信号使语言内容的歧义部分变得明确。很多情况下，单纯的情绪信号就能够明确地传达个体的内在需要与愿望，此时无声胜有声、眉目传情所描述的就是单纯的情绪交流，有时候效果比言语交流高效且准确。

情绪与情感的表达与接受能力，直接关系到社会生活中人际关系的好坏。建立良好人际关系是一个双向沟通的过程。个体在交流过程中将内心的丰富的情绪与感受准确地表达出来，是感染对方的最重要方式；同时，恰当理解对方的内心感受与情感起伏、设身处地地考虑他人的情感需要，能够在冲突、矛盾情境中，以宽容、达观的态度智慧地调节人际矛盾。我们应该学习以适宜的方式表达内在的感受，观察交流对象的外显情绪表现，以敏感的心态体验他人的内心情感。这种同理心的养成，能够加强人际间的感情联结，提升自己的情感领悟能力，培养高级的社会情感。

第二节 情绪让你生动丰富，多姿多彩

一、大学生的情绪特点

1. 静如处子动如脱兔

十二年的智力水平训练和知识素养积累，在日常生活和活动中，你应该已经具有一定的自我控制情绪的能力，一般能用理智约束冲动，对不良情绪进行自我调适，从总体上看来，你应该是成熟和稳定的。

但是你缺乏经验，年轻气盛，所以情绪和情感经常在两极之间起伏、动荡：时而平静，时而激动；时而积极，时而消极；时而肯定，时而否定；时而外显，时而内隐，呈现出波动性的特征。你的生理发展已经成熟，由于性成熟和性激素分泌旺盛，使大脑皮层和皮层下中枢之间出现暂时的不平衡，易产生情绪波动。另外，从人体生物节律来看，人的体力、情绪和智力都有周期性的变化，处在高潮期时，人感到体力充沛、心情愉快、思维敏捷；处在低潮期时则正好相反，人会觉得疲劳乏力、心情沮丧、思维迟钝，也呈波动的特点。

你不要太过焦虑，因为你的心理发展正处于由不成熟向成熟过渡的时期，产生各种内心矛盾并不断冲突，如独立与依赖、自尊与自卑、理想与现实、闭锁与开放等，这些内心矛盾和冲突常会打破心理平衡状态，引起情绪和情感的波动起伏。

你的社会性发展尚未成熟，虽然对社会现象和政治事务极为敏感、活跃，但是人生观的不稳定、认识上的不成熟往往不能对社会现实和现象进行全面分析，容易以偏概全地加以肯定或否定，从一个极端走向另一个极端。尤其是在遇到困难和挫折时，你也会跌到悲观失望的谷底，难以自拔。

2. 体验深刻，五味杂陈

大学是最热烈丰富的人生时光，不论在日常生活、学习、交往中，还是从事社会活动时，无不带有浓厚的感情色彩。你的自我情感体验方面敏感丰富，注重独立感和自尊心；在学习活动中有强烈的求知欲、好奇心，热爱科学和真理，憎恨迷信和谬误；你对祖国、社会和集体有着深厚的情感，有强烈的民族自豪感和自尊感，对纯洁的友谊和爱情十分向往，还积极地在发现美、欣赏美、创造美的活动中体验到美的感受。

这些丰富的情感在表现形式上复杂多样，于是，你的情绪就呈现出外显和闭锁、克制和冲动交错的特征。对外部刺激的反应迅速、敏感，喜怒哀乐溢于言表，内心体验和外部表现是一致的，呈现出明显的外显性特点，例如为比赛胜利欢呼雀跃，因考试失败而垂头丧气。然而，在一些特定场景和事件上，你的情绪表现和内心体验往往并不一致，有时会把内心真实的情绪和情感隐藏起来，显得冷淡、无所谓，如感受到不友好、不公正的对待和压制时，在得不到理解和尊重的场合中，在对立紧张的情况下，会把心扉紧闭起来，不轻易表露自己的真情实感。有时，还会采用文饰、反向的办法来掩饰内心情感，就像伊索寓言中的狐狸那样，吃不到葡萄说葡萄酸，或说自己从来就不爱吃，也不想吃。只要有适当的场合和理解、关心的对象，你就会敞开心扉，表露真实情感。你精力充沛、血气方刚，在外界刺激下极易产生冲动性情绪和行为，尤其是在感受到挑衅和敌意时，容易情绪失控，呈现出冲动性的特点，但多数情况下你依然能用理智克制冲动，自我约束、自我调节，因而冲动性和克制性并存。

二、大学生常见的情绪困扰

由于环境、事件等客观事物的影响或个体内心发生矛盾、冲突而又无法及时有效解决时，人们或多或少都会困于负面的、消极的情绪体验中。人生活在纷繁丰富变化多端的世界上，总会遇到一些不如意或迷惑的事情，正所谓“人之逆境，十之八九”。因此，偶有内心产生紧张、烦躁、不安、无助甚至愤怒等负面情绪体验是非常正常的。

你要解决理想与现实的冲突，还要处理好学习、生活、工作、交友之间的复杂关系，承受升学或就业的压力，日趋激烈的竞争，情绪上的困扰和障碍会时有发生。适度的、情境性的负面情绪反应是正常无害的。而持久的情绪困扰与烦恼，乃至陷入不良情绪不能自拔，甚至出现严重心理障碍，则会妨碍学习和生活，需要及时有效地调节。

1. 自卑

自卑是一种带有自我否定倾向的情绪体验，是对自我的轻视或不满意，自卑的人常觉得自己不如别人。一般来讲，轻微的自卑总是与某些具体的挫折经历，尤其是失败经历有密切关系，经过自我调整，可以很快克服。过度自卑则可能与屡遭挫败或严重创伤有关，极端时会引起自毁行为的发生。

自卑的主要表现是自我评价过低，这是自卑的实质。例如，一个别人看起来很正常的学生总是认为自己的外貌、身材以及学习能力、人际关系明显不如他人。过低的自我评价会使人产生自卑感。自卑感具有泛化特点，即由于某一方面的原因而导致自卑情绪泛化到其他方面，比如一个人成绩不好就认为自己一无是处。自卑的还具有敏感性和掩饰性，自卑的人往往用回避或闭锁方法避免别人看出自己的不足，长此以往很容易造成性格上的障碍。

心理学家阿德勒写过《超越自卑》一书，他认为，每个人都有先天的生理或心理缺陷，这就导致每个人的潜意识中都有自卑存在。但处理得好，会使自己有动力超越自卑去寻求优越，而处理得不好就会演化成不同类型的心理障碍甚至心理疾病；另外，自卑容易销蚀人的斗志，仿佛一把潮湿的火柴，再用力也燃不起兴奋的火花。而长期被自卑感笼罩的人，会使心理活动失去弹力和平衡支点，继而会诱发生理失调和病变。

2. 焦虑

焦虑是预感到某种糟糕的事情或不良的后果即将发生而又无能为力时所产生的一种模糊、紧张不安又比较强烈的情绪体验。作为一种情绪体验，焦虑一般通过躯体特征表现出来，如心跳加快、肌肉紧张、坐立不安、呼吸急促等症状。常见的焦虑情形是适应新环境感到困难而手足无措。新生进入大学后，由于人生目标、生活环境、学习方式和人际关系等的变化，对新环境难以适应会引发不同焦虑反应。比如学习不适应而焦虑，与中学学习过程相比，大学强调自律与自学，老师不再安排每个学生的学习内容，需要独立大量地从图书馆查找资料、在实习实践中总结理论知识，有些同学会无所适从。还有考试焦虑实质上也是指因担心考试受挫而引起的一种心理障碍。也有人对健康状况过分关注而焦虑，因身体原因引发自己的疑虑，而过分关注带来的心理暗示又会加重这种焦虑。

从维护个体心理健康的角度来看，保持适度的焦虑，可以有益于提高生存适应能力，提高个体和责任感，也是大学生在成长过程中所必然会出现的。如果焦虑过度，自己感到无法控制，或持续时间较久，长期处于慌乱之中，则需要及时寻求专业人员的帮助和治疗。

3. 抑郁

抑郁是一种因为感到无力应付外界压力而产生的消极情绪，常伴有厌恶、痛苦、自卑等情绪体验。处在抑郁状态中的人主要表现为：生活兴趣减退或完全丧失；郁郁寡欢，闷闷不乐；对前途悲观失望，凡事总想到最坏；自我评价负面倾向显著，丧失生活信心，严重的甚至产生自杀的念头和行为。

产生抑郁的原因是多种多样的。第一种是由心理和社会因素引起的，这是最易引发抑郁情绪的原因。大学生活中，主要是理想与现实的差异、学习紧张枯燥、成绩不理想、人际关系不和谐、升学就业压力、失恋等。第二种是内源性的，由遗传引起的，有些人莫名其妙地发病，有时会与季节有关。第三种是药源性的，如吃药过敏，某些治疗高血压的药物可能导致抑郁症状出现。对于大多数学生来说，抑郁常常是由具体的事件引发的，偶尔出现，为时短暂，时过境迁则很快消失，但也有少数学生长期受到抑郁的困扰，其学习和生活会大受影响。有抑郁倾向的人应多回想自己以往的成功体验，积极肯定自我价值和生存意义，同时还可以通过多参加文体活动转移抑郁情绪而减轻症状，加强人际交往也是减轻抑郁的好方法。较为严重的抑郁症患者则需要及时有效的精神医学专业治疗。

4. 愤怒

愤怒是由于目的或愿望不能达到，特别是行动目的再三受到阻碍而产生的比较强烈的情绪反应。但并不是所有阻碍目的达成的人或事都能激发愤怒，愤怒的产生和发展与对阻碍物的认知有关。一般来说，当人意识不到是什么具体原因阻碍实现目的时，愤怒并不显著地表现出来，一旦意识到目的受阻的原因，特别是意识到这个原因不合理或明显恶意时，便会产生愤怒情绪。愤怒的程度从不满、生气、愠怒到盛怒、暴怒。人处于愤怒的情绪准状态时，常常表现出对愤怒对象的敌视和自身的身心紧张。人发怒时通常心跳加速、心律失常，由于愤怒可能导致心悸、失眠、血压升高、心脏病甚至猝死。愤怒也会使人丧失理智、行为异常，引发损坏物品、伤人乃至犯罪等许多后果严重的行为。

德国哲学家康德曾说过，生气是拿别人的错误惩罚自己，这对我们有规劝的意义。一个社会化良好的人必须学会控制自己愤怒的情绪。最重要的是加强自身修养，以开阔的胸襟宽容、体谅别人，不要为小事斤斤计较，当感知愤怒的情绪到来时，可以试着暂时离开时自己动怒的环境，或暗示自己“要冷静、别发火”；当察觉自己心神不宁，有发怒倾向时，可采用交谈、写信、写日记、参加文体活动、运动等方式宣泄愤怒。

5. 恐惧

恐惧是对某些特殊事物、活动或情境产生持续的和不合理的惧怕为特征的神经症性情绪障碍，常伴有自主神经功能紊乱，患者常不得不回避那些害怕的对象或情境。恐惧症是违背当事人意志的强迫性行为，他们自己明知这种恐惧过分、不正常并且毫无必要，但不能自制，无法摆脱。“一朝被蛇咬，十年怕井绳”是典型的恐惧状态，重要的是，当事人明明知道井绳是没有伤害性的，但他们依然惧怕。

大学生中最常见的恐惧症是社交恐惧，特别是与异性交往中出现的畏惧、紧张情绪。社交恐惧的学生，行为往往表现出明显的回避倾向，并伴有面部表情僵硬、手足无措、语无伦次、大汗淋漓、胸闷气短等现象。恐惧症的原因不是单一的，一般认为与既往生活中的伤害性经历有关，或是通过条件反射而建立起的一种不适应行为。此外，患有恐惧症的人也常表现出比较一致性的性格特点，如孤僻、敏感、退行等。

恐惧症是极为常见的心理障碍。系统脱敏是很有效的方法，在心理医生的帮助下，有步骤地接触那些诱发恐惧之物。在自我心理保健层面，我们要勇敢面对那些恐惧之物，从而使自己认知到的莫名恐惧是错误的。这种方法的目的是帮助患者转变认知，随着认知曲解得到矫正，不正常的情绪和行为障碍也得以消除，从而克服病态的恐惧。恐惧时最实用、最简单的方法是双目紧闭，集中全部心思做简单计算，进行简单的自我调节。但是如果是严重的恐惧症、惊恐发作在就需要医学的介入了。

第三节 大学生情绪的自我调控

一、情商

古希腊哲学家亚里士多德说，如果你想发怒，则必须“选择正确的对象，把握正确的程度，确定正确的时间，为了正确的目的并且通过正确的方式”，可见一个情商一流的人，不是没有情绪或压抑情绪的人，而是能很好地掌控情绪的人。

美国心理学家赫洛克（R Hurlock）提出健康情绪的四条标准：一是能够保持健康，自己能控制因身体疲劳、睡眠不足、头痛、消化不良、疾病等引起的情绪不稳定；二是能够控制环境，不是想干就干，而是先预料后果，再采取行动；三是能使情绪的紧张消解到无害方面，不是压抑情绪，而是将情绪转变，升华到社会性的高度；四是能够洞察理解社会。

日本心理学家关中文在其《青年心理学》一书中提出健康情绪的两个标志：一是在客观评价自己的基础上能够控制一时的情绪和欲求，忍耐不满情绪；二是能够设计现实的生活，他还提出达到健康情绪的办法是在现实生活中注意自己的情绪，深入了解自己，调整情绪，珍惜现在时光，重视现在自己内心深处的东西，对现实生活而不逃避等。

一般来说，情绪的目的性恰当，反应适度，正性作用强是健康情绪的总的标准。对大学生来说，健康情绪则具体地表现为：情绪的基调是积极、乐观、愉快、稳定的，对不良情绪具有调节、控制能力；情绪反应适度；高级的社会情感得到良好的发展。

二、从理解到掌控——你是心情的主人

心理学家艾利斯认为人们情绪产生过程中有三个重要因素：情绪的事件、人们对诱发事件所持的相应的信念以及由此引发的人们的情绪和行为的结果。情绪并不是由情境和刺激直接引发的，而是通过人们对这一诱发事件的解释和评价所引起的，因此，错误的认知才是不良情绪产生的直接原因。而错误的认知背后往往是以不合理的信念作支持的，艾利斯称之为非理性信念。非理性信念会使人陷入情绪的困境中无法自拔。所以，认知心理学倡导的理性情绪疗法认为，通过改变不合理的信念，建立合理观念，从而形成积极的情绪反应。理性情绪疗法的实施步骤如下。

1. 敏锐觉知情绪

一般情况下，引发不良情绪的事件和情境可以划分为两个部分：实际发生了什么事件以及个人察觉发生了什么事件。例如，刺激事件“我的考试成绩糟透了”包含了外在事件（成绩本身）和个体对事件的知觉和评价（有的学生以 90 分为耻，有的 60 分万岁）。情绪智力高的人，能觉察到自己的情绪，意识到自己在生气、嫉妒或感到内疚、抑郁，这是非常有价值的自省，有利于个体在冷静的前提下做出决策。高情商的人还比较能够准确地感知他人的情绪或感受，善于读懂别人的内心需要，这样的人善解人意，在群体当中更容易获得人们的尊重。

2. 平和接纳情绪

情绪包含很有用的信息，比如生气说明环境或内心哪些地方可能出了问题；焦虑表明事件发展方向的不确定性，适度的焦虑能提高一个人的注意力，避免错误的发生；抑郁意味着在有些事情上缺乏资源，无助；激情会让人亢奋起来，更积极地投入到自己要做的事情中。高情商的人会把事件与情绪合理地联结，解读其中的含义，更好地预判自己的行为。

3. 巧妙使用情绪

高情商的人会运用他们的感受促进思考和做出决定。既往的情绪经验，能帮助一个人在新的事件中做出更恰当的情绪反应，也可以帮助人们运用情绪增进人际关系，例如帮助

一个人能给自己和别人都带来快乐，但前提是顾及受助者的自尊和感受。消极的情绪也是有价值的，忧伤可以促使一个人寻求能帮助自己的资源，完善个体的人际关系或者寻求新的人生方向。

三、大学生不良情绪的调控方法

一个人如何提高自己的情绪智力，心理学家目前依然没有确定的放之四海而皆准的方法，但很清楚的是情绪智力是可以培养的，通过关注自己和他人的情绪，你可以学到很多有价值的东西。

调适与消除不良情绪的方式，可以尽量减少或避免其对我们身心的影响，保持愉快的心境，下面的一些方法总有一些是对你有帮助的。

1. 通过建立合理的信念，改变情绪感受和行为

非理性信念主要有这样几种特征：①绝对化要求，即对任何事物都怀有必须的信念或理念，这个特征表现在“应该”“必须”“一定”等词上。②过分概括化，即以偏概全的思维方式，在这种特征中，事物经常被分为两类，“好的”和“坏的”或者“正确的”和“错误的”，或者通过一次的经历得出结论，如朋友迟到，就认为他从来就不守时。③糟糕之极，表现为“再没有比这更可怕的了”，如考试失利，就认为自己前途渺茫。依据以上特征，可以确定引发不良情绪的非理性信念。

一位学生叙述了与宿舍同学的矛盾：“她明明知道我在考研究生，却不帮助我，我以前对她很好，我现在需要帮助了，她应该帮助我，可她却只顾自己忙，我很生气，这种人太讨厌了。”她的不合理信念是“我现在很忙，她应该考虑以前我的付出，也应该帮我。”如果将“应该”变成“希望”，对事件的认识就变成了“我以前帮她是我自己愿意的，我希望我需要帮助的时候，她也同样会帮助我；现在我很忙，她却不帮我，我虽然有点不高兴，但我不会生气。”

2. 宣泄调节

不愉快的消极情绪，虽然可以用理智暂时约束压抑它，但不能彻底排除。这种心理能量的积聚，如果超过一定的负荷，就会破坏心理的平衡，引起心理疾病，采用适当的途径，合理宣泄，才能把不愉快的情绪释放出来，消除压抑感。不良情绪宣泄的途径主要有以下几种。

倾诉——知己的力量是无限强大的。在内心充满烦恼和忧虑时，如果可以向知心朋友或信任的老师、家长倾诉心声说明个体社会支持资源丰富。如果恰巧事发时没有追诉对象，也可以用写信的方式来倾吐心中的不快，写出后并不一定要寄出，把它撕毁或付之一炬，以形式化的方式隔离伤害。

哭泣——在极度悲伤、委屈的时候，不论男女都不必强忍眼泪，尽情地哭一场，哭泣是很好的宣泄，能带来特别的轻松、平静的感受。

运动——大运动量的体育活动、体力劳动、激烈的快节奏的喊叫等，都有助于释放紧张的情绪，消除烦闷和抑郁。

需要强调的是，不良的情感应当宣泄，但是宣泄方式必须合理而适当。现实生活中，一些人常把不良情绪随意发泄，迁怒于人，找替罪羊等，这些宣泄方法于事无补，而且还会引发连锁反应，妨碍正常的学习和生活，实不足取。情绪的宣泄要适时、适度，注意场合、方式、程度，既不能影响他人，也不能有损自己的身心健康，更不能触犯法律法规、危害社会。

3. 暗示调节

暗示是一种特别的心理激动，它通常是通过言语（言语不是语言，是头脑中形成的有逻辑的思想内容）的刺激来纠正和改变人们的行为和情绪状态。根据言语刺激的来源不同，暗示可分为自我暗示和他人暗示。自我暗示是指自己有意识地将相关的观念不断强化，从而影响自己的情绪和行为，积极的自我暗示可以增强自信心，促进自我悦纳、激励奋进，例如你可以用一分钟时间用赞美和鼓励的言辞描述自己的优点和能力，用以增强自信、获得激励，还可以针对自己的不足，专门设计一些话语，“如你只是在与人打交道时比较害羞，这是缺乏经验导致的，但总体而言你是有才能的，可爱的”以克服缺点，告别自卑。另一方面，自我暗示可以松弛紧张的情绪，克服愤怒，例如，在冲动愤怒时心里默念“冷静一些，别发火”；在考试时，告诫自己“别紧张，放松点”；陷入忧愁时，提醒自己“忧愁没用，于事无补，不如想解决问题的办法”。一些人还用书面语言的形式来进行自我暗示，如把写有自己喜爱的格言条幅挂在墙壁上，常常提醒自己。实践证明，自我暗示在排除杂念、松弛神经等方面起着重要作用，对管理情绪起着不可忽视的调节作用。

4. 放松调节

当人感到身心疲惫、情绪紧张、焦虑烦躁不安、心理压力过大时，采用放松技术进行自我调适，可以排除杂念干扰平静心绪，有效地缓解心理压力和消除不良情绪，实现身心放松。放松调节有几种方法。

想象法：选择一个安静的环境，调整姿势，然后全身放松，闭上眼睛，开始进行想象。通常是想象一些美好的景物（高山流水、鸟语花香）、幸福的经历（无忧的童年，父母的陪伴）。潺潺流水边，轻风拂面带来的舒爽和轻松，有小动物从容地经过，深呼吸从1数到5，反复几次，再慢慢睁开眼睛。此法刚开始进行时，心里不易宁静，但坚持下去就会感到大有裨益。

肌肉放松法：可采用站、坐、卧的姿势，但以卧式为主，在放松之前，先充分体验全身放松的感觉，然后从头到脚依次由紧张而放松，同时可伴以想象，如想象一股有疗愈作用的光从头顶安全地流向全身。肌肉放松可以使人肌体松弛，轻松舒适，内心安宁。

5. 音乐调节法

音乐对人的心理和生理有着明显的影响，舒缓的乐曲可以使血压保持正常、肌肉放松、脉搏放慢，使人感到心祥和、轻松愉快。不同的音乐会引起不同的情绪反应，我们可以根据自己的情绪状态有选择地使用音乐调节法。当心情烦躁、焦虑紧张时，旋律优美、柔和、悦耳的音乐，能够使人情绪平静，放松安逸；而当感到忧郁、消沉时，节奏鲜明、雄壮有力的音乐能够带给人情绪振奋、激昂奋进的兴奋感。

6. 转移调节

转移调节法是指把注意力从自己的消极情绪转移到其他方面。在对脑工作过程的监测中，发生情绪反应时，人的大脑皮层会出现一个或几个新的兴奋中心，抵消或冲淡原有的兴奋中心，依此道理，当不良情绪出现时，人可以有意识地用其他可以激发情绪的事件进行转移。转移可分为注意转移和行动转移。注意转移是指把注意力从消极情绪事件转移到其他方面。另一种类型是行动转移，即把情绪转化为行动力量。当情绪激动时，为了抵制其爆发，给自己有冷静的分析和考虑问题的足够时间和机会，可以有意识地过转移话题或做点别的事情来分散自己的注意力。被激惹余怒未息时，可以看电影、打扑克、适度玩游戏等正当的活动来使紧张的情感松弛下来。还有的人在盛怒时拼命干活，或者干脆到操场上跑几圈，这样可以将因盛怒激发出来的能量释放出来。气恼的心情基本上平静下来，淤积的怒气也会消失大半。这种转移方法既不至于使怒火淤积心中而危害身体，又不至于因脾气爆发而做出无可挽回的事情。

良好和谐的人际关系能够满足大学生归属和安全的心理需要，消除孤独感，获得支持和帮助，促进个体成长，能增强自尊心和自信心，友谊对稳定和发展大学生的情绪和情感具有重要作用。而不良的人际交往则阻碍大学生基本需要的满足，会激化心理冲突，引发自我贬损，导致情绪困扰。因而当大学生陷入情绪问题中时，除了重视自我调节外，还应当积极争取亲朋好友的支持和帮助，共同寻求解决问题的办法。

7. 静观和内省

静观和内省是用反观自身的方式，是个体用理智发现自身问题主动消除不良情绪的一种自我调节方法。在感受到情绪不良时，选择一种自己感觉比较舒适的方式，或坐或卧，慢慢地通过调节呼吸或放松使心情平静，将精神集中到自己的内心中，让头脑中的想法自由来去，不去执着地苦思冥想，也不期待未出现的想法到来，慢慢进入一种平静而舒适的状态。进入这种状态后，再回顾一下，是什么让自己感到苦恼、压抑、烦闷与不安，慢慢找到感觉，发现自己不良情绪的诱因，并对自己的思维模式和行为方式进行调整，从而消弭恶劣情绪的影响。

心理知识 几个有关情绪的有趣实验

1. 无所适从的狗

巴普洛夫让狗看两种图像：一种是圆形，另一种是椭圆形。每天见到圆形图像时，狗就得到一份食物；而每当见到椭圆形图像时，则挨一下痛苦的电击。如此重复若干次，狗就形成了条件反射：圆形出现，意味着有吃的，狗摇头摆尾流口水十分高兴；椭圆形出现狗则紧张害怕，准备逃避。

以后，实验者将圆形一点一点地变椭圆，将椭圆形一点一点地变圆。起初狗还能分辨，并做出相应的反应。可是，当这两个图形越来越相近，以致难以区分时，狗则表现得惶恐不安，无所适从，在笼子里乱转、嚎叫、拒食、腹肌痉挛、呕吐。再经过一段时间实验，狗不但患了“焦虑性神经症”，还出现皮肤干燥、脱屑、脱毛、溃疡。长期处于这种紧张状态下的狗还出现各种肿瘤，如甲状腺瘤、膀胱癌、肺癌等。

2. 内心矛盾的猫

这则实验是这样的：实验者将猫放在一个特制的笼子里。笼子里装有一个压杆，只有按一下压杆，才能有食物掉下来，但在按压压杆的同时猫爪子也挨一下电击。每一次猫提心吊胆地去按压杆，都免不了被电击痛。其结果是，饿得头昏眼花的猫极想吃东西，可又害怕遭到痛苦的电击，常常是眼巴巴地瞧着压杆转来转去，却不敢碰它一下，真是内心矛盾重重。过了一段时间，猫的血压升高了，患了“高血压病”。

3. 猴子得了溃疡病

心理学家曾做过这样一个实验：将两只猴子关在铁笼里，其中一只猴子的四肢被捆在板子上，无法动弹，另一只猴子可以自由活动，笼子里还有一根插进来的棍子。在实验中，两只猴子都不断遭到电击，但那只能自由活动的猴子只要推着棍子，就可以避免一次电击。过了不久，人们发现那只能够自由活动的猴子反而得了胃溃疡。原来。那只被捆住的猴子由于无法逃避电击，只有接受现实，反而心安理得；而自由活动的猴子，却整天提心吊胆，终于导致疾病。实验说明，情绪的不稳定，是导致疾病的重要原因。面对急剧变革的社会，个人承受的心理压力日益增大。如果我们不能保持一份坦然，而是企图逃避危机，终日忧心忡忡，情绪上下波动，恐怕也会像猴子那样得病的。

4. 神经紧张的鼠

实验者将若干只白鼠分为两组：把其中一组刚刚出世的小白鼠立即取走，使母鼠经常处于准备繁殖的状态，同时也造成群居结构的紊乱；另一组则生活在自然状态中。经过一段时间，对两组中的母鼠进行比较，发现“鼠宝宝”出世后立即被取走的“鼠妈妈”中乳腺癌发病率远比另一组高得多。有人解释为，“鼠妈妈”中枢神经过度紧张使催乳激素分泌过多，从而促使乳腺癌的发生。精神与躯体密切相关，互相影响，自古即被人们所认识。人体的生理、生化改变可以作用于心理活动；而心理活动也会作用于人体的生理、生化过程。人们只要有情绪上的变化，必然会伴随发生躯体上的变化。例如，每当紧张恐惧的时候，就会心跳加快、呼吸急促、出冷汗、脸色苍白、浑身发抖……这种现象称为心理生理反应。如果这种状态持续时间过长，久而久之，就有可能造成躯体上的损害，以至脏器的病理变化。这种在起病原因上心理因素明显的躯体疾病称为心身疾病。当然，这并不是说心身疾病纯粹只是心理因素的作用。这些心理紧张因素还要通过神经内分泌系统、遗传因素、免疫系统等机制才能起作用。

心理自测——大学生情绪稳定性自我测验量表

情绪是身心健康的重要标志，一个人的情绪是否稳定反映了他的身心健康状况。那么怎样测量你的情绪是否稳定呢？请做一做下面这个测验。该测验共有30道题，每道题都有三种答案可供选择，请你从中选择出与自己的实际情况最相接近的一种答案，对测验题中与自己生活、身份不相符合的情况，可以不予选择。

1. 看到自己最近一次拍摄的照片，你有何想法？

A. 觉得不称心　B. 觉得很好　C. 觉得可以

2. 你是否想到若干年后会有什么使自己极为不安的事？

A. 经常想到　B. 从来没有想过　C. 偶尔想到过

3. 你是否被朋友、同事、同学起过绰号、挖苦过？

A. 这是常有的事　B. 从来没有　C. 偶尔有过

4. 你上床以后是否经常再起来一次，看看门窗是否关好？

A. 经常如此　B. 从不如此　C. 偶尔如此

5. 你对你关系最密切的人是否满意？

A. 不满意　B. 非常满意　C. 基本满意

6. 在半夜的时候，你是否经常觉得有什么值得害怕的事？

A. 经常有　B. 从来没有　C. 偶尔有

7. 你是否经常因梦见可怕的事而惊醒？

A. 经常　B. 从来没有　C. 极少有

8. 你是否曾经有过多次做同一个梦的情况？

A. 是　B. 否　C. 记不清

9. 是否有一种食物使你吃后呕吐？

A. 是　B. 否　C. 记不清

10. 除去看见的世界外，你心里是否有另外一个世界？

A. 是　B. 否　C. 偶尔是

11. 你心里是否时常觉得你不是现在的父母所生？

A. 是　B. 否　C. 偶尔是

12. 你是否曾经觉得有一个人爱你或尊重你？

A. 说不清　B. 否　C. 是

13. 你是否常常觉得你的家庭对你不好，但你又确知他们的确对你好？

A. 是　B. 否　C. 偶尔是

14. 你是否觉得没有人十分了解你？

A. 是　B. 否　C. 说不清楚

15. 在早晨起来的时候，你经常的感觉是什么？

A. 忧郁　　B. 快乐　　C. 说不清楚

16. 每到秋天，你经常的感觉是什么？

A. 秋雨霏霏或枯叶遍地　　B. 秋高气爽或艳阳天　　C. 不清楚

17. 在高处的时候，你是否觉得站不稳？

A. 是　　B. 否　　C. 偶尔是

18. 你平时是否觉得自己很强健？

A. 是　　B. 否　　C. 不清楚

19. 你是否一回家就立刻把房门关上？

A. 是　　B. 否　　C. 不清楚

20. 当你坐在房间里把门关上时，是否觉得心里不安？

A. 是　　B. 否　　C. 偶尔

21. 当需要你对一件事做出决定时，你是否觉得很难？

A. 是　　B. 否　　C. 偶尔是

22. 你是否常常用抛硬币、玩纸牌、抽签之类的游戏来测凶吉？

A. 是　　B. 否　　C. 偶尔是

23. 你是否常常因为碰到东西而跌倒？

A. 是　　B. 否　　C. 偶尔是

24. 你是否需要一个多小时才能入睡，或醒得比你希望的早一个小时？

A. 经常这样　　B. 从不这样　　C. 偶尔这样

25. 你是否曾看到、听到或感觉到别人觉察不到的东西？

A. 经常这样　　B. 从不这样　　C. 偶尔这样

26. 你是否觉得自己有超越常人的能力？

A. 是　　B. 否　　C. 不清楚

27. 你是否曾经觉得有人跟你走而心里不安？

A. 是　　B. 否　　C. 不清楚

28. 你是否觉得有人在注意你的言行？

A. 是　　B. 否　　C. 不清楚

29. 当你一个人走夜路时，是否觉得前面潜藏着危险？

A. 是　　B. 否　　C. 偶尔

30. 你对别人自杀有什么想法？

A. 可以理解　　B. 不可思议　　C. 不清楚

【计分与评价】

以上各题的答案，凡选 A 得 2 分，选 B 得 0 分，选 C 得 1 分。请将你的得分统计一下，得出总分。根据你的总分查下面评价表，便可知你的情绪稳定水平。

【评价表】

总　　分	情绪稳定水平
0～20分	情绪稳定，自信心强
21～40分	情绪基本稳定，但较为深沉、冷静
41分以上	情绪极不稳定，日常烦恼太多

第九章 大学生人际交往

第一节 大学生人际沟通概述

张波在一家公司做一名管理人员。在公司遭受挫折面临倒闭，公司高层领导人急得团团转而又束手无策时，他站了出来，提供了一份调查报告，找出了问题的症结。此举不仅一下解决了公司的难题，还为公司赚了几百万。因工作出色，张波深受老总们的重视，不久就成为全公司的一颗明星。凭着自己的智慧和胆略，他又为公司的产品打开了国内市场，立下了汗马功劳，两年为公司赚回了几千万利润，成为公司举足轻重的人物。正当他踌躇满志，以为销售部经理一职非他莫属时，他却没有被提拔。本来公司董事会欲提拔他为公司主管销售的副总经理，却由于在提名时遭到了人事部门的强烈反对而作罢，理由是各部门对他的负面反映太大，如不懂人情世故，不和同事交往，骄傲自大……让这样一个闭门自封的人进入公司的决策层显然不太适宜。销售部经理一职被别人担任了，他只好拱手交出自己创建、培养成熟的市场。这就好比自己亲手种下的果树上所结的果子被别人摘走了一样，令他非常痛苦和不解。在无可奈何的情况下，他只好伤心地离开了公司。

张波的烦恼告诉我们一个人如果孤立无援，那他一生就很难幸福；一个人如果不能处理好人际关系，就犹如在雷区里穿行，举步维艰。

可以说自从世界上出现人类以来，相互交往就一直存在，即使是病人，聚在一起也比独处要轻松，尤其是现代社会，与世隔绝、独处一室是非常不切实际的，人际关系就像是一盏灯，在人生的山穷水尽处，指引你柳暗花明。

一、沟通与人际关系的含义

1. 沟通的含义

人际沟通简称为沟通，就是社会中人与人之间的联系过程，即人与人之间传递信息、沟通思想和交流情感的过程。

2. 人际关系的含义

人际关系可理解为社会关系的另一面，即社会关系的个性方面或心理方面。

归根到底，人际关系是被客观的社会关系所制约的。

著名的人际关系专家戴尔·卡耐基说“一个人的成功只有15%靠他自己的能力，而85%取决于人际关系”。常言道：多一个朋友多一条路，多一个仇人多一堵墙。朋友多了自然路子宽，一个人从朋友那里不仅得到情感，还会得到信息、机遇和人际协作。好的人际关系可带来好的心情，激发人奋进，更能获得巨大成功。据美国学者统计，在诺贝尔奖设立的第一个25年中，合作研究获奖者为总数的41%；第二个25年中，这个比例为65%；第三个25年中，比例上升到79%。大学生充满朝气，渴望了解社会，探索人生，有更高的精神追求，渴望社会接纳，实现自我价值，获得成功。而良好的人际交往是青年人脱颖而出通向成功的桥梁。

二、人际关系的特点

1. 个人性

和社会关系不同，人际关系的本质表现在具体个人的互动过程中。在人际关系中，“教师”与“学生”“上级”与“下级”这些角色因素退居次席；而对方是不是自己所喜欢或乐意亲近的对象，成了主要的问题。这是人际关系的个人性特征的表现。

2. 直接性、可感性

人际关系是在人们直接设置的面对面的交往过程中形成的。并且人们可以切实地感受到它的存在。一般来说，没有直接的交往和接触是不会产生人际关系的，而只要建立起某种人际关系，也一定为人们所直接体验到。人们之间在心理上的距离趋近，则会感到心情愉快舒畅；若存在冲突和矛盾，则会感到抑郁和孤立。这些感受几乎是每个人都能体验到的。

3. 情感性

人际关系的基础是人们彼此之间的情感活动。感情色彩可以说是人际关系的主要特点。概括起来，人际间的情感倾向可以归结为两大类：第一，使人们互相接近或吸引的情感，即联合情感。第二，使人们互相排斥和反对的情感，即分离的情感。在第一种情况下，对方总是所希望的、满意的客体，个体有强烈的与其合作或结合的行为倾向。而在第二种情况下，对方则是不能被接受的、难以容忍的，甚至是感到厌恶的客体。

三、人际沟通的作用

1. 交往是人健康成长的基本条件

交往是人类的一种需要，它同人的生理需要（吃饭、穿衣）同等重要。社会上，个体不能脱离社会群体而独立生活。美国著名的人本主义心理学家马斯洛认为，人人都具有这样的一些基本需要：需要归于一定的社会团体，需要得到他人的爱和尊重，因为这是缺失性需要，它们非得被满足不可，否则，将使个体丧失安全感进而影响心理健康。

国外社会学家收集了不少关于“脱离人类社会成长的人”因为远离社会，身心发生异常或是畸变的例证。传说《鲁滨孙漂流记》中的鲁滨孙，真实姓名叫亚历山大·塞尔柯克。他青年时当海员，因与船长发生争执，离船登上孤岛，过着孤身生活。四年后他被救出荒岛。而据当时记载：“他的英语忘得这样厉害，以致在我们将他扶上船以后，他已不能正常表达自己的意思了。他看到人时怕得要命，老是想方设法找个偏僻无人的地方躲起来。”后来他被人送回家。尽管他父母热情相待，但他仍不习惯家庭生活，再次离家挖洞隐居。年仅45岁他便默默死去。

人际交往是人健康成长的基本条件。同时，虽有交往，如若不能与人建立和谐的人际关系，同样也将严重影响人的身心健康。

某高职院校的一名学生，自我封闭，在家与父母很少沟通；在学校又感觉与同学交往没有乐趣；对自己的辅导员也不信任，认为老师太年轻，社会阅历不够。他在校园几乎没有朋友，没有可以倾诉的对象。郁闷、压抑时就去上网，并在自己信箱发出了“曾经的失落无人得知，现在的无奈更是无人诉说。所有的一切也只能自己承担。”的感叹。一方面他内心极度地孤独，非常渴望有人能够理解自己并走进自己的内心世界，另一方面长期闭锁的心理及极强的自我保护意识又阻碍他的自我开发，内心形成巨大的心理冲突，非常痛苦。时间长了，他的身体开始不适，常常出现胸闷、气短、头疼等躯体症状。在大学校园，因不能建立和谐的人际关系而出现交往障碍的学生不在少数，严重者甚至导致心身疾病，严重影响心理健康。

2. 和谐人际关系的积极意义

人际关系和谐与社会适应良好被确定为大学生心理健康的重要标准之一，同时，它也是维持心理健康的重要条件之一。一位哲人说过：人生的美好是人情的美好，人生的丰富是人际交往的丰富。今天，大学生们的校园生活丰富多彩，交往范围不断扩大，交往内容日益丰富，交往形式趋向多样，同学们越来越重视交往的价值，重视和谐人际关系对于人生的积极意义。交往的积极意义主要表现在以下几个方面。

（1）满足归属需要，激发积极情绪。在交往中，人与人之间的相互理解、信任、关怀、宽容和友爱，令人感到安全、温暖、幸福、愉快，使人获得一种高尚的精神享受，进而激发人对生活的热爱，产生积极、乐观、舒畅的情绪。

（2）交流多种情感，缓解心理压力。我们知道人体有吐故纳新的需要，其实人的心理同样有此需要。快乐希望与人分享，痛苦渴望有人分担。很多心思一旦倾诉出来后，心灵就获得一份轻松。17 世纪哲学家弗兰西斯·培根曾说过：“友谊的奇特作用是：它将快乐变成两倍，将不幸分为两半。”良好的人际交往有助于提高大学生的自信和自尊，能够及时地缓解大学生的心理压力。

（3）提高认识能力，促进自我完善。唐太宗李世民曾经说过这样一句话：以铜为镜，可正衣冠；以史为镜，可知兴衰；以人为镜，可明得失。与人交往就能使自己拥有这样一面镜子，是自己在和谐的人际交往中通过与他人相处，与他人比较，通过他人对自己的褒贬评价，既看到自己的价值和力量，又明了自己的优点和缺点，从而促进人的自我认识、自我确立、自我发展和自我完善。

第二节 大学生的人际交往心理误区与调适

一、影响人际关系的心理因素

如果把人际关系看作是一幅人们相互作用的动态图，那么它最直接的表现就是人们之间的相互吸引与排斥。人们之间的这些感情状况，除了受深刻的社会、经济、政治等因素的影响外，从社会心理学角度看，还受其他一些更为直接、更为具体的因素的影响。这些因素构成了人们之间的吸引或排斥的具体机制。

1. 能力与人际关系

一个人的能力大小与使他人喜欢程度的高低有密切关系。一般来说，在其他条件相当时，一个人越有能力就越受他人喜欢。

犯错误效应（缺点效应）

美国社会心理学家阿伦森等人的经典研究：请被试者根据主观感觉评价对录像中被访者喜欢的程度。被试者是高校学生，访谈的内容是一样的，分四种情形：第一位被访者才能杰出，完美无缺；第二位被访者与第一位大同小异，只是有点紧张打翻了咖啡杯；第三位被访者表现平平；第四位被访者与第三位基本相似，又像第二位那样打翻了咖啡杯。结果发现，最受人喜欢的并不是能力非凡的超人，而是有着非凡的能力但也犯了错误的人，对仅仅是具有非凡能力的人的喜欢处在第二位，第三位是能力一般的人，最不受喜欢的是能力平庸而又犯了错误的人。犯错误导致了人们对有能力的人更加喜欢，这叫作“犯错误效应”。这或许是人们感到犯了错误的有能力的人，比起那些十全十美，白璧无瑕的人更加亲近。

2. 外貌与人际关系

外貌在人际吸引中的作用是非常重要的。一般来说，人们更加喜欢那些外貌漂亮的人。为什么漂亮的人受人欢迎呢？主要有以下四个理由：第一，我们从各方面的习得知道，不论电影还是其他文学作品中，被爱的人常常是漂亮的，因此，美貌起到了爱的反应线索的作用。第二，同漂亮的人在一起，在别人面前就显得荣耀和光彩。第三，人们有个老框框，就是认为漂亮的人还有其他方面好的属性，这也就是下面将要提到的晕轮效应。第四，漂亮的人看着就舒服，使人有美的满足感。

然而，外貌也并不是万能的，随着人际交往的不断深入，外貌的作用会不断减弱。人们更注重道德品质方面的特征，假如一个人道德品质低下，人们或许会更加厌恶其漂亮的外貌。特别是当恶劣行为与其外貌有关时，这种情况更加明显。西格尔的研究证实了这一假设。如果一位漂亮的被告所犯的罪行与她的外貌魅力有关，法官会给她更重的惩罚。可见，外貌与喜欢之间的关系也是复杂的。美丽的外貌也并不是在任何条件下都导致喜欢，在美貌与喜欢之间还常常有其他变量的作用。

3. 相似、互补与人际关系

（1）相似。人们彼此间的某些特征是导致相互喜欢与吸引的重要因素。“物以类聚、人以群分”，人们通常喜欢那些在各方面与自己存在着某种程度相似的人。人们为什么喜欢与自己相似的人呢？强化理论的解释是，他人表现出与自己相似态度以及其他的一些特征，对自己是一种社会性支持，具有相当高的强化力量。所以彼此之间的吸引力便产生了。从认知理论来考虑，类似的东西往往被作为同一体而感知，一般来说我们是喜欢自己的，所以就会对被归纳为与自己同一类的人怀有好感。

相似的范围很广，但主要在态度、信仰、爱好、兴趣等方面。其中，态度、价值观的相似尤为重要。研究表明，由于价值观和态度的相似，甚至在其他方面不太合意的情况下，也能产生喜欢。伯雷达于 1974 年的试验发现，给被试一张问卷，假设问卷是另一个人填写的，只要问卷的回答符合被试的态度，即使这个填写的人有其他方面的缺点，也能引起被试对这个人强烈的喜欢。

(2) 互补。相似固然对人际吸引具有重要的意义，然而有时同不相似的人相互作用会得到更多的报偿。罗伯特·温奇首先提出了这个问题。他对已婚和已经订婚的若干伴侣的个性特征做了详尽的研究后发现，在某些条件下存在着互补吸引，也就是说，人们往往选择那些能够补充自己人格的人。例如，支配型的男性和服从型的女性能相处得很好，爱唠叨的女子也许会嫁给一个少言寡语的男子而生活得很安宁。在某些人格范围内，相反的品质会使人们更加喜欢。

互补对于喜欢的作用，明显地表现在需要满足的条件下。当两个人的特征可以互相满足对方的需要时，两个人就趋向于互相喜欢。从这个意义上说，互补之所以导致喜欢仍然是一种报答作用，人们可以从这种相互报答中建立起感情的桥梁。由此也决定了互补对喜欢的作用也是有条件的，即当我们说互补导致喜欢时需要考虑哪些人格特征的组合。高雅与平庸、庄重与轻浮等，尽管特征相反，但它们却不能互补，原因是这些特征不能够相互满足对方的需要。另外，从某种意义上说相似与互补又是一致的。例如，在支配—服从型的婚姻中，双方之所以能够互相吸引，说明他们对婚姻中男性和女性的作用有着一致的或相似的认识。这种人格特征上的互补表明了态度和价值观上的相似或相同。

4. 邻近、熟悉与喜欢

空间上的邻近也是导致人们之间相互吸引的重要条件。怀特于 1956 的调查研究发现，在几乎是完全偶然地住到一个居民区的人中，成为朋友的多是居住比较近的人。西格尔于 1974 年在马里兰警察训练学校的一项研究也说明了这种邻近作用。在这个学校里，学院是按照名字的字母顺序而被指定教室的座位和宿舍的。这样，名字在字母拼写顺序上越是接近，在课内外就越容易相处在一起。6 个月后，要求每个学员确切地写出 3 个最亲密的朋友，结果发现他们的朋友大多是名字的字母顺序和自己相近的人。

那么，邻近性为什么会产生喜欢呢？首先，邻近是有用的。因为邻近的人们在生活上彼此之间可以有更多的相互帮助和照顾。从邻近的人那里可以得到更多的报答，所以邻近的人也就更容易成为朋友。其次，邻近作用也还在于人们的积极性偏见。当某个人知道他要处在某一环境时，他常常会试图说服自己，这个环境是令人愉快的，至少不特别让人不好受。他期望在这个环境里愉快地生活下去，就需要和他邻近的人保持友好关系。这样，人们就会从积极的方面去认识和自己邻近的人，所以在以后的交往中就会增加他们之间的喜欢程度。

然而，邻近作用最重要的原因还在于相互邻近的人们因频繁的接触而导致的熟悉，熟悉是喜欢的重要条件。1968 年的一项研究发现，被试看到某张人像照片的次数越多，就越喜欢这个人。可见，熟悉在人们的相互吸引中有着特殊的意义。因为，当我们非常熟悉某人时，实际上对他也就更加了解，这样就能更好地预言他在不同情况下的行为反应。当我们非常清楚地知道某人如何行为以及如何对我们所做的事做出反应时，就不太容易做出令他烦恼的事。在相互熟悉的情况下，每个人都学着如何行动避免不愉快的相互作用，并有意识地不去造成不愉快的后果，所以邻近的人最容易成为朋友。

当然，也不是所有的邻近都会导致喜欢。很明显，那些我们不喜欢的人，也常常是和我们邻近和熟悉的人。如果人们之间的接触一开始就有敌对情绪，那么邻近便不是产生喜欢的条件，这已被实验所证明。另外，邻近导致喜欢也还有赖于邻近对象本身的性质。如果和我们邻近的人确实不具有肯定的品质，这时邻近只能增加不喜欢的程度。所以，人们常常会躲避不愉快的事物，以便“眼不见心不烦”。

二、你在人际交往中可能会产生的心理误区

人际交往是一种非常复杂的动态过程。良好的人际关系可像春雨甘露一样滋润着大学生的心灵，使之健康快乐成长。然而，为何有人在交往时是“如鱼得水”“游刃有余”，而有人是“举步维艰”“困难重重”？这都是由于一些常见的心理障碍影响所致。

1. 认知误区

人生活在群体中，对自我、他人的认识叫认知。它可能正确，也可能错误。在交往中凡是没有正确认识自己或他人就会导致认知偏差。认知偏差在大学生人际交往中表现比较突出。这是由青年期的特点决定的。因为大学生阅历有限，了解人和社会较浅，心理上也不成熟。这种认知偏差主要表现在以下方面。

（1）对自我的认知偏差。这种偏差是指没有摆正自我在人际关系中的位置，过低或过高地评价自己。交往是在平等、真诚相互满足双方需要的基础上实现的，而大学生却常常忽视平等互利的基本原则。与人交往时，有些人才华出众，能力颇强，或经济有实力，于是狂妄自大，目中无人，对不如己者则漠然处之，或有所贬损，不屑与之交往。表面看是对人际的超越态度，其实质是孤立了自己。如有位大一女生，聪明漂亮，能力过人，还有一副动人的歌喉，刚入学时被班主任指定为临时班长。一个月后班干部改选，她被选为文娱委员，因为大家都觉得她担任文娱委员更可发挥特长。当另一个她认为智力和能力都不如她的女生当选班长后，她怎么也接受不了，为了表示自己的不满，一气之下辞去文娱委员。老师和同学都劝其为班集体服务，但她一意孤行，认为只有这样才能保持自我的尊严。为了这所谓的尊严，她从那以后很少参加集体活动，游离于集体之外，难以找到自己的位置，最终导致交往障碍。相反，有些人在交往中，看不到自己的价值，妄自菲薄，认为自己处处不如人，不敢充分展示自我，畏畏缩缩，遇事总是小心有余，本以为这样的行为可博得他人的同情，但事与愿违，一般人是不愿与这样的人交往的。对自我的认知偏差

又可表现为自恋、自卑、自我中心这三种形式。自恋者常表现出过分关心自我，欣赏自我，抱怨别人不重视自己的倾向，是种不正常情绪反应；自卑者往往是过低评价自我，封闭自我，不愿与人交往；而自我中心者处处表现以自己的需要和兴趣为中心，只关心自己的利益得失，不考虑别人，常在人群中自讨没趣。

(2) 对他人认知偏差。心理学研究表明，对交往对象与交往关系的看法和态度直接影响到人际互动关系的性质和趋势，人们在认识交往对象时容易产生几种常见的心理效应而导致对他人的认知偏差，主要有以下几种。

1) 首因效应。即第一印象，是指个体与陌生人第一次接触后所形成的印象。它对人们后来形成的总印象具有较大的决定力量和影响力，即先入为主。心理学研究表明，最初得到的信息比以后得到的信息占有压倒性的优势。因此，第一印象会影响甚至决定着今后的交往关系，在社会知觉中起重要作用。例如，对某人第一印象良好，人们就愿意接近他，对于他的言行给予较多的理解和信任。反之，第一印象不好，人们不愿接近他，对他的言行不予理解和信任，造成“先入为主”的社会知觉的偏差。

第一印象形成的主要因素：一是对方外部特征的直接影响，二是有关对方间接信息的影响。因为第一印象仅是“一面之见”留下的印象，难免有片面性和主观性。只有历史地、全面地、发展地认识一个人，才能对人形成正确的知觉。

2) 近因效应。是相对于首因效应而言的，又称最后印象。近因效应是指最近获得的信息给人留下深刻印象和强烈的影响。在与熟人多次交往中，熟人新近表现出来的某种新异性的行为，会影响或改变原有的看法，甚至可改变第一印象的影响。如一个你熟悉的但很不起眼的人，发明了一个了不起的东西，使你对他突然刮目相看。再如你的一个“铁哥们”做了一件很对不起你的事，从此你就与之“断交”。这就是近因效应的作用。克服这一效应的关键是不要被最近的表面现象所迷惑，而是要全面、客观地认识他人，既要看他过去的行为，也要看他现在的表现，才能获得全面而正确的认识。

3) 晕轮效应。又称光环效应，晕轮效应是指在对人的某些品质、特征形成了清晰鲜明的印象后掩盖了其余品质、特征的知觉。这是以偏概全，“一俊遮百丑”“一坏百坏”的主观片面倾向。这种现象叫晕轮效应或成见效应。晕轮效应是社会知觉中较常见的一种现象。如我们对某个人的勤奋产生了好印象，就很可能会认为他有事业心、有毅力、有作为等。而如果对某人有一种不好印象，就可能贬低或看不到他的优点，甚至认为他一无是处。成语“爱屋及乌”“一叶障目，不见泰山”就是晕轮效应的反映。

4) 投射效应。此效应是指在认知过程中，大学生形成对他人的印象总是假设他人与自己有相同的倾向特征。即通常所说的“由己推人”“以小人之心度君子之腹”。比如，认为自己待人真诚的人也往往要求他人真诚地对待自己，戒备心强的人总认为别人也戒备心强，受这种效应影响的人往往比较敏感，常以自己的观点评判别人。避免此效应的影响关键是要客观地认识自己，正确对待与别人的差异，不能以自己的标准要求别人。

5) 刻板印象。刻板印象是指在人们头脑中存在的关于某一类人的固定印象，或是对人概括、泛化的看法。它能潜在于人的意识之中。刻板印象往往不以事实为依据，只凭一时偏见或道听途说而形成的。例如，人们普遍认为，农民是能吃苦耐劳，忠诚老实的；而生意人都是不老实的，所谓无商不奸。这是一种刻板印象，在对人的认识中就会自觉或不自觉地把某个人归入某一群体中去，给人对人的认识带来偏差。因此，我们必须全面地、深入地去认识和评价别人。

如何建立良好的第一印象？

1977 年社会心理学家古拉德·伊根（Gerard. ·Egad）根据研究发现，在同陌生人交往的最初，按照 SOLER 模式来表现自己，可明显增加别人对我们的接纳性，使我们在别人心目中建立起良好的第一印象。SOLER 是由五个单词的词头字母拼写起来的专用术语。其中：

S（Squarely）表示“坐（或站）要面对别人”；O（Open）表示“姿势要自然开放”；L（Lean）表示“身体微微前倾”；E（Eye）表示“目光接触”；R（Relaxed）表示“放松”。

从上面的描述中可以看到，当我们按照 SOLER 方法来表现自己时，会是一幅怎样的图画。很显然，这幅画会给一个“我很尊重你；对你很有兴趣；我内心是接纳你的；请随便”的轻松、良好的印象。

2. 客观因素影响

（1）时空。时空是人际交往的基础和前提，人与人之间地理位置接近，交往的次数越多就越容易发生人际的交往，时空也是维持良好人际的必要条件。

（2）态度。“物以类聚，人以群分”，个体之间如果态度价值观相同，较容易引起共鸣和彼此的支持而建立良好的人际关系。

（3）需求。人的行为是受动机的支配，动机的基础是人类的各种需要，每个人的需求是不同的，当双方都有某种需要时就会产生人际交往。良好的人际关系往往也是由个体的需求互补维持的。

三、人际交往误区的调适策略

1. 客观、正确、全面地认识自我，悦纳自我

俗话说：“人贵有自知之明”。贵者难也。由于主、客观诸多因素的局限，人们往往很难做到主动、客观地、全面地认识自我。青年人由于生理、心理发展的特点，又加之社会阅历浅，尤其容易发生自我认知的偏差。有时候是自觉或不自觉地发生错觉，掩饰真实的自我，有时候明知不对却又坚持己见，不能正确地认识自己、评价自己、把握自己，这对于大学生的交往来说，易产生不利影响，形成交往障碍。美国心理学家卡尔·兰塞姆·罗杰斯（Carl Ransom Rogers）说“当我接受了现实的自己时，我就发生了变化。”正确地认识、评价、把握自己对培养个人的心理品质和行为表现有着重要的关系，同时也是协调社会生活人际关系不可缺少的因素。因此，要做到正确地认识自我就要悦

纳自己，即对自己，如身形、外貌、才智、品行等各方面，应有较明确的了解，不但要看到自己的长处，充分地利用发挥之，同时，更重要的是能悦纳自己的不足。不足或缺陷人皆有之，有些是无法补救的，如身形、外貌等。如此，我们不必遮掩、羞惭，应当欣然接受，扬长补短，完善自我，取得他人的尊重和认可。实际上内在美比外在的美更能吸引人并取得别人的爱慕。

2. 塑造良好的个性

伏尔泰说“好运总是降临在乐观开朗的人身上”。在人际交往中，大家都愿意与性格良好的人交往，没有人愿意与自私、虚伪、狡猾、性情粗暴、心胸狭隘的人打交道。因此，形成良好的个性培养，克服性格上的弱点是建立良好人际关系的前提，良好的个性包括积极、乐观、自信、热情等。如自信心强的人能够充分利用自己的长处，有效地避免自己的短处。他们总是信心百倍，乐观向上，即使遇到困难和挫折也决不自弃，而是千方百计地挖掘自身的潜力，争取周围环境的支持，达到自己的稳定目标。美国加州心理学家曾对优资生进行追踪研究表明：事业成就受到情绪稳定、社会适应、上进心等因素的直接影响，其中，培养自己良好的个性与人际交往能力，不但可以提升自我省察能力与自我肯定能力，更易建立良好的人际互动关系，适应群体生活，将来也易在社会崭露头角。

3. 要树立正确的竞争意识

当代大学生一般都具有较强的竞争意识，特别希望在广泛的社会交往中表现自己的才能。随着社会竞争越来越激烈，优胜劣汰是不可避免的。如果自我期望值过高，只能成功不能失败，或是遇到挫折就灰心丧气；或因害怕失败而不敢参与竞争，碌碌无为、平淡无味地生活，都是不可取的。其实，失败并不意味着自我无能或前程渺茫，很多时候失败中孕育着成功，挫折后积累丰富的经验教训，以利再战。在竞争中大学生还需注意克服不良的个性心理。如妒忌，看到别人有成绩、有进步，不应嫉妒、甚至污蔑他人，而是应当把精力放在我将如何取得成绩和进步上。不树立正确的竞争意识只会害人害己。

4. 掌握人际危机管理的方法

大学生人际交往危机主要是指作为在校大学生在与他人相处和交往的过程中表现出的不适、自闭、逃避、自恋、自负，以及难以调和与他人关系的不良心理状态和行为表现。造成大学生交往危机的原因很多，但大学生在交往中存在的一些人格缺陷和不良个性特征如自我封闭、自我否定和自我欣赏等，是引发大学生人际交往危机的主要原因。因此大学生要学会防范和管理人际交往危机的方法。

(1) 大学生要提高自身人际交往的适应性。作为人际交往主体的大学生，在进行人际交往中要清醒地认识到：第一，交往是双向的，没有交流就没有了解。开放自己，才能更有效地接近他人。第二，交往是平等的，尊重他人，才能尊重自己。在与他人进行交往时，要把双方放在平等的位置上，既不能觉得低人一头，也不能高高在上。在交往中要对自己有信心，对别人有诚心，平等互利地交往，才可能持久。第三，交往是有选择性的。交往的双向性，决定了交往的互动性和选择性。并不是所有的人都适合你，要选择能够与你产生共鸣的人作为交往对象，一厢情愿会造成两败俱伤。第四，对交往的期望值不要太高。不要希望每个人都能成为你的知心朋友。“人生得一知己足矣”。有层次的交往中可以避免因感情投入过多、回报较少造成的心理失落感。

(2) 个人应建立有效的危机预警系统。对自己在生活学习中可能出现的人际交往危机进行有效的预测和监测，并进行有效的预防管理，把危机消灭在萌芽状态，尽量降低危机发生的可能性。首先是大学生应时常进行反思，如果感觉不适，就应及时进行心理咨询。其次是多与同学和老师交流，建立师生间的信任与沟通。实践证明师生间的信息与沟通是化解危机最有效的方法之一。最后是个人要采取系统综合的防范措施，实现有效的预防管理。如经常参加丰富多彩的校园文化活动，充分利用展示自己的机会，感受到自己在集体的位置，提高自信心等。

第三节 大学生成功交往技能的培养

人际交往不仅是一门科学，也是一门艺术。一个要想在未来社会获得成功的大学生，人际交往能力是一项必不可少的技能，如何获得成功交往的技能？这不仅要求大学生要有较全面的学识才能、积极培养健康的人格品质，还需要我们大学生能把握关于人际交往的基本原则和交往艺术。

一、成功交往的基本原则

1. 真诚与信任原则

真诚是做人之本，是人际交往最有价值、最重要的原则。真即出自本心。诚则忠于本质。大学生在交往中要坚持言行一致、表里如一，才能赢得他人的信任。美国心理学家安得森曾做过一个实验，他列出 555 个描写人的形容词让大学生指出他们所喜欢的品质。结果，评价最高的是真诚。坚持真诚与信任的原则，可以从以下几个方面体现。

(1) 真诚不欺，信守诺言。对事、对人实事求是，对朋友的不足和缺陷能诚恳批评，对不同的观点能直陈己见而不是口是心非，既不当面奉承人，也不在背后诽谤人，做到肝胆相照、赤诚待人、襟怀坦白，只有以诚相待，才能使交往双方建立信任感，并结成深厚的友谊。

(2) 相互帮助、委以“重任”。真诚必须做到热情关心、真心帮助他人而不求回报，同时当别人要委托你办事时，则应尽力完成，如果确实力不从心，也要尽己所能，并说明不能完成的理由，并向对方表示歉意。

2. 尊重他人与平等交往的原则

每个人都有自己的人格尊严，并期望在各种场合中得到尊重。尊重能够引发人的信任、坦诚等情感，缩短交往的心理距离。一般来说，大学生的自尊心都较强，因此，大学生在人际交往中尤其要注意尊重的原则，不损伤他人的名誉和人格，承认或肯定他人的能力与成绩。否则，易导致人际关系的紧张和冲突。

坚持尊重的原则，应注意在态度上和人格上尊重他人，平等待人，讲究语言文明、礼貌待人，不开恶作剧式的玩笑，不乱给同学取绰号，尊重同学的生活习惯。

平等，主要指交往双方态度上的平等，我们每个人都有自己独立的人格、做人的尊严和法律上的权利与义务，人与人之间的关系是平等的。在交往过程中，如果一方居高临下、盛气凌人、发号施令、颐指气使，那么他很快便会遭到孤立。大学生往往个性很强，互不服输，这种精神虽值得提倡，但绝不能因同学之间在出身、家庭、经历、长相等方面的客观差异而对人"另眼相看"。

坚持平等的交往原则，就要正确估价自己，不要光看自己的优点而盛气凌人，也不要只见自身弱点而盲目自卑，要尊重他人的自尊心和感情，更不能"看人下菜碟"。

3. 热情与坦率的原则

热情是一种高级的情感形态，健康的自我是热情坦率的。一个热情坦率的人在人群中就像磁石一样，是凝聚的核心。美国教育家卡耐基在《积极人生》一书中说："一个人成功的因素很多，而居于这些因素之首的就是热情。没有它，不论你有什么能力都发挥不出来。"热情坦率在人际交往中主要体现在如下几方面。

（1）有积极的自我意识。自我意识是一个人对自己的认识与评价、期望与要求，它是心理态度和个性表现的核心，对个人的人际交往能力具有决定作用。在人际交往中，具有积极自我意识的人能拥有一种客观看待世界的自信与勇气，能感到自己是美丽聪慧和强有力的。曾有一位女大学生提出这样一个问题：在与人交往中，我最怕的就是别人看轻自己，因此我常常忍不住要贬低别人，是赞扬的话，我听着就顺耳；当有人与我的看法不合，我就忍不住要挖苦对方。我一直认为自尊是最重要的，但近来我却感到同学们对我日渐疏远。有人说，是我的自尊害了我。我不明白，难道自尊还有什么不好吗？这位女大学生的所谓"自尊"和维护"自尊"，实质上不是真正的自尊，而是自卑的一种畸形表现。她怕别人看轻自己，害怕暴露自己的弱点，正是这种自卑心理及其消极的自我意识，才使她总以贬低别人来保护自我。这种消极的自尊意识是无法在人际交往中真正建立起友谊的。

（2）表现真实自我、袒露个性。著名心理学家西德尼·朱拉德说"只有向别人表露自己，才能逐渐了解自己。"表现真实的自我是为了更好地培养和增强积极的交际意识。有这样一个例子：三位女大学生同居一个宿舍，星期天，其中两个结伴去超市购物没有邀请小芳。小芳洗完衣服回宿舍一看两个同伴不见了，只剩下她一个人孤单单的，她既伤心又气愤。待那两个同学回来时，她第一个本能的反应是假装不在乎，想把不满憋在心里，以免显得自己软弱、被人轻视。最终她实在忍不住，还是脱口而出把自己的不满、难受和气恼说了出来。那两个同学不但没有笑她、轻视她，反倒突然明白了他们之间的友情对于小芳是那么的重要，便忙不迭声地向小芳道歉解释。如果小芳假装满不在乎、始终把不满憋在心里，那又会怎样呢？表面看一时平安无事，但实际上她们之间的心理距离必然会疏远。由此可见，不要怕表露真实的自我。只有让人了解你的真实情感，别人才会觉得跟你的心理距离更接近。

(3) 真实、适时地赞美。一个为人热情坦率、心底无私的人，不会吝啬给予别人适时的赞美和鼓励，这样表达和传递你对人的尊重和友爱，具有一种催人上进的力量。

4. 理解与互利的原则

理解原则指交往双方互相设身处地、互相关怀和谅解。孟子曰：“人之相识、贵在相知，人之相知、贵在知心”。因为只有相互理解，才能心心相通，才有同情、关心和友爱。在交往中，每个人通常对事物的看法都有自己独特的见解，这就需要设身处地以宽容、公平、冷静的心态站在他人的位置上思考。理解、尊重他人以达到友好相处。理解人主要体现在如下方面。

(1) 要注意了解相互的情况，特别是了解对方的理想、抱负、人格等状况，并以此为基础在交往中相互体谅、关爱，想人之所想，急人之所急，关心朋友的困难和需要，分担朋友的痛苦，给予慰藉和力量。

(2) 实践中要善于“心理换位”，移情交流，即感人之所感，知人之所感；既能分享他人的情感，对他人的处境感同身受，又能客观地站到对方的立场上理解他人。移情是一种理解他人的能力，也是一个信息传递过程，这一过程能构建情感共鸣，从而促使良好交往行为的发生。

(3) 互利原则是指在人际交往中，关系的双方都相互满足各自的需要，同时获得一定的利益和好处，达到双赢。一个人要想得到他人的关心、尊重和爱护，就必须考虑到对方也有同样的需要，必须自己首先要懂得付出，才能获得一定的回报；如果交往的一方只索取不给予，交往关系必会中断。实践证明：互利性越高，交往关系越稳定、密切；相反，关系易疏远。所以在广泛的人际关系资源中遵循先付出，再收获的互利性原则，才能寻求一种优势互通、信息共享、团结合作、共同发展的交往空间。

二、成功人际交往的技能

1. 掌握人际交往的艺术

(1) 语言艺术。“良言一句三冬暖，恶语伤人六月寒。”这两句话告诉我们交往时要注意运用语言的艺术。语言艺术运用得好，就能优化人际交往。运用得不好，易在无意间出口伤人或产生矛盾。语言艺术可表现为以下两方面。

1) 称呼得体。在交往过程中，要根据对方的年龄、身份、职业等具体情况及交往的场合、双方关系的亲疏远近来决定对方的称呼。对长辈的称呼要尊敬，对同辈的称呼要亲切、友好，对关系密切的人可直呼其名，对不熟悉的要用全称。

2) 语言表达要清楚。准确、生动、有感染力、逻辑性强，语速要恰当、说话要分场合、对象、注意分寸、适度地称赞对方，让人很乐意与你多交往。尽可能避免争论，对有分歧的问题可通过讨论、协商的途径解决。

总之，语言要服从交往的需要。从内容到形式要适应对方的心理需要、知识经验、双方关系及交往场合，使交往关系密切起来。

(2) 非语言艺术。当语言在沟通中表达不超过30%～35%的信息时，非语言是获得沟通信息的重要线索。非语言一般包括眼神、手势、面部表情、姿态、位置、距离等。人的表情、肢体动作常表达思想和情感，如眉飞色舞表示内心喜悦，怒目圆睁表示愤怒。当讨厌某人时，你的身体语言早已表现出来了。正确运用非语言艺术，巧妙地表达自己，在交往中能起到"无声胜有声"的效果。所以，"察言观色"是大学生建立良好人际交往的必修课。此外，学会有效地聆听。人际关系学者研究表明，几乎所有的人都喜欢别人能认真听他讲话，所以，有效地聆听是人际交往必不可少的技巧。

(3) 学会真诚微笑与赞扬。微笑有时比语言更有力量，因为微笑可表示我喜欢你，你使我快乐，我很高兴见到你。如何微笑？它必须是发自内心的、真诚的，即笑得使人感到亲切自然、相互悦纳。

心理学家认为，赞扬能释放一个人身上的能量，调动人的积极性。"赞扬能使赢弱的身体变得强壮，能给恐怖的内心以平静与依赖，能让受伤的神经得到休息和力量，能给身处逆境的人以务求成功的决心"。有报载，一位欧洲妇女出门旅行，她学会了用数国语言讲"谢谢你""你真好""你真是太棒了"等，所到之处，都受到热情接待。真心真意，适时适度地表示你对别人的赞扬。赞扬要对人也对事，能够增进彼此的吸引力。人性最本质的愿望就是希望得到赞扬，适时适度、真诚赞扬是人际关系的润滑剂。如何赞扬？赞扬别人需要有针对性和指向性。需赞扬对方身上潜在的优点、以情动人，还应善于以赞事达到赞人的效果。

(4) 学会幽默。幽默使世界充满快乐和笑声，是美德和智慧的结晶，是种高超的语言艺术。幽默使人放松心情，减轻压力，提高愉悦，增强他人的悦纳和满意度，是人际交往中不可缺少的技巧。

2. 学会正确的表达与倾听

(1) 正确表达。

1) 先觉察自己真正的感受。只有当我们清楚自己现在的感觉时，才能掌握我们的情绪，做出正确的表达。我们可以看到一些社会新闻事件，常常就是因为双方的争执，结果一时情绪失控而伤害他人或致人死亡。情绪失控主要就是因为当时我们不清楚自己有什么感觉，任由心中的情绪发泄，结果导致过度反应。所以，如果我们在任何情景都能保持清醒，问自己"我现在有什么感觉?"去察觉自己的真正感受，将可避免让关系更恶化。一件事情发生可能会引发我们很多的情绪，因此，要先清理自己对这件事情的感觉如何，到底是担心、害怕、生气还是厌恶、难过呢？只有当我们了解自己的感受，我们才有能力让对方了解。

2) 选择适当的时机表达。掌握良好的时机表达是很重要的，如果当时对方有心事或者因其他事情忙碌着，恐怕无法静下心来聆听你的感受，沟通当然无效。其次，最好要让对方有心理准备，不要一开心就稀里哗啦倾诉一堆，那样会让对方难以招架，所以可以先告诉对方：

“我心里有些话想跟你谈谈，好吗?”

“我刚有一些不好的感受，你可以听我说一说吗?”

“刚才其实我挺生气的，我想跟你聊聊，你现在有心情听吗?”

此外，当分享你的感觉时，许多人会想要帮你“觉得好过一些”，或是急着给你一些建议或忠告。如果你纯粹只是想表达感受，那么你可以事先告诉对方，你只是想要与他分享你的感受，让他知道你的心情，不期待有任何建议或者安慰。有时我们必须直接告诉对方我们的需求，要对方倾听感觉，因为大多数人面对情绪时，常会不知所措，常会有一些无效的回应。当然适当的对象也是重要的，例如有一个陌生人不小心碰撞到你，却没有跟你道歉，你虽然觉得生气，也许并不需要浪费时间向他表达你的感受，因为他只是个陌生人。

3）清楚具体的表达。有些人会抱着一些不合理的期待，如“我说了我的感受，你应该能感同身受吧”“我以前已经讲过了，现在你应该知道，不要每次都要我讲”“你应该了解我的心情，你不了解表示你一点都不关心我”，这些不合理的想法，常常会导致关系恶劣。其实，由于成长背景与家庭的规则，让大多数人都不知如何面对情绪或害怕谈感受，误以为表达负向情绪就是在“指责”，于是不知不觉就会逃避情绪或是忙着解决“问题”。每个人都需要学习面对情绪，要让对方了解你的唯一方式就是直接告诉他你的感受，让他有机会接触你的内心，同时也告诉他你的需要或期待。

表达情感的有效方式是以平静、非批判的方式叙述情感的本质，描述而不是直接发泄。举例来说，有人生气时，会直接大骂对方或者是直接以拳头相向，结果两败俱伤，但比较有效的方式是告诉对方他的什么行为让你感到生气。例如当你很认真地看书时，弟弟在旁边跑来跑去干扰你读书，你可能大声训斥“不要吵”“吵死了”，然后气得半死；当然你也可以平静和缓地跟弟弟说：“我现在需要安静地看书，你在旁边跑来跑去干扰我念书，我真的很烦，可不可以请你出去玩儿呢?”

情绪的言语表达要清楚、具体才能让对方了解我们的状况。也许我们可以正确地说出高兴、伤心、难过、失望、害怕等情绪字眼，然而有时我们也可以用不同的方式来说明自己的感受。例如“我心情沉重，如负重担”“我好想大哭一场”“我真想大声欢呼”等，都可以描述自己内心的感受。表达情绪要注意的是能清楚说明，如果单单告诉别人我很生气，他人可能一头雾水，不知道你为了什么事情生气，毕竟个人的主观感受不同。因此，在表达情绪时要清清楚楚告诉对方理由，将特定的情境说清楚。

4）“我信息”的使用。有些人知道要直接表达情绪，于是开始将内心的任何感受倾泻而出，“你这样让我非常生气”“你总是说话不算数让我很失望”“你伤了我的心”……结果情绪表达变成了责骂，将自己感觉的责任归咎于对方，反而更增加关系冲突。当情绪表达的方式以“你信息”为主，就可以发现就像伸出食指数落对方的不是一样，反而无法有效沟通。要记住——我们的感觉是我们的选择，我们需要为我们的感觉负责，因此，正确的情绪表达是需要以“我信息”（I message）为主。我信息的表达是一种分享感觉的表达方式，而不是攻击、责备、批评或抱怨。“我信息”的表达可以简单地以下列公式说明：

当……时候（陈述引发你情绪的具体事情或言行）：如“当你告诉我你不能和我一起去看电影的时候”。

我觉得……（陈述你的感受）：如“我觉得很失望”。

因为……（陈述引发你情绪的理由）：如“因为我很期待可以有多一点时间与你相处”。

此外，表达情绪的目的是分享而不是改变。在表达情绪时若是抱着改变对方，或是控制对方，要对方妥协，或者是为了报复，让对方也跟着你难过或对你感到抱歉愧疚，那么你可能会大失所望。我们无法改变或控制对方，我们只能学习照顾自己，尤其是照顾我们内心的感受，表达情绪是为了让内心的感受找到出口，为了让对方可以多了解我们。如果我们表达情绪的目的只是为了分享，通常会得到正向的回应；相反地，如果你是为了要责备对方，要对方认错，那可能只是引发另一场冲突。所以要记住，使用“我信息”单纯地去表达我们的感觉就够了。

5）表达正面情绪，也可以增进良好关系。情绪可以简分为正向与负向的感觉，在与人相处的过程中我们也会有一些美好的感觉，而这种正向的情绪也需要告诉对方，彼此之间有回馈，关系才会更密切。当然，这样的回馈与表达必须出自内心的感受。

真诚的赞美可以拉近彼此的关系。要注意的是赞美并不是谄媚，赞美与谄媚不同的地方在于你的出发点。赞美是出自内心且根据事实，因为对方的言行让你有好的感觉，所以你想要跟对方分享。相反地，谄媚是为了要讨对方的欢心，希望别人喜欢你，所以谄媚是有目的的，而且所说的不一定是事实。一味地谄媚反而只是让人与你维持表面关系或者觉得你“矫揉造作”而不愿与你相处。

（2）积极倾听。我们可以听他人说话，但未必每个人都是好的倾听者。“听”（hearing）与“倾听”（listening）是不同的，“听”是指我们感官上感受到外在的声音，“倾听”则包括感官与心理过程，不仅听到别人所讲，也听到别人所欲表达的含义，所以倾听是一个较为复杂的过程。倾听可包括生理专注与心理专注两方面，生理专注指的是身体适度倾向说话者，与对方保持眼神接触，保持轻松、自然、开放的姿势与表情。除此之外，点头、蹙眉、微笑等肢体动作若运用得当，也可以让对方感受到被接纳与尊重，这样的专注行为其实就可以鼓励对方分享，若是适当地加上口头上的简单回应如“是的”等，也可以表达你的专注，让对方知道你正在倾听。心理专注就是积极倾听，能积极倾听的人除了听到对方口语表达的内容外，也观察到对方非口语的行为所蕴含的意义，注意到他的肢体动作、声调的抑扬顿挫、语气、脸部表情等。

此外，积极倾听也包括将所听到的、所观察到的内容给予适当而简短地回应，如“你说……”“我看到你……”等，让对方知道你在听，而且了解他所讲的。换句话说，倾听除了听出对方语言与非语言信息外，还要把自己当作一面镜子，将别人说的话及讲话背后的情绪都反映回去。

有效地应用积极倾听可以创造一种安全、非评价性的环境，使对方减少紧张和焦虑，让他可以开放地表达他的思想和感觉，可以使对方觉得被了解、被尊重，并使他们更清楚了解自己的感受与想法。所以，在与他人沟通时，若对方有一些情绪，记得要先倾听，才能缓和对方的情绪，也才能真正面对问题，如此双方才有机会有效沟通。

听的艺术

美国知名主持人林克莱特有一天访问一名小朋友，问他说："你长大后想当什么呀?"小朋友天真地回答："我要当飞机驾驶员！"林克莱特接着问："如果有一天，你的飞机飞到太平洋上空所有引擎都熄火了，你会怎么办?"小朋友想了想："我会先告诉坐在飞机上的人都绑好安全带，然后我挂上我的降落伞跳出去。"小孩还要往下说时，林克莱特带着在场的观众笑得东倒西歪，原来这个孩子很自私。当林克莱特笑完转身时，他发现孩子在哭，林克莱特又问他："你为什么哭?"孩子说："我跳降落伞是要去拿燃料，我还要回来！"林克莱特默默地注视着孩子，为自己刚才没有听完孩子的话而感到惭愧，他走过去抱住孩子，两行热泪夺眶而出。

分析：这就是"听的艺术"，一是听话不要听一半，二是不要把自己的意思投射到别人所说的话上。要学会聆听，用心听。

（资料来源：百度文库，http：//wenku. baidu. com）

3. 人际交往距离

（1）亲密区域（0～45 厘米）。如此狭小的区域，只表现在关系亲密的人周边，如父母、孩子、夫妻等。如果其他的人闯入，人们就会不自在，会躲避或提防。在拥挤的公共汽车里，我们感到窘迫、压抑，就是由于陌生人突破了 45cm 的亲密区域，甚至产生身体接触，使人感到难受。公共汽车里的乘客不多的时候，大家一般先拣单人座位就座，然后再坐双人座。这个现象也表明，人有一种不愿意陌生人进入自己的亲密区域的本能。

（2）私人区域（45 厘米～1.2 米）。在这个区域内，可以看到对方细致的表情变化，显示出一定程度的亲密，有利于私人间的思想感情的沟通。朋友、同事、同学之间的沟通，一般都在这个区域内。

（3）礼貌区域（1.2～3.6 米）。礼貌区域又称社交区域，这种区域表现出来的人际关系，要比前两种疏远一些。在这个区域内活动的人们之间不一定熟悉，也不一定认识。例如，向路人问路，去市场买东西等，彼此间一般保持这个距离。

礼貌区域常常用于接待来访、购物，安排洽谈、会见。接待来访者，用于谈判的桌子，商店、银行、宾馆的营业柜台，一般都是按照礼貌距离的尺寸来制作的。人们在礼貌区域内沟通，拘泥较少，比较随便自在、轻松自然。

（4）公共区域（3.6 米以上）。这个区域表示疏远关系。在这个区域内沟通的双方一般没有太多的情感和心理上的联系。如演讲，基本上是"一对多"的单向传播，台下的听者看不清演讲者的面部表情，只能根据语气、声调以及动作来理解演讲的内容。

第四节 爱是需要学习的

“因为你，无论我走到了哪里，我看到的都是美丽风景，我听到都是悠扬的红尘恋歌。寒冬里，我用你的文字取暖；炎夏里，我用你的歌声纳凉；春天里，我在我的心田里播种温柔和浪漫；秋天里，我在你的心田里收获真爱和真情。”——爱情是人生的必然经历。有人说：“男孩是经线，女孩是纬线，他们彼此挽起手，便能织起五光十色的青春世界。”当羞怯的初恋的红晕开始出现在脸上的时候，这是青春苏醒了。这种奇妙感情的出现，少男少女似乎听见在他们心底响起的一种最甜蜜、最温柔的音乐。

爱情是男女之间基于共同生活愿景和客观物质基础，在各自内心形成的最真挚的仰慕，并渴望对方成为自己生活伴侣的最强烈、稳定和专一的感情，爱情能使人获得极大的动能和幸福，充实人生，促进成才的事业。

一、爱的“原型”

当某一天你的心扉忽然被他打动，你可曾问过自己：为什么是他？心理学的答案是：他是驻守在你潜意识里，形成的心理偶像——“爱的原型”。

《红楼梦》在第一回讲述了“木石前盟”的神话：一颗无补天之才的石头幻化了神瑛侍者，神瑛侍者幻化了贾宝玉；绛珠仙草幻化了女体，女体幻化了林黛玉，成为现实中宝黛爱情的原始意象——人性的自由与爱情的浪漫。追求爱情的自由，是人的自然天性的象征，是不带任何功利色彩的真正意义的两情相悦。荣格在解释爱情原型理论时说：“每个男人心中都携带着永恒的女性心像，这不是某个特定的女人形象，而是一个确切的女性心像。这个心像根本是无意识的，是镂刻在男性有机体组织内的原始起源的遗传要素，是我们祖先有关女性的全部经验的印痕或原型，它仿佛是女人所曾给予过的一切印象的积淀……由于这种心像本身是无意识的，所以往往被不自觉地投射给一个喜爱的人，它是造成情欲的吸引和拒斥的主要原因之一。而每个女人心中也都携带着永恒的男性心像。有关阿尼玛和阿尼姆斯原始意象的论述揭示了一见钟情的秘密，理想恋人是心理中积淀的原型形象。这种原型形象首先是内心中的、先验的，然后才是投射在对象身上的。”

从童年时代起，我们就开始认识和接触以自己的异性父母为主要参照标本的人，对异性产生好感，并把引起好感的某些异性形象刻画在潜意识里。青春期随着性意识的全面唤醒，性生理的加速成熟，性知识的大量获得，个体产生旺盛的性欲冲动，爱的原型在这个时期会综合表达，一个朦胧的异性形象，作为性想象的对象，聚集在潜意识里。正是因为在潜意识里驻守着爱的原型，让我们在茫茫人海中会选择他，被他吸引，他在瞬间激活了你潜意识中的“爱的图景”。就像《红楼梦》中宝黛各自看见对方感受到的“倒像在哪里见过的”一见如故，就是在对方身上看到了自己内心中的恋人原型的缘故。

二、爱的类型

美国耶鲁大学社会心理学家罗伯特·斯坦伯格提出爱情三角理论，认为爱情由三个基本成分组成：激情、亲密和承诺。激情指强烈渴望与伴侣结合，促使关系产生浪漫和外在吸引力的动机，是情绪上的着迷，是爱情中的情欲成分；亲密是指伴侣间心灵相近，互相契合，互相归属的感觉，在爱情关系中能够引起的温暖体验，属于爱情的情感成分；承诺指对两人之间亲密关系所作的持久性保证，是维持关系的决定期许或担保，属于爱情的认知成分。激情、亲密和承诺三大元素组成各种不同类型的爱情。

恋爱双方随着相处时间的增加及相处方式的改变，上述的三种成分将有所改变，爱情的三角形会因其中组成元素的增减，其形状与大小也会相应改变。三角形的面积代表爱情的质与量，三角形面积越大，爱情就越丰富。激情、亲密和承诺衍生出不同的爱情关系组合。

喜欢——只包括亲密部分；

迷恋——只存在激情成分；

空爱——只有承诺的成分；

浪漫之爱——结合了亲密与激情；

友谊之爱——包括亲密和承诺；

愚爱——激情加上承诺；

完整的爱——三种成分聚集于一个关系当中；

无爱——三种成分俱无。

评判一个爱情案例，我们从其爱情关系中可以鉴定爱情质量和寿命。

三、爱的发展阶段

任何事物的成长要经历不同的时期，是一个渐进的过程。

1. 异性疏远期

在青春期开始时，第二性征出现，个体内心深处产生了春情萌动的朦胧感觉，羞涩的他们把异性的秘密和男女之间的关系也看得很神秘。这就使得他们在与异性的接触或交往中，往往会产生忸怩、胆怯或不自然的感觉，并在保守文化传统的影响下，考虑与异性的接触会引起别人的耻笑或议论，因而出现了“心思相互吸引，行动互相疏远”的现象。走路不同行，学习不同桌，开会各一边，活动各结伴等。有的孩子在家里在还会不由自主地疏远异性长辈。与此同时，内心刚开始表现出对性的好奇和求知欲，很想知道被成人世界掩饰的秘密到底是什么。这些现象与性爱无关，只是一种好奇与无知并存的现象。

2. 青春爱慕期

个体进入青年初期后，神秘与羞怯的感觉不复存在，情窦初开，异性间交往变得从容和自然。他们很快对异性产生好奇心，并可以善意、友好、欣赏的态度对待异性同学，愿意与异性同学一起学习，一起社交，并寻机发展友谊。异性间交往非常注重情感吸引，渴求了解接触。这个时期的异性交往有着鲜明的共性：一是喜欢表现自己。无论是男性还是女性，都喜欢在异性面前充分表达自己的特长，以期引起对方的注意和肯定。二是感情交流肤浅。两性间接接触时感情交流通常隐晦且含蓄，常以试探的形式进行。如：女生常以目传情，或借口要求男生帮助以观察对方对自己的感情流露的反馈，男生则借口与女生说话，或通过主动帮助女生做事以获得对方的情感信息，这种感觉非常像“犹抱琵琶半掩面”，互相的试探与琢磨，很少能够有通畅的情感交流与共鸣。三是交往对象广泛。一般地说，周围的同龄异性，只要适当的契机拨动了自己感情琴弦，就有可能成为亲近的对象，爱慕对象并不是确定的、单一的。

3. 恋爱行动期

进入青年中、后期的个体，社会成熟与生理成熟已达到较高水平，因而有了与自己倾慕的异性谈恋爱的心理需要，并会付之行动。这个时期的异性交往相对成熟。一是交往对象特定。在恋爱期，男女青年已开始按照各自心目中的偶像寻找“意中人”，他们追求特定的异性，并愿意与之单独在一起，出现不喜欢集体活动的带有“离群”色彩的心理倾向。二是互相爱慕的浪漫情怀。男女青年把恋爱看成是一种神奇的、美妙的、难以理解的力量。对恋爱的浪漫态度，典型的表现为“一见钟情”。这种浪漫的恋爱态度与关系稳定、和谐、成熟和以注重现实为特点的爱情是不同的。三是感情交流深刻。在这一时期，两性间的感情交流变得直率、深入。四是对爱恋对象产生排他性。男女会产生对恋爱对象的占有欲，并产生嫉妒心理。

四、爱的能力

很多人都能背诵《大话西游》中那段经典的台词：“曾经有一份真实的爱情摆在我的面前，我没有珍惜，等它失去时我才追悔莫及，人世间最痛苦的事莫过于此。如果上天能够给我一个再来一次的机会，我一定要对你说‘我爱你！’如果非要在这份爱情加上一个期限，我希望是一万年！”

爱情是深刻、美好而强烈的情感体验，是具有非常典型的本能色彩的心理活动。爱上一个人，是既高雅、浪漫和深刻的情怀，恋爱的过程也有彼此相当的对话、各有所求的交换、牺牲自己的奉献。所以，一段完美而成熟的爱情，除了两情相悦的情感，更需要棋逢对手的智慧。

1. 辨识、施予和接受

某社交网站上有一组值得玩味的对话——问：“人成熟了是不是就不会轻易爱上一个人了？”答：“人成熟了是能分辨自己是不是爱上了一个人。”

恋爱第一个任务是要能识别自己内心的感受，你有没有真的爱上他，还是只是好感或一时的冲动。一个人心中有了爱，在理智分析之后，要敢于表达、善于表达，这是一种爱的能力。一个人面对别人的施爱，能及时准确地对爱做出判断，并做出接受、谢绝或再观察的选择，同样是一种爱的能力。缺乏这种能力的人，或是匆忙行事，或是无所适从。已经成年的你要具有迎接爱的能力，就应懂得爱是什么，要有阳光健康的恋爱价值观，理性地知道自己需要什么，喜欢什么，适合什么。应该在待人接物中保持适度的敏感与热情，主动关心他人，学会热爱他人。当别人向你表达情感时，能准确地对爱的信息做出判断，坦然地做出选择。有能力承受求爱被拒绝或拒绝求爱所引起的心理压力，清晰地觉察自己的内心，态度暧昧、模棱两可是最不可取的方法。

2. 分析、选择与拒绝

自己不愿意要的和不适合自己的爱应有勇气加以拒绝。拒绝爱要注意两个方面：一是在并不希望得到的爱情到来时，要果断、勇敢地说“不”，不要含糊其词模棱两可，必须立场坚定，爱情不能够勉强和将就。如果因为同情、屈从于对方的穷追不舍而优柔寡断，难以拒绝，发展下去对双方都是不负责任的。二是要掌握恰当的拒绝方式，每个成年人都应发展拒绝爱的权利，但是珍重每一份真挚的感情也是对他人的尊重，也是一种自重，同时也是对一个人道德情操的验证。如果不顾对方的心理状态、个性特质，生硬、冷酷地、不顾情面地拒绝，处理方法简单轻率，甚至恶语相加，会伤害到对方的感情和自尊，这些做法是很不妥当的也是缺乏善意的。每个人都有追求爱情和拒绝爱情的权利，应该在尊重的前提下学会运用智慧的方式来维护自己和他人的利益。

3. 培养、巩固和发展

年轻人带着纯洁、唯美的爱情希冀，确立一个追求完美的爱情标志，以这样的标准选择爱情却往往难以达成自己希望的结局。当你被一颗硕大无朋、绚丽华贵的宝石吸引，你通常只能是欣赏而无缘去占有，因为你感觉难能可贵的东西别人也同样知道价值不菲。如果你有一双慧眼，能寻到一块璞玉，用自己的技艺进行打磨、雕琢，一块属于你自己的宝玉就此诞生，而你与他在磨合中生成了情感。所以，对于年轻的你而言，最现实寻找优秀爱情对象的策略是，找到志趣相投、经历相似的人一起成长。

做任何事业都有不同的智慧层次。华丽的爱情表白和各种形式的苦苦追求并不是真正赢得爱情的利器。“有实力才有魅力”才是颠扑不破的真理。将心比心地想一想：谁不期望自己所爱的人是一个优秀的人？高智慧的爱情攻略是专注于社会生存技能的学习、训练和成长，加强品德、魅力、修养的感知和养成。放弃浅薄的表白，选择优雅地操练，因为爱情的基础是爱情之外的东西——生存能力、智力才能、内心格调、品德修养。全力提升自己的综合实力才是年轻人爱情发展中的智慧之路。

“人生若只如初见，何事秋风悲画扇？”如果爱情摄人心魄的吸引、激动人心的仰慕、志得意满的幸福随着时间归于平淡，还剩下什么值得回味和留恋的东西？所以，一对真爱彼此的人，会为喜爱和珍惜对方，给自己加速成长提升紧迫感、注入新动力。——因为爱的引导，你学业成长、修养提升、充满活力、积极向上。这是多么美好的爱情图景。

4. 丧失、分别与成长

感情的道路上，有平坦也有崎岖，有甜蜜也有苦楚。失恋或许是许多人都有过的人生经历，“此情可待成追忆，只是当时已惘然”。爱情的成与败应该是追求爱情的人早就有的预期，任何事情也不会百分之百的成功。因为珍惜爱情，被动失恋的人通常心有不甘；因为被人拒绝，被动失恋的人感觉颜面无光。于是，一些不理智的思维活动主宰自己，有了许多失恋者的百态表演。其实，爱情是一株生命力极强的野草，今天被连根拔起，明天就会重生。所以，对待爱情的问题和风波，力争挽回，永不轻言放弃；面对去意已决的离开，你的明智选择是“挥手与其告别，坦然面对丧失”。

你选择什么方式度过失恋，可以衡量你人生的韧性、底蕴和容量。爱情虽然甜蜜，但它终究不是生活的一切。当时光慢慢淡去，反思遭遇挫折的缘由，或许可以从中获得启迪和成长。若把失恋的痛苦、忧伤长久压抑在心中，势必引发不良后果。

向你的好朋友、家人宣泄你心中的委屈和苦恼，会让你淡化对方在你心中的地位。可以适当地自我安慰：忽视对方的好处，尽力寻找对方的缺点，借以冷却心中的热情，还可以把目前境况的好处扩大化，以求得安慰。如“感谢 TA 让我重获自由，我可以有机会再次选择新的朋友”。积极转移，从三个方面转移自己：环境转移，眼不见心不乱，空间距离的拉大会使感情淡忘；注意转移，把感情转移到其他的事物上，努力工作、培养爱好。

处理失恋更高层次、更有价值的转移是升华：把时间、精力全部投入到学业和社会活动中，力求用学业、事业的成功证明自身价值，获得心理的安慰。升华也是一种情感失意之后的注意力的转移，是一种失恋的痛苦因为“放下”而得以全面解脱，选择用一场酣畅淋漓的成功，借破茧化蝶式的华丽转身，修复因为失恋而导致的自尊创伤。

致 橡 树

舒 婷

我如果爱你——
绝不像攀援的凌霄花
借你的高枝来炫耀自己
我如果爱你——
绝不学痴情的鸟儿
为绿荫重复单调的歌曲
也不止像泉源
长年送来清凉的慰藉
也不止像险峰
增加你的高度，衬托你的威仪
甚至日光
甚至春雨
不，这些都还不够！
我必须是你近旁的一株木棉
作为树的形象和你站在一起
根，紧握在地下
叶，相触在云里
每一阵风过

我们都互相致意
但没有人
听懂我们的言语
你有你的铜枝铁干
像刀、像剑
也像戟
我有我红硕的花朵
像沉重的叹息
又像英勇的火炬
我们分担寒潮、风雷、霹雳
我们共享雾霭、流岚、虹霓
仿佛永远分离
却又终身相依
这才是伟大的爱情
爱——
不仅爱你伟岸的身躯
也爱你坚持的位置，足下的土地

心理互动与训练

一、自我省视三步法

(1) 我的衣着整洁吗？是否得体大方？

(2) 我的言行举止是否体现良好的素质和修养？

(3) 看一看下表中所列的这些词语，你具备多少？

优秀人格词典

诚实	真实	善良	热情	可信赖	负责	独立	信任	友好	智慧	真诚
理解	可信	幽默	快乐	有思想	开朗	谦逊	不自私	体贴	忠诚	聪颖

二、倾听训练

对方在说话时：

(1) 目光正视、专注地看对方。

(2) 面部带着微笑，姿势放松。

(3) 专注并且不做有价值判断地听。

(4) 适当的“是这样”“对的”“是吗”地应答。

(5) 表示对对方的谈话感兴趣“我一直对你说的事感兴趣。你能就此再谈一套吗？”

三、赞美训练

（1）在你周围的同学中每天找出他（她）的一条优点。

例如：你很开朗。

你很认真。

你的球踢得很好。

你的英语很棒。

（2）当你的同学遇到困难时：

我来帮你。

我来替你。

我来为你。

四、沟通思考六步骤

（1）你想要沟通的是什么事情？沟通的重点是什么？

（2）你这次与何人沟通？你要如何表达你的意思？

（3）与你沟通的对方在沟通之后会产生什么样的情绪反应？

（4）与你沟通的对象期望听什么样的话？

（5）估计你所谈的话，对方会听进去多少？

（6）当他听完之后，他的感受如何？你能达成预定的目标吗？他会被你说服吗？

心理自测——社交回避及苦恼量表

以下是社交回避及苦恼量表，共含有28个条目，请在表达了你的反应的每个条目的答案上画“√”。

题　目	是	否
1. 即使在不熟悉的社交场合里我仍然感到放松		
2. 我尽量避免迫使我参加交际应酬的情形		
3. 我同陌生人在一起时很容易放松		
4. 我并不特别想去回避人们		
5. 我通常发现社交场合令人心烦意乱		
6. 在社交场合我通常感觉平静及舒适		
7. 在同异性交谈时，我通常感觉放松		
8. 我尽量避免我与人家讲话，除非特别熟		
9. 如果有同新人相会的机会，我会抓住的		
10. 在非正式的聚会上如有异性参加，我通常觉得焦虑和紧张		
11. 我通常与人们在一起时感到焦虑，除非与他们特别熟		

续表

题 目	是	否
12. 我与一群人在一起时通常感到放松		
13. 我经常想离开人群		
14. 在置身于不认识的人群中时，我通常感到不自在		
15. 在初次遇见某些人时，我通常是放松的		
16. 被介绍给别人时我感到紧张和焦虑		
17. 尽管满房间都是生人，我可能还是会进去的		
18. 我会避免走上前去加入一大群人中间		
19. 当上级想同我谈话时，我很高兴与他谈话		
20. 当与一群人在一起时，我通常感觉忐忑不安		
21. 我喜欢躲开人群		
22. 在晚上或社交聚会上与人们交谈对我不成问题		
23. 在一大群人中间，我极少能感到自在		
24. 我经常想出一些借口以回避社交活动		
25. 我有时充当为人们互相介绍的角色		
26. 我尽量避开正式的社交场合		
27. 我通常参加我所能参加的各种社会交往。不管是什么社交活动，我一般是能去就去		
28. 我发现同他人在一起时放松很容易		

【评价与分析】

(1) 社交回避及苦恼量表计分。

与下列答案相同的选择便得 1 分：

是：2，5，8，10，11，13，14，16，18，20，21，23，24，26；

否：1，3，4，6，7，9，12，15，17，19，22，25，27，28。

(2) 回避分量表的条目为：

2，4，8，9，13，17，18，19，21，22，24，25，26，27。

(3) 焦虑分量表的条目为：

1，3，5，6，7，10，11，12，14，15，16，20，23，28。

社交回避及苦恼分别指回避社会交往的倾向及身临其境时的苦恼感受。得分越高，社交回避和社交焦虑程度越高。

第十章　大学生压力管理与挫折应对

第一节　压力与挫折

一、压力的产生

现代生活中，人们常常会抱怨说自己的压力很大，甚至有时候还会因此产生严重的焦虑情绪，这种心理压力即精神压力，现代生活中每个人都有所体验。这种当心理挤压超出我们能感觉到的应对能力时所产生的力量即为压力。现代生活的高效状态，必然伴随着剧烈的竞争，这种竞争压力像空气一样无时无刻不在挤压着人们。现代医学证明，过大、过多的心理压力会削弱人体的免疫系统，从而使外界致病因素引起肌体患病，损害我们的身体健康。

压力（stress）是一个外来词，来源于拉丁文“stringere”，原意是痛苦，现在的单词是“distress（悲痛、穷困）”的缩写。压力是心理压力源和心理压力反应共同构成的一种认知和行为体验过程，有“紧张、压力、强调”等意思，心理学家汉斯・塞里是第一个使用术语“stress（压力）”的人。

二、压力的来源

1. 心理压力源

心理方面的压力来源主要有两个：挫折和冲突。

（1）挫折。挫折是指个人的动机性行为造成障碍或干扰，因而产生的烦恼、困惑、焦虑、愤怒等负面情绪所交织而成的心理感受。从心理学上讲，重要的不是挫折，而是对于挫折的感受。一件事情，一个人认为是挫折，另一个人可能觉得无所谓。理想的做法是适中，对挫折的感受既不可太强，也不可没有。对挫折的反应，可以细分成理智的和感情的。理智方面可以认为是挫折，但感情上能做到不为挫折影响意志和情绪，这是最好的。

（2）冲突。冲突是指心理冲突，指个人内心里同时怀有两种动机而无法同时满足所形成的心理困境。冲突可分为双趋冲突、双避冲突和趋避冲突三种。人的生活是多层面的，有事业的层面，也有社会的层面。在不同层面中遇到的问题，都需要个人选择判断。在做出选择与判断时，有的重在感情，有的重在理智，更有的因患得患失而不得不考虑各种利害关系。

2. 产生压力的外部因素

（1）工作压力。工作压力是指在工作中产生的压力。它的起源可能有多种情况。如工作环境（包括工作场所物理环境和组织环境等），分配的工作任务多寡、难易程度，工作所要求完成时限长短，学生人际关系影响等，这些都可能是引发学生工作压力的诱因。工作压力理应成为企业人力资源管理者关注的重点。

（2）家庭压力和社会压力。每一个学生都有自己的个人家庭生活，家庭生活是否美满和谐对学生具有很大影响。这些家庭压力可能来自父母、配偶、子女及亲属等。

还有一些压力来自社会方面。包括社会宏观环境（如经济环境、行业情况、就业市场等）和学生身边微观环境的影响。如IT业职场要求掌握的专业技术日新月异，职场竞争压力大，专业人员淘汰率高，此时就对IT从业人员造成很大社会压力。学生所处社会阶层的地位高低、收入状况同样对其构成社会压力。如当学生自身收入状况与其他社会阶层相比，或者与其他同行业从业人员相比较低时，对学生也会产生压力。

尽管这些家庭压力和社会压力与工作无关，但作为企业管理者同样应予以关注，尽量使之减少对学生的干扰，只有这样才能使学生全心投入到学习中去。

第二节 压力与适应

在自然界，物竞天择，适者生存，是指物种之间及生物内部之间相互竞争，物种与自然之间的抗争，能适应自然者被选择存留下来的一种丛林法则。达尔文进化论的核心理论阐述了生物在斗争中往往会得到记忆，这些记忆积累到一定值时就会称为一种新的非可见、非可触摸，一般者可想象得到的一个物质：经验。从而在经验中学习技能，在经验和实践中获得技巧，获得技能后再加以灵活运用，生物才得以通过这样的方式衍生下去。在衍生的过程中会繁殖，如果上一代有基因或DNA的扭变或变异等，后者就会出现变异或进化等。生物就是通过探索、实践，然后获得基因的扭变或变异等，从而获得进化，最终胜者一方会获得归属权，生物就是这样进化过来的。

一、心理学的适应

心理学中的适应与生物学有相同之处，皮亚杰认为，心理、智力和思维既不是起源于先天的成熟，也不是起源于后天的经验，而是起源于主体的动作。这种动作的本质是主体对客体的适应。主体通过动作对客体的适应，乃是心理发展的真正原因。皮亚杰从生物学的观点出发，对适应做了具体的分析。他认为，个体的每一个心理反应，不管是指向于外部的动作，还是内化了的思维动作，都是一种适应。适应的本质在于取得机体与环境的平衡。

根据生物学的观点，皮亚杰认为适应是通过两种形式实现的：一个是同化，即把环境因素纳入机体已有的图示或结构之中，以加强和丰富主体的动作。皮亚杰反对联想主义和行为主义心理学把刺激与反应之间的关系看作单向的简单的关系，即S—R公式。他提出S↔R双向关系的公式，并用同化的观点展开了这个公式：T+I→AT+E，公式中的T指结构，I指刺激（环境因素）；AT指I同化于T的结果，也就是对刺激的反应，E则是刺激中被排除于结构之外的东西。因此，S↔R变成了S→AR→R，即改变主体动作以适应客观变化，如从吃奶改为吃饭，这就需要改变原来的机体动作，采取新的动作，以适应环境。这样，个体就通过同化和顺应这两种形式来达到机体与环境的平衡。这种不断的“平衡—不平衡—平衡”的过程，就是适应的过程，也就是心理发展的本质和原因。

二、适应的类型

有关适应的类型，可以根据不同的标准予以划分。有学者将适应按照适应对象分为对自然环境的适应和对社会环境的适应；按照适应的基础将其划分为生理适应和心理适应；按照适应的程度将其划分为浅层适应和深层适应；按照适应过程中是否有意识的参与将其划分为有意识的适应和无意识的适应；按照适应效果将其划分为消极适应和积极适应；按照适应表现的方式将其划分为内部适应和外部适应；按照适应的内涵将其划分为狭义适应和广义适应等。了解适应的类型对于我们进一步了解适应，认识自己的适应能力，有一定的积极意义。

1. 积极适应与消极适应

积极适应是一种比较高级、比较主动的适应方式，指主体充分发挥自身的主观能动性，尽最大可能去改变环境使之适合自己发展的需要。消极适应是一种基本的、比较被动的适应方式，指个体改变自己的行为或态度以适合外部环境的要求，求得一时的内心平衡。在个体发展过程中，这两种适应都有着重要的分值，从个体适应能力形成的过程看，通常是要先学会生存适应，然后才能达到发展适应的水平。

2. 内部适应和外部适应

内部适应是指在心理上达到认知和情感的平衡状态的适应。外部适应是指在行为上能够符合外部环境要求的适应。一般认为，内部适应是外部适应的基础，外部适应是内部适应的外在表现，二者应该是一致的。但在某些特殊条件下，也可能存在不一致的情况。例如，有时候屈从于某种外部压力，尽管内心并不情愿，但有可能在行为上暂时遵从某种规范，表现为表面上的顺从或服从。

3. 狭义适应和广义适应

狭义适应是指在遭受心理挫折后人们采用自我防卫机制来减轻压力，恢复心理平衡的过程。广义适应是指当外部环境发生变化时，主体通过自我调节系统做出有效反应，使自己的潜能得以充分发挥，使内外环境重新恢复平衡的心理过程。狭义适应更多地表现为无意识的适应过程，具有一定的自发性；广义适应则主要表现为有意识的适应过程，带有明显的自主性。

三、压力的适应

适应压力的过程分为三个阶段：警觉阶段（发现了事件并引起警觉，同时准备战斗）、搏斗阶段（全力投入对事件的应对，或消除压力或适应压力，抑或退却），最后是衰竭阶段（消耗大量生理和心理资源，最后“筋疲力尽”）。

1. 警觉阶段

交感神经支配肾上腺分泌肾上腺素和副肾上腺素，这些激素促进新陈代谢，释放储存的能量，于是呼吸、心跳加速，汗腺加快分泌，血压、体温升高等。我们常常会在某一时刻意识到“战斗打响了!”，比如接到了考试的通知，受到了情敌的威胁，被医生确诊了某种躯体疾病等，这时候我们本能地就会有这些警觉反应。

之所以会有这些警觉反应，是具有进化论方面的物种保护意义的，试想一下，当我们的祖先还在原始森林里生活的时候，面前突然出现了从未见过的猛兽，突然受到了外族部落的入侵，因为误食了某种陌生的食物而有了异常身体感受，这个时候出于生存本能，必须让自己的身体在短时间内爆发出一定的能量来应对“不能确定的战争”。所以，警觉阶段的感受往往都是正常的，比如失恋后的痛苦、明天就要上台演讲的紧张、被同事误会后的失眠等都是正常的警觉反应。

异常的反应往往在反应程度和持续时间这两个维度上被确定为异常，比如失恋后兴高采烈，或者亲人丧失一年以后依然终日以泪洗面，这些都是心理或者精神异常的显著体现。

2. 搏斗阶段

该阶段的生理、心理和行为特征是：

（1）警觉阶段的生理。生化指标在表面上恢复正常，外在行为平复，但这是一种表面现象，是一种被控制状态。

（2）个体内在的生理和心理资源被大量消耗。

（3）由于调控压力而大量消耗能量，所以个体变得敏捷、脆弱，即便是日常微小的困扰，都可引发个体的强烈情绪反应，例如，孩子的哭闹、家里来客人、接听电话、家庭成员的小小意见分歧，都可以使其大发雷霆。

个体对自己和周围世界的认识，处理问题的方式以及怎样应对问题解决过程的各种内外变化，以及怎样来看待事情的结果，都是这个阶段重要体现的内容。实践证明，拥有积极的观点，和目标保持一致的行动力、坚强的意志力以及完善的支持系统，有利于人们去进行搏斗，并取得自身可接纳的结果。而那些负面的思维，与目标不一致的行为和选择，缺乏意志力，缺乏支持系统等，都不利于人们去进行搏斗，直接导致应对结果的偏差。

3. 衰竭阶段

由于压力的长期存在，能量几乎耗尽，这时，已无法继续去抵抗压力。如果进入第三个阶段时，外在压力源基本消失，或个体的适应性已经形成，那么，经过相当时间的修整和养息，仍能康复。如果压力源仍然存在，个体仍不能适应，那么，一个能量资源已经耗尽而仍处在压力下的人，就必然发生危险，这时，疾病和死亡的发生都是可能的。所以，如何正确地认识真实自我，如何真正的悦纳真实自我，能够在环境和生活中明晰“我要什么?”和“我该怎样为我的目标去行动?”，是衰竭阶段实现整合和总结的重要话题。在适应（或应对）压力时所经历的上述三个阶段，统称“一般适应症候群”（General Adaptation Syndrome，GAS）。这是应对压力的必经之路和应对压力所必须付出的代价。

第三节　大学生挫折心理问题及应对

一、挫折概述

1. 挫折的含义

心理学意义上的挫折，是指个体在某种动机的推动下，在实现目标的活动过程中，遇到了无法克服或自以为无法克服的障碍和干扰，使其动机不能获得满足或目标不能实现时所产生的紧张状态和消极的情绪反应。人们的需要产生动机，动机一旦产生就引导人们的行为指向目标。但这种指向目标的行为，由于受到社会政治经济等各方面条件的制约，并不是任何时候都能达到的。就是说，行为的结果受到阻碍、达不到目标的情况是常有的，这就是挫折。挫折普遍存在于人生的各个领域，只要有追求、有欲望、有需求，就会有失败，尤其是对一个涉世未深而又渴望有所作为的大学生来说，挫折更是难以避免。

2. 挫折含义的理解

从定义可以看出，挫折这一概念包括以下几个方面的含义。

其一，挫折情境，即指需要不能获得满足的内外环境或干扰等，如考试不及格、比赛未获得所期望的名次，受到同学的讽刺等。

其二，挫折反应，即对自己的需要不能满足时产生的情绪和行为的反应。常见的有焦虑、紧张、愤怒、攻击或躲避等。

其三，挫折认知，即对挫折情境的知觉、认识和评价。挫折是指人们在有目的的活动中，遇到无法克服或自以为无法克服的障碍或干扰，其需要或动机不能得到满足而产生的消极反应。

即便是没有挫折情境或事件发生，而仅仅因为挫折认知的作用，也可能产生挫折反应，例如，你正在热恋中，毫无失恋的迹象，期末考试全部通过，人际交系中也没有成为众矢之的，可你担心恋人会瞧不起自己，害怕考试不能通过，总怀疑同学们在议论自己，这些事情虽然没有发生，你却仍然体验到焦虑、恐惧、担忧，甚至敌对、攻击等的情绪反应，产生挫折感。这是因为挫折认知产生了不同的心理反应与体验，因此，三方面含义中挫折认知是最重要的。

二、大学生挫折心理类型

我们可以从不同的角度对挫折进行分类，一般来说，可以把挫折作如下划分。

1. 依照挫折的程度可分为一般性挫折和严重性挫折

一般性挫折指在日常生活中一些不太重要的事情上遇到的挫折，如偶尔与人争执所引起的心理上的不快等；严重性挫折指在重大事件上所遭遇到的挫折，如亲人亡故、学业失败等。

2. 依照个体对挫折的准备情况可分为意料中的挫折和意料外的挫折

意料中的挫折指人们已有察觉或已有了一定戒备后遇到的挫折，如考试成绩糟糕，考试时已感觉自己没发挥好等；意料外的挫折指人们在毫无准备的状态下所遭遇的挫折，如家人所遭受的天灾人祸等。

3. 依照挫折的现实性可分为实质性挫折和想象性挫折

实质性挫折指已成为事实或实实在在的挫折；想象性挫折指没有挫折情境，仅仅由于主观想象的作用而产生的挫折。想象性挫折有时会给当事人带来很大的消极影响。这是出于当事人一旦把受挫折的情境和后果想象得过于严重，如临其境，如闻其声，令人感到可怕可畏，便会感到心神不安、极度紧张而导致行为紊乱甚至精神崩溃。

4. 依照挫折的内容和性质可分为自然挫折、学习性挫折、人际交往挫折和恋爱挫折

（1）自然挫折是由个人能力无法克服的自然因素导致的挫折，如碰到天灾人祸、疾病休学或退学、家庭发生重大变故等。

（2）学习性挫折是指由于学生在学习过程中遇到的种种障碍而引起的挫折，如考试失败、记忆力衰退、不适应新的学习环境等。

（3）人际交往挫折是指出于个体在处理人际关系方面遇到障碍而引起的挫折，如朋友间产生严重的分歧而分手，受到别人的嫉妒或猜疑等。

（4）恋爱挫折。对待失恋，大多数大学生能够采取理智态度，宽容地对待自己和对方，但有的却因此一路不振，悲观厌世；有的甚至对对方肆意诽谤，伤害对方或迁怒自身。

5. 依照挫折的来源可分为缺乏性挫折、损失性挫折和阻碍性挫折

（1）缺乏性挫折是指当无法拥有自己认为非常重要的东西时所引起的挫折，如缺乏知心朋友所产生的孤独感。

（2）损失性挫折是指失去了原来拥有的东西而引起的心理挫折，如因新的换届选举而落选。

（3）阻碍性挫折是指那些在需求和目标之间出现阻碍或障碍时所引起的挫折。

三、挫折产生的原因

一般而言，大学生产生挫折的成因分为外在客观因素和内在主观因素。

1. 外在客观因素分析

（1）社会环境因素。社会主义市场经济机制的建立，竞争机制的引入．大学生就业必须进入人才市场，实行双向选择。这样一来，无论是一般的学生还是品学兼优的学生都深切感到择业就业的压力，出现了新的难以摆脱的心理矛盾：他们认同竞争，赞成双向选择，但既担心机会不均，又害怕找不到符合自己心意的工作岗位。于是，引起心理失衡，出现心理挫折。求职艰难，是近几年毕业生充分体会到的。由于职业事关重大，它给人的压力也格外沉重，这种压力已经波及刚入校的新生，他们从一入校就背上了这个包袱。对就业的强烈欲望，加之对未来职业和未来生活的不确定、对就业市场不公平竞争的无能为力，使学子们惶惶不可终日。

（2）家庭经济状况。据有关调查资料表明，高校中35%左右的大学生来自农村，其中

不少学生是贫困学生，来自城镇的大学生低收入家庭也不在少数。尽管国家充分考虑到大学生家庭的经济承受能力，但不少大学生仍然在经济上不堪重负，承受着家庭经济困难的压力。经济困难的学生感到囊中羞涩而贬低自己，一些学生互相攀比，愈演愈烈，引起心理挫折。另外，家庭的一些潜在或显性的条件，如家庭自然结构、家庭的人际关系、家庭的教育方式、家庭的抚养方式以及家长的素质等对大学生的心理挫折都有直接或间接的影响。有关研究表明，大学生的不少心理问题是与早期不良家庭生活经历联系在一起的。自小娇生惯养和过分受保护、被溺爱的孩子进入大学后，更容易产生心理挫折。家庭贫穷、双亲不和或单亲家庭的孩子，由于父母对他们过分管制或放任不管，他们上大学后，有些人表现得蛮横无理或做出一些违背社会规范的反常举动；有些人表现出内向、孤僻的性格，很少与人交往，不易表露感情，郁郁寡欢，也容易产生心理挫折。

(3) 学校环境因素。高校校园环境设施的陈旧，高校教学内容与管理方式的滞后特别是高校教育体制的改革对大学生心理带来巨大的心理冲击。大学校园环境、设施的落后与大学生心目中的大学“天堂”相差甚远；许多高校专业的教学内容严重滞后于现实社会的变化和发展，知识陈旧，教学方法和教学手段与新型人才培养的要求不相适应，使大学生的失望之情、挫折心理油然而生。另外，由于部分高校不能根据新的社会发展适时调整对学生的管理模式，不能根据学生的个性发展、心理特征及时调整对学生的管理形式，往往会在管理中使用过强的刚性制约，使学生的个性发展受到抑制，使大学生极易产生不满与逆反心理。随着高校教育改革的不断深化，奖学金和贷款制度的改革，上学交费制度的实施，淘汰机制的推行，“双向选择、自主择业”毕业分配政策的完善等，无不冲击着心理脆弱、社会经验不丰富的大学生。

2. 内在主观因素分析

大学生产生挫折感不是单一因素引发的，而是多种主客观因素综合互动的结果，主要可以归结为以下几点。

(1) 教育体制在学生挫折教育培养方面的欠缺。当代大学生大多是在应试教育体制下培养起来的。他们自上学起，就围着成绩高低打转，升学的压力使他们失去了多种素质培养的机会。传统的应试教育使得学校片面追求升学率，忽视了对学生进行必要的挫折教育，导致不少学生心理脆弱，承受力低。考上大学后，现实中的大学校园环境及设施与大学生想象中的“天堂”有一定差距，使大学生心理产生失落感。面对新的环境，一旦遭遇挫折，要么消极逃避，要么遭受沉重打击。

(2) 来自家庭方面的压力。家庭的一些潜在或显性的条件，如家庭的自然结构、家庭的人际关系、家庭的教育方式、家庭的抚养方式等对大学生的心理挫折都有直接或间接的影响。自小娇生惯养的孩子进入大学后，由于缺乏勇敢面对挫折的能力和战胜挫折的经验，往往就经受不住哪怕是稍微一点阻抑个人要求、愿望的刺激，易产生心理挫折。有的大学生生活在“单亲家庭”中，长期缺乏父爱或母爱，他们在物质上、精神上的要求经常受到阻抑。进入大学后，这些孩子往往表现出内向、孤僻的性格，很少与人交往，不易表露感情，郁郁寡欢。

（3）专业学习缺乏兴趣。大学的专业学习对很多学生来说是陌生的。大多数学生高考的志愿都是在教师和家长的劝慰和参谋下填报的，只有少数学生是出于个人志向的主动选择。在这样的情况下，进入大学校门之后，所学专业与自己的志向大体一致的大学生会感到满足、欣喜和安慰，并因此增添学习的动力。但所学专业与自己的志向不一致的同学，就会对学习缺乏动力、信心不足、厌倦、敷衍应付，从而产生厌烦和抵触的负性情绪，造成心理压力。

（4）面对学习的压力。经过十几年的寒窗苦读和激烈的高考竞争后，有相当数量的学生自觉或不自觉地放松了对自己的要求，迷失了自我，有的甚至意志衰退、丧失进取心，沉溺于电脑游戏中，导致学习成绩下降，有的因几门功课不及格而面临留级或退学的危险。尤其是来自农村的大学生，由于家境贫寒，在饮食、穿着方面比不上其他学生，但又不甘心不服气，想以优异的学习成绩来显示自己的才能，但过分紧张的学习和沉重的经济压力使他们常常夜不能眠，食不甘味，由此也会产生挫折心理。

（5）人际关系障碍。当代大学生大都渴望有较高的人际沟通能力，以不断促进自我认知和自我完善。对新生而言，新环境、同学关系等都与中学显著不同。大家来自四面八方，经济、文化背景各异，思想观念、价值标准、生活习惯和行为习惯也不同，因而不太容易交往。对老生来说，有的由于个性特点或修养有缺陷，对自己存在的不足不能正确认识，导致在群体中不受欢迎，没有知心朋友。很多同学都因不良的人际关系而心情烦躁、紧张，有的干脆逃避复杂的人际关系，把自己紧紧地封闭起来，从而产生压抑、孤独和焦虑情绪。

（6）青春期的恋爱困扰。处于青春期的大学生，其性生理发育已经成熟，由此而出现了性的困扰。大学生谈恋爱已成为普遍现象，但大学生感情不成熟、自控能力差，且大学生恋爱与其学生身份冲突，老师的警告、家长的责怪及毕业后两地分开的现实困难，都使大学生的恋爱往往成为无果之花。有的受失恋、单相思的困扰，产生苦闷、惆怅、失望、愤怒等情绪，使一些大学生处于情感的沼泽中不能解脱，日思夜想，焦虑失眠。

（7）生理缺陷及疾病原因。当代大学生更重视自我形象，注重自己的“面子工程”，有的甚至“以貌取人”，时刻注重自身形象。大学生有身体疾病或生理缺陷本属正常现象，但一些同学却不能正确认识。有的大学生患有慢性生理疾病，久治不愈，忧心忡忡；有的脸上有疤，走路时总是不敢抬头；有的男生个子太矮小，有的女生体态太胖而产生极强的自卑感，不愿参加集体活动，不愿意与别人交往，沉默寡言，闷闷不乐。

（8）期望值过高，理想追求受阻。大学生的自我评价越高、目标期望脱离实际，满足自己要求的机会便越小，遭到挫折的可能性就越大。在长辈们的呵护娇惯下成长起来的独生子女大多自我感觉良好，对一切都表现出较高的热情，认为自己的能力能够处理所遇到的一切事情，一旦遇到打击或不如意，就会因承受不了而出现抑郁、忧愁、痛苦等情绪。如有的学生不顾自己的客观条件，把自己的学习目标定得很高，一旦有了一点点疏漏，就会无休止地责怪自己，使自己总是生活在紧张、焦虑和不安的情绪状态之中。

四、大学生应对挫折的行为反应

人生的航程不是一帆风顺的，总不可避免地遇到各种困难和障碍，每个人的动机，目标的满足和实现，只能局限在一个有限的范围之内，心想事成只是良好的愿望，挫折在所难免。我们应学会分析和了解引起挫折的原因，从而对自己的大学生活，以及将来走上社会做好充分的思想准备。

一般而言，个体遇到挫折和动机冲突时，其应对方式和态度有积极的和消极的两种。积极的心理防御机制在缓冲心理挫折时，表现出自信、进取的倾向，有助于战胜挫折；而消极的心理防御机制大多表现出退缩、冷漠、逃避的倾向，虽然能暂时缓解内心冲突，但从长远看，会阻碍个体面对现实和正确运用心理防御机制，更影响人生的健康发展。

1. 积极的应对方式

积极的应对方式是指在挫折和困难面前采用理智的态度，认真分析挫折和失败的原因，总结经验教训，改变个体的期望水平，重新设置目标，自觉地克服困难，以充沛的精力和坚强的意志面对未来生活，迎接新的挑战，最终使问题得到解决，恢复心理平衡。常见的积极应对方式有以下几种。

（1）补偿。即当个体行为受挫时，或因个人某方面的缺陷而使目标无法实现时，往往用新的目标代替原有目标，以其他方面的成功来补偿因失败而丧失的自尊与自信。这就是人们常说的“失之东隅，收之桑榆”。如某些躯体残疾的人，却在某一方面表现出特别优秀的才能；有些身边无子女者，却热心公益和幼儿教育事业；应该注意的是，补偿的行为反应并非都是积极的。由于个体要实现的目标有高尚与平庸之分，挫折后对补偿的选择也有进取与沉沦之别，因而决定了补偿有积极与消极之分。如果补偿选择的新的目标和活动符合社会规范和人的发展需要，这时的补偿反应行为是积极的、有益的。如果补偿选择的新的目标和活动不符合社会规范或有害于心身，虽然，这种补偿的反应行为使自己暂时获得了心理平衡和心理满足，但也无助于心理健康发展，有时还会自暴自弃甚至堕落、犯罪，危害他人与社会。另外，生活中补偿作用经常见到，适当的补偿可增加个体的安全感、提高自尊心和维持心理平衡，但是过度的补偿对心理健康不利，甚至会出现心理障碍。引起个体痛苦和不安的内容，可能是客观存在的生理缺陷，也可能是主观的推理、判断和想象。

（2）升华。升华作用是一种富有建设性的防御措施，是指个体的欲望和冲动转化到被社会所容许和赞许的目标和对象的方法，借以弥补因受挫而丧失的自尊与自信，减轻痛苦。升华是最积极的行为反应，从古至今演绎出绵绵佳话。孔子危而著《春秋》，屈原放逐赋《离骚》，左丘失明写《左传》，司马迁受腐刑而写《史记》，歌德因初恋的情人绿蒂另有所爱，而写下了《少年维特之烦恼》……比如原始的冲动和欲望如果直接表达出来，可能受到谴责，不被社会所接受，甚至会出现不良的后果，受到社会的惩罚，从而引起痛苦。但是如果把这种冲动和欲望导向比较崇高的方面，具有建设性，以利于社会和本人的形式表现出来，原始的欲望就得到了满足，也符合社会规范的要求，这个过程就是升华的作用。升华的作用可是原始的冲动、欲望得到宣泄，缓解焦虑紧张的情绪，维持个体心理平衡，同时还能满足个体荣誉和成就的需要。

2. 消极的应对方式

消极地应对方式是指遇到挫折和困难悲观失望、畏缩退化、颓废沮丧、自我否定等。该应对方式长期存在不仅可引起个体的情绪不稳和负性情绪，而且还可影响个体与周围环境的关系，从而出现心理障碍。常见的消极应对方式有以下几种。

（1）否认。否定作用是比较原始而简单的心理防御机制，是一种否定存在或已发生事实的潜意识心理防御术。它通过拒绝接受不愉快的现实或引起心理冲突的事件，以求躲避心理上的不安与痛苦，达到自我保护的作用。比如，个人事业一败涂地，个体为了避免痛苦或精神打击，有时会否认自己失败的事实；有些接受肢体或器官切除手术的病人，术后则否认手术切除的事实，而坚持认为自己的肢体或器官仍然存在。这种心理防御机制可使个体从难以忍受的思想、愿望、行动、事件中逃避，暂时缓解由此引起的内心焦虑。

（2）潜抑。潜抑又称压抑，是指把意识所不能接受的欲望、冲动、意志、情感和记忆抑制到潜意识中去的一种心理防御机制。一般而言，心理活动能把一些人们所不能忍受和控制的内心矛盾、情感冲突在尚未察觉之前，便压抑到潜意识中去，不至于事实干扰我们内心的心境和情绪。这些潜意识的念头、情感和冲动，虽不为个体所察觉，却可能不自觉地影响人们的日常行为。原发性的潜抑所涉及的主要是性和攻击的自然本能冲动，而继发性潜抑是因为“超我”反对某种观念、冲动或行为而引发的无意识机制。

（3）投射。投射作用是指个体把自己不能接受的欲望、想法、感觉、态度转移到他人身上或外部世界，以避免意识到那些自己不能接受的欲望、感觉或想法。如有些人自己存在某些缺点，却反而责备别人存在问题，以此来保持心理平衡。再比如现实生活中，一个人占了公家的便宜，则相信别人也占了公家的便宜。投射作用使人们常用的一种心理防御机制，以此来保持心理平衡，缓解严重的心理冲突。但是过度而习惯化的投射会干扰和妨碍与他人及外界环境的正常接触，不仅会影响正常的人际关系，而且对自己的身心健康也不利，甚至会逐渐形成敌对的、难以忍受的、疑虑重重的个性心理特征。

（4）认同。认同作用又称自居作用，是指自我于某一对象潜意识地视为等同，甚至以该对象自居，以缓解内心的焦虑。当个体为了迎合和满足自己的某种需要，以增强自己的能力、安全以及接纳等方面的感受时，潜意识地顺从他人或团体的思想、态度和行为的倾向。如有些男女青年盲目崇拜电影明星，就从举止、服装等方面加以效仿，虽自己意识不到，但其外在表现确有“明星”的样子。

（5）退行。退行作用是指个体心理发展到相当阶段后，因遭受挫折而重新推到较原始的发展水平。众所周知，随着年龄的增长，个体的心理发育和人格发育是循序渐进而逐渐成熟的。因此，人在各个年龄阶段的应对方式有很大的差别而各不相同。一般而言，人们的应对方式与年龄特点、生活经历、个性特点等因素有关，当个体遇到挫折和心理冲突时，会表现出适合的、符合社会规范要求的应对方式。但是，有时个体在遭受外部压力和内心冲突难以处理时，可能回退回到原先较为幼稚的方式去应付困难或满足自己的愿望，这就是退行或倒退现象。不过度的退行可对个体的心理平衡产生重要的调整作用，但当个体一遇到困难和挫折就常常退行，以原始和幼稚的方式去应对困难，以获取别人的同情和照顾时，就容易出现心理问题和适应障碍。

（6）幻想。幻想作用是指个体遇到现实困难时，因无力处理而利用幻想的方式，将自己置于一种脱离现实的想象境界中，试图以非现实的虚构方式来应对挫折或得到内心的满足。幻想是与退行作用极为相似的心理防御机制，也可以说是部分思维上的退行现象。幻想作用的另一种表现形式是理想化，是指个体对他人的个性特质或能力估计过高的现象。理想化可使个体保持一种安全感，缓解紧张情绪，但过度理想化的自尊，则会使个体处于盲目的自我陶醉状态，从而影响人的个性发展与周围环境的融合。

（7）攻击。攻击就是一个人受到挫折后产生的强烈的侵犯和对抗情绪反应。挫折与攻击之间没有必然的因果关系，攻击只是情绪反应中最常见的一种表现形式。攻击有直接攻击和转向攻击两种。直接攻击，就是一个人受到挫折后，把愤怒的情绪指向对其构成挫折的人或物，多以动作、表情、言语、文学等形式表现出来。一般说对自己的容貌、才能、权利及其他方面较为“自信者”，容易将愤怒的情绪向外发泄，采取直接攻击的行为。另外，一些年幼无知、缺乏智力、一帆风顺的人，也容易采用愤怒的直接攻击方式。这种攻击方式由于缺乏理智，因而可能造成极为严重的后果。

（8）冷漠。冷漠是指当个体遭受挫折后，所表现出来的对挫折情境漠不关心与无动于衷等情绪反应。这是一种十分复杂的行为表现方式。冷漠行为的发生同个体过去的经验密切相关。如果个体每遇到挫折后采取攻击方式就能够克服困境，那以后他就会继续采用攻击的方式；反之若因采用攻击方式而招致更大的挫折，那他就会采取相反的方式，即逃避或以冷漠的态度来对待挫折。所以，冷漠一般是在行为主体反复遭受挫折后，对引起其挫折的对象无法攻击，又无“替罪羊”宣泄，也看不到改变境遇的希望等因素下发生的。冷漠并非不包含愤怒的情绪成分，只是个体愤怒暂时受压抑，以间接的方式表现出来。而且这种现象表面显得冷淡退让，内心深处则往往隐藏着很深的痛苦，是一种受压抑的情绪反应。心理学家吉姆布莱发现，冷漠反应多在长期遭受挫折，情况表明已无希望的情况下出现。

第四节　大学生压力管理与调适

一、压力管理的方法

压力管理可以分为宣泄、咨询、引导三种方式。

宣泄作为一种对压力的释放方式，效果应该不错。宣泄可采取各种办法，例如，可以在没人的地方大叫，或剧烈运动、唱歌等。有研究表明体育运动、家务劳动等对减轻压力是非常有益的。

咨询就是向专业心理人员或亲朋好友倾诉自己心中的郁闷紧张情绪。向自己的好友或父母倾诉几乎是每个人都有过的经历。其实，不论被倾诉对象能否为自己排忧解难，倾诉本身就是一种很好的调整压力的方法。这里效果较好的当属和专业人员进行沟通的心理咨询了。心理咨询是专业心理咨询人员通过语言、文字等媒介物与学生进行信息沟通，以调整学生心理或情绪的过程。通过心理咨询可以帮助学生在对待压力的看法、感觉、情绪等方面有所变化，解决其出现的心理问题，从而调整心态，能够正确面对和处理压力，保持身心健康，提高工作效率和生活质量。

引导是管理者或他人帮助学生改变其心态和行为方式，使学生能正确对待压力。诸如重新确定发展目标、培养学生多种业余兴趣爱好等都是很好的引导方法。学生确立正确适当的目标，通过自身努力可以达到此目标，相关压力自然也就消失了。而学生如果有丰富多彩的兴趣爱好活动，当其遇到压力时可以很容易转移注意力，投入到兴趣爱好中，从中陶冶情操、保护身心健康，心态亦会平和，压力自然也就减轻直至消失。

二、心理防御机制

防御机制是一种自发的心理调节机制，具有两面性。一方面，挫折防御机制可以起到适应挫折、减轻精神痛苦、促进发展的作用；另一方面，挫折防御机制又会使人逃避现实，降低对生活的适应能力，从而导致更大的挫折，甚至产生心理疾病。

心理防御机制不仅本身有积极作用和消极作用之分，而且不同的人使用时也会出现不同的倾向与效果。一般来说，心理正常、人格健全的人，在使用心理防御机制时倾向于积极、成熟的方式，而且可根据不同的挫折情境灵活选用。在他们身上，心理防御机制仅起到缓冲压力的作用，而且使用次数不多，作用时间不长。同时，他们还能正确地感知自己在使用心理防御机制，并能合理地进行调节。因此，心理健康者能扬长避短，多在积极意义上使用心理防御机制。

相反，那些人格适应不良、有心理障碍者往往倾向于消极的、不成熟的方式，他们总是依赖心理防御机制，以至于作为习惯，甚至唯一的反应方式。作用时间长，而且很少变通，常常不顾情景的变化而刻板地采用相同的心理防御机制，因而他们很难学会更有效地适应挫折的方法，而且在歪曲、掩盖或否认现实中耗费自己的活动能量，以一种自欺欺人的方式，被动地与挫折周旋，其结果是适应能力日趋削弱，人格和心理发展受到严重影响。

反过来，在某种意义上说，心理不健康亦是消极的心理防御机制使用过度的结果。两者常互为因果，互相影响，恶性循环。受挫后的心理防御机制有很多，但有利于大学生成长的积极的心理机制表现为升华、补偿等。升华的心理防御机制能够使大学生在遭遇挫折后，把内心痛苦化为一种动力，转而投入到有益的生活学习中，这无疑是人在挫折后的最佳选择。补偿等心理防御机制能使大学生获得平衡心理，保持自尊，减轻内心的痛苦和焦虑，因而也不失为受挫后较理想的心理防御方式。

三、大学生挫折承受能力的培养

大学生在遇到挫折的时候，通常先想到的是抱怨别人，而不是思考是不是因为自身的缺点造成的。以至于到最后把自己逼进死胡同，从而走入一个怪圈不能自拔，更甚的出现自杀了结。在校园事故频发的今天，我们必须提高自己的抗挫折的能力，缓解心理矛盾、强化抗挫折的意识和技能，调节压力和释放负面情绪，培养身心健康、发展全面、品德高尚的符合现代社会发展需要的大学生。

1. 增强自信、蔑视挫折

人生挫折的发生虽是客观的事实，但是在不同心态的人身上所反映出的心理体验却是情态各异的。所以要战胜挫折，首先必须要有坚强的意志和高度的自信心。勇敢和自信是人生迈向成功之路的第一步，是成功的心理基石。有勇敢精神的人不一定都能取得成功，但懦弱自卑、缺乏自信的人注定将一事无成。对于勇敢自信的人来说，挫折和苦难更能激发他们奋发向上的斗志和豪情，愈挫愈勇。而缺乏自信和勇敢精神的人，面对挫折就可能自甘沉沦，一蹶不振。“苦难是坚强者磨炼意志的磨刀石，也是懦弱者自甘堕落的滑梯”。高度的自信可以唤起战胜挫折的勇气，调动自身全部的能量与挫折搏斗。在与挫折的较量中，自身变得强大，而挫折则相对地显得渺小。“穷且益坚，不坠青云之志”。不论在什么情况下，都不能动摇这样一个信念，“没有爬不过的山、没有趟不过的河，没有战胜不了的困难和挫折”。

2. 升华目标，淡化挫折

人生挫折是和人生的奋斗目标联系在一起的。一个人的人生目标是多方面的，而且各个时期，各个领域的具体目标也会有所不同。在实现这些大大小小目标的过程中就会产生各种各样的人生挫折。然而，决定人们对人生挫折心理体验强弱的是一个人的人生价值目标，即他对整个人生的根本的价值追求。人生挫折心理体验的强弱是由他自己认识到挫折对自己根本价值追求的负面影响的大小决定的。一个把个人功利作为人生追求目标的人，贫穷和官场失意对他来说就意味着人生悲哀，而以国家民族兴盛为己任的人，则会把名利得失看得如过眼云烟。对于一个爱情至上主义者来说，失恋和家庭的离异便如同人生的毁灭，哀叹着“没有爱怎么活、没有爱多难过!”而一个视事业为生命的人，个人情感的失意便如同玫瑰刺扎了手，虽有一点点痛，但却了无大碍。

3. 发奋图强，战胜挫折

面对人生挫折，人们无不希望变挫折为坦途、赢得人生辉煌，但要战胜挫折，关键在于自身的发愤图强，努力奋斗。古谚曰：“失败是成功之母，苦难乃人生财富”，其本意在于引导人们对挫折认真总结，吸取人生教训，科学地调整自己，积极寻求战胜挫折的方法。这样，挫折就如同“人生的良师”，引发我们变坏事为好事，一步一步走向成功。如果在挫折面前消极忍耐，怨天尤人，甚至自暴自弃，那么，苦难永远是苦难，挫折始终是挫折，“失败”这个妈妈无论如何是生不出“成功”这个大胖小子的。

“文王拘而演《周易》，孔子厄而著《春秋》，屈原放逐，乃赋《离骚》，左丘失明，厥有《国语》，孙子膑足，《兵法》修列，不违迁蜀，世传《吕览》，韩非囚秦，《说难》《孤愤》……”古今中外一切杰出人物，没有一个是一帆风顺走向成功的。在失败和不幸面前，他们无不是选择了发愤图强之路，一个个奋起与人生的逆境抗争，紧紧扼住命运的咽喉，做生活的强者，通过自己的艰苦奋斗，最终赢得命运女神的青睐。

4. 通过高校“人文教育”，教会学生正确认识自我

大学教育的主旨在于“成人”和“育才”。“育才”教育需要有较高专业知识的老师传授，而“成人”教育则更多的是倚重高校的“人文教育”。所谓“人文教育”，是指对受教育者所进行的旨在促进其人性境界提升、理想人格塑造以及个人与社会价值实现的教育，其实质是人性教育，其核心是涵养人文精神。它更强调自我体悟与心灵觉解，它使人理解并重视人生的意义，并给社会多一份人文关怀，在根本上体现教育的本质人与理想。这也是对大学生进行挫折教育的最重要最关键的方法，是挫折教育的基础。

四、高职新生社会角色适应

角色原是指演员在舞台上所扮演的戏剧人物。美国著名社会学家乔治·赫伯特·米德（George Herbert Mead）把社会与舞台、社会中的人与舞台上的演员进行了类比。米德告诉我们，演员在舞台上有固定的角色，要按照剧本规定去扮演角色，完成角色的任务。每个人在社会中也有社会角色，要按照社会规范来指导和约束自己的行为。社会角色是指与人们的社会地位、身份相一致的一整套权利、义务的规范与行为模式。中学生是一种社会角色，高职学生是另一种社会角色，从中学到高职院校要经历角色的转变和适应。高职新生的角色转换一般来说要经历下列四个阶段：

1. 角色认知阶段

社会期望每一个特定角色都能够做出与其身份、地位相适应的行为，以维护社会的有序运行。高职学生在这一阶段的任务是要正确认识和理解社会对高职学生的角色期望与要求，明确哪些事情可以做，哪些事情与自己高职学生的身份不相符。

2. 角色认同阶段

对于从中学生到高职学生这样一个角色的转换，有些同学是缺乏心理准备的，这其中包括一些中学时学习成绩较为优秀的同学，高考的“失利”使他们“落入”了高职院校，这使得他们对这样一个新的社会角色不能够一下子产生认同。还有一些高职新生由于对新的角色所面临的困难估计不足，并由此而产生了许多冲突与矛盾，这些都会制约或影响到对高职生活的适应。因此，高职新生需要意识到，他们有必要主动地适应和接受自己新的社会角色，因为只有这样，个体才能在其行为上表现出较强的学习自觉性，才可能主动地进行角色实践。

3. 角色实践阶段

角色实践是个体在角色认同的基础上以实际行动来实现社会角色。高职学生应在角色认同的基础上，努力学习知识、技能以及相应的行为规范，自觉实践高职学生的社会角色的各项要求和规范。

4. 角色信念阶段

指高职学生将社会对高职学生的角色期望与要求转化为个人的心理需要，形成了高职学生特有的自尊心和荣誉感。目标明确，意志坚定，努力将自己打造成为社会需要的高等技术应用型人才。

高职新生从中学迈入了高职院校，在学习和生活上都要完成角色的转变，如果这种转变不能顺利进行，就会影响到高职学生对新的环境的适应。

心理自测——挫折承受力自测问卷

每个人在生活中都会不同程度地受到挫折，但人们在受挫后恢复的能力却各不相同。有些人心理弹性十足，有些人受挫后一蹶不振，而大多数人则介于两者之间。下列问题可以测验出你应付困境的能力。在回答这些问题时，请你用“同意”或“不同意”作答。回答越坦白，越能测验出你的受挫弹性。同意画“√”，不同意画“×”。

1. 胜利就是一切。
2. 我基本上是个幸运儿。
3. 白天工作不顺利，会影响我整晚的心境。
4. 一个连续两年都名列最后的球队，应退出比赛。
5. 我喜欢雨天，因为雨后常是阳光普照。
6. 如果某人擅自动我东西，我会生气一段时间。
7. 汽车经过时溅了我一身泥水，我生气一会儿便算了。
8. 只要我继续努力，便会得到应有的报偿。
9. 如果有流行感冒，我常是第一个被感染的人。
10. 如果不是因几次霉运，我一定比现在更有成就。
11. 失败并不可耻。
12. 我是有自信的人。
13. 落在最后，常叫人提不起竞争心。
14. 我喜欢冒险。
15. 假期过后，我需要舒散一天才能恢复状态。
16. 遭遇到的每一次否定都使我更进一步接近肯定。
17. 我想我一定受不了被解雇的羞辱。
18. 如果向我所爱的人求婚被拒绝，我一定会精神崩溃。
19. 我总忘不了过去的错误。
20. 我的生活中，常有些令人沮丧气馁的日子。
21. 负债累累的光景叫我寒心。
22. 我觉得要建立新的人际关系相当容易。
23. 如果周末不愉快，星期一便很难集中精力学习和工作。

24. 在我生命中，我已有过失败的教训。
25. 我对侮辱很在意。
26. 如果聘任职务失败，我还会愿意尝试。
27. 遗失了钥匙会叫我整星期不安。
28. 我已达到能够不介意很多事的地步。
29. 想到可能无法完成某项重要的事情，我会不寒而栗。
30. 我很少为昨天发生的事情烦心。
31. 我不易心灰意冷。
32. 必须要有百分之五十以上的把握，我才会冒险把时间投资在某件事上。
33. 命运对我不公平。
34. 对他人的恨维持很久。
35. 聪明的人知道什么时候该放弃。
36. 偶尔做个失败者，我也能坦然接受。
37. 新闻报道中的大灾难，使我无法专心工作。
38. 任何一件事遭到否决，我都会寻求报复的机会。

【评分标准及说明】：

上列问题列入“不同意”者为：1、3、4、6、9、10、15、17、18、19、20、21、23、24、25、27、28、29、32、33、34、35、36、37，其余题为“同意”。

依上列答案，相符者给 1 分，相反为零分。如果你只得到 10 分或更少，你就是那种被逆境、失望、挫折所左右的人，你易于把逆境看得太严重，一旦跌倒，要很久才能站起。你不相信“胜利在望”，只承认“见风使舵”。总分在 11 至 25 之间者，遇到某些灾祸或逆境的时候，往往需要相当时间才能振作起来。不过这类人却能找到很多技巧和策略来获取个人利益。如果你的总得分高于 25 分，则显示你应付逆境的弹性极佳。不理想的境遇对你虽然会造成伤害，但不会持久。这类人在情感上相当成熟，对生活也充满热爱，他们不承认有失败，即使一时失败，仍坚信有“东山再起”的一天。

第十一章 大学生生命教育与心理危机应对

第一节 生命的意义

人们可能终其一生寄希望于获得幸福，却可能不明白理想与现实总是有距离的。尼采认为，因为存在不幸福，幸福才存在。显然，幸福是件复杂的事情。那些领悟到生活真谛的人们都有相同之处——他们所追求的幸福，是让那些握在手中的东西物尽其用，在寻找生命的价值和意义中获得满足感。否则，他们的追求就显得片面且苍白。

一、为何追求生命意义

爱因斯坦曾说："一个人活着就应该扪心自问，我们到底应该怎样度过一生，这是个合情合理的问题，也是一个非常重要的问题。"

1. 生命的精神层面需要追寻意义

人的生命是有限的、短暂的，由于生命的有限，人才追求精神、信仰的无限，用对生命意义的追求来弥补自然生命的有限。正因为如此，人的生命是有限与无限的统一，也是肉体与精神的统一。人不仅是一种"饮食男女"的自然存在，还是一个精神的追求者，表现为人对理想、感情、道德、信仰、价值的追求。在有限的自然生命里，人会不断地追问"为什么而活着"。心理学家维克多·埃米尔·弗兰克尔（Viktor Emil Frankl）告诉我们，人是能够为着他的理想与价值而生，也甚至能够为着他的理想与价值而死的。为此，他还做了大规模的调查研究，结论是，追寻生命的意义对大多数人来说是"事实"，而非"信条"。

2. 生命的短暂需要意义来超越

无常让人的生命显得脆弱而又短暂，似乎一切如白驹过隙，转眼云烟。对此弗兰克尔总会不厌其烦地说："生命中真正短暂的是潜力，一旦潜力得到了实现，那么在实现的那一刻它就成为现实。它们被保存下来，成为历史，在那里它们得到了救赎，免除了短暂性。"人们通常只注意到"短暂性"所余下的残株败梗（如容颜的衰老、生命的终结等），却忽略了过往所带来的丰盈谷仓（其间，收藏了那曾经属于他且永远属于他的言行、喜乐及痛苦）。那一切都不会被否定，也不会被忘却，存在过了就是一种最确实的存在。只要我们牢记人类存在的短暂性，不断地抉择，积极解决问题，追寻自己生命中不朽的意义，那么凡存在过的，便会永恒地存在，因此它们就从短暂性中被解救及被保存起来。

3. 生命的痛苦需要意义来承载

尼采说过，懂得为何而活的人，几乎"任何"痛苦都可以忍受。看不出个人生命有何意义、有何目标，因而觉得活不下去没什么意思的人，最是悲惨了。他很快就会迷失。我们必须认清一个事实——真正重要的不是我们对人生有何指望，而是人生对我们有何指望。我们应该认清自己无时无刻不在接受生命的追问。面对这个追问，我们不能以说话和沉思来答复，而该以正确的行动和作为来答复。到头来，我们终将发现生命的终极意义——在于探索人生问题的正确答案，完成生命不断安排给每个人的使命。人一旦发觉受苦即是他的命运，就会把受苦当作自己的使命——独特而孤单的使命。弄明白了忍受生命之痛的意义，我们就能有勇气面对所有的痛苦，把软弱的时刻和黯淡的泪水减到最低量。

二、如何追寻生命意义

"人为什么活着?"的答案，最后总是取决于如何回答，谁在回答，在什么情境下回答。这就正如我们去问一位下棋高手说："大师，请告诉我在这世界上最好的一步棋如何下法?"事实上根本没有所谓最好的一步棋，而是要根据弈局中某一特殊局势，以及对手的人格特点而定。生命的意义也是如此，它因人因事因时而异。每一个人都是独特的，也只有他具有特殊的机遇去完成其独特的天赋使命，并体悟其中的真谛。弗兰克尔指出，人的生命必然是存在意义的，只是每个人所承载的生命使命会因时因地而不同。我们可以通过不同的途径去发现和感悟这些意义。

1. 在无常中体验

我们先来一起做个比较沉重的游戏——飞机就要失事。

请想象自己坐在一架客机上，宽敞平稳，飞机在万米高空翱翔。突然，机身连续抖动，颠簸非常厉害，空姐要求大家把安全带系好。广播里传来机长的声音。他通知大家说飞机发生了严重的机械故障，正在紧急排除。但为了预防最危急的情况，现在将由乘务员小姐分发纸笔，我们有什么最后的遗言要向家人交代，请留在纸上。一切要尽快，乘务员小姐会在三分钟后收取大家的纸条，然后统一密闭在特制的匣子里，这样即便飞机坠毁，遗言也可以完整保存下来。按照飞机现在的飞行高度，在完全失去动力的情况下，还可以滑翔极短暂的时间……

乘务员小姐托着盘子走过来，惨白的面颊上，职业性的微笑已被僵硬的抽搐所代替。盘子里盛的不是饮料，不是纪念品，也不是航空里程登记表，而是纸和笔。人们无声地领取这特殊的用品，有抽泣声低低传来……我们领到了半张纸和一只短笔。现在，面对这张纸，我们将写下什么?

如果这个游戏激起了我们的愤怒、恐惧，甚至呼吸困难，心跳加速。那得小小地祝贺一下，因为我们很有可能因此获得"觉醒体验"。只是默默期待或暗自咬紧牙关是无济于事的，动人心魄或难以平复的体验才可以引发一个人真正的觉醒，把我们从日常琐事中拉出来，拉进本真的存在之中。

"可以谈谈你对于死亡具体害怕什么吗?"这是美国临床心理学家亚隆（Irvin D. Yalom）经常问及来访者的问题。他发现，许多人在反思或面临死亡时常常考虑的一个重要主题是"所有的事情我都还没有做过"。因此，亚隆认为人们越不曾真正活过，对死亡的恐惧也就越强烈；人们越不能充分体验生活，也就越害怕死亡。那怎样才算是真正活过呢？我们认为，首先要做到能直面死亡，明白生死之辩证关系。

对死亡的恐惧一直盘踞在人们的精神活动中，多数人惧怕死亡，甚至有人惧怕与“死”有关的很多事情。其实，死亡并不可怕，因为每个人注定是要去面对死亡的。如果说生是偶然的，死反而是必然的。“黄泉路上无老少”，人们无法决定自己生命的长度；死亡又是具有偶然性的，因为不可预料之天灾人祸可能在瞬间中断我们的生命。了解了死亡的这些特点，我们就应该对生命更加敬重，更加热爱生活，珍惜当下生存的每一刻。只有死亡的事实才能深刻地提出生命的意义问题。这个世界上的生命之所以有意义，正是因为有死亡。假如在我们的世界里没有死亡，那么生命就会丧失意义。

死亡是生命的导师。正因为有了死亡，才有对生命的思考；因为有了终结，才凸显过程的重要；因为死亡的必然性，才显得生命的可贵。所以，死亡对这个世界具有不可忽视的价值，它可以使我们更好地珍爱生命，过有价值的人生。不幸的是，现代人在生的状态上要远远优于前人，但由于特别关注“生”，无暇对“死”做深度思考，在死亡问题上产生了极大的困惑与恐惧，这就使现代人的生活品质难以真正提高。

让我们再回到上述的游戏，我们到底会在纸上写下什么呢？又会把这些文字写给谁呢？在生命遭遇突发危险，就要猝然截断的时候，我相信这种时刻，几乎没有人会叮咛自己的后代复仇，没有人会留下自己懊恼的遗憾，没有人会咬牙切齿地诅咒……留下的只能是眷恋的深情和未竟的嘱托，还有绵绵不尽的祝福。也许只有在绝境中，人性中最基本最朴素的情愫才会突破种种物质的阻力，迸出单纯而灼目的光芒。

飞机故障排除了，你又获得了新生，接下来的日子是否会对“为什么活着”有些许感悟？

2. 在痛苦中参透

人生通常是一个危险、玄机莫测的障碍训练场。哀伤、喜悦和其他各种混杂的情感都在这里相遇。各种苦难、挫折和不幸是普通人生的必然组成部分。尼采有一句充满智慧的名言——参透“为何”，才能迎接“任何”。我们只有明白生命中潜伏的痛苦的意义，才能克难前行，以“负责”来答复生命。

中国台湾女孩陈子衿 7 岁罹患罕见的“右肠骨纤维化”，从此在药味、消毒水味以及“刀光剑影”的伴随下成长。成年后，她不幸又患骨癌与胆管癌，被告知可能活不到 30 岁。不平凡的际遇没有打倒子衿。刚开始，子衿也很痛苦、很害怕，但每次觉得快要被击倒前，她都熬了过来，而且变得更坚强。对她而言，多得一种癌症，不过是 5 分钟和 10 分钟之间的差别而已，一次次与病魔搏斗的结果让她明白自己的生命承受这些痛苦是有意义的。于是，她不再焦虑、愁苦和绝望，不再去想自己能不能活过 30 岁，而是发誓要在有限生命里，让自己没有遗憾；要像一颗小太阳一样，让生命发光、发热，照耀全世界。26 岁的子衿以笑容勇敢面对生命中接踵而来的病痛和磨难，用乐观、努力、欢笑去感染化人，被网友称赞为“世界无敌超级勇敢抗癌美少女”。

子衿虽然已经于2008年离我们远去了，但是她用自己的生命过程向我们诠释了意义治疗学的一个基本信条：人主要的关心并不在于获得快乐或避免痛苦，而是要了解生命中的意义。这就是为什么人在某些情况下宁愿受苦，只要他确定自己的苦难具有意义即可。

不用说，除非痛苦是绝对必须的，否则它就没有意义。如果某种疾病可以通过医疗手段来治疗，没有哪个医生会不积极医治，而非要勉强病人用自身的免疫系统去苦苦抵抗。不过，医生如果既不能治愈这种疾病，也无法减轻病人的痛苦，就应该激发他的潜能去实现痛苦的意义。当我们的生命必然要经历苦难、挫折和不幸时，需要去发掘其中的意义，它能激发我们在苦难中体验生命甚至是享受生命的巨大潜力。

像子衿所承受的这种极端的痛苦，不可能每个人都经历。但有两类痛苦确实是人人必经的：一种为求而不得之苦，即由于各种内因外因导致目标不能达成所致的挫折，例如竞选学生会干部失败，追求心仪的异性被拒绝等；另一种为得而复失之苦，即由于自然等不可抗拒的力量导致拥有之物的丧失，例如亲人离世，恋人的移情别恋等。这些痛苦如果无法避免，我们就应努力发现承受这些痛苦的意义，然后勇敢担当，这样生命的痛苦就被力量所取代。如一位大学生因失恋而寝食难安，巨大的痛苦让他不停地追问“为什么会这样”，不久他发现原来现在的经历是自己在一帆风顺之后必经的坎坷，它是命运向自己展示其多面性的馈赠，是自我需要完善的警告。于是，他走出了情绪的阴霾，一股内在的强大力量让他微笑面对所发生过的一切。

对生命过程的完整体验，既包括对人生的幸福和快乐的体验，也包括对痛苦和磨难的体验；既包括对顺境的体验，也包括对逆境的体验。在艰难困苦之中奋斗过来的人，所体验到的战胜磨难后的成就感，与顺境中的满足感是不可相比的。挫折与磨难是人生的财富，只有经历过挫折和磨难的锻炼，人生才能得以升华，才能拥有完整和健康。

大咖殿堂：心理学家弗兰克尔

与弗洛伊德一样，弗兰克尔也是犹太人。弗兰克尔1905年3月26日诞生于维也纳的一个并不富裕的犹太家庭。儿时的弗兰克尔，理想是做一名医生。到了大学，随着社会活动的增多，他逐渐把兴趣转移到了心理学，并且和弗洛伊德以及阿德勒建立了良好的关系。到了1937年，弗兰克尔已经成为一名颇具影响力的心理医生。

然而，正当他踌躇满志、准备大展宏图的时候，纳粹的入侵打破了他生活的宁静。当时他有机会去美国，但是为了他的父母、妻子、病人，他毅然放弃了移民美国的签证，留在了他热爱的祖国。

1942年，弗兰克尔和家人包括他的新婚妻子一起被纳粹逮捕，并被关押在波西米亚的一个集中营。在集中营里，他尝尽了各种苦难。他先后辗转四个集中营，被迫与家人分开。他的父亲被关押不久就因为饥饿死于波希米亚。他的母亲和兄弟在1944年被纳粹残酷地杀害。而他朝思暮想的妻子则于纳粹投降前死于一个名叫伯根·拜尔森的地方。

有一次，一个德国军官把他带到一个小房间训话。纳粹剥光了他的衣服，拷打他，侮辱他。经历了失去亲人、失去家园、失去尊严的痛苦的他，在此时却豁然开朗——“人所拥有的任何东西，都可以剥夺，唯独人性最后的自由——也就是在任何境遇中选择一己态度和生活方式的自由——不能剥夺”。

毫不夸张地说，《意义与人生》这本书是弗兰克尔用生命之痛，呕心沥血而就。寥寥几笔的故事，远不能复原其充满剧痛和深爱的一生。只是希望能激励更多的人探寻生命的意义，就像弗兰克尔强调的那样，坚信人完全能够自由地做出选择，把握自己的命运！

（资料来源：[美] V. E. Frankl．活出生命的意义．吕娜，译．北京：华夏出版社，2010：1－111。）

3. 用爱去诠释

在一首重磅好歌《生命的意义》中，水木年华用最简单的语句对“生命的意义”这一终极命题进行了一次深入浅出的探究。反复吟唱的主题“爱你的家人，爱你的朋友，用心去爱你的爱人，爱这个世界所有人们，这就是生命的意义”，让我们明白生命要用爱来诠释。

爱的方式不是索取而是给予。弗洛姆（Erich Fromm）说“爱首先是给而不是得”。什么是“给”？十分流行的误解是把“给”解释为放弃或做出牺牲。一个性格还没有超越接受、利用或者贪婪阶段的人对给的理解就是这样。有创造性的人对“给”的理解完全不同。他们认为“给”是力量的最高表现，恰恰是通过“给”，才能体验自己的力量、“富裕”和“活力”，才能体验到生命力的升华使自己充满了欢乐。“给”比“得”带来更多的愉快，这不是因为“给”是一种牺牲，而是因为通过“给”表现了我的生命力。

一个人究竟能给予别人什么呢？这并不一定意味着他一定要为别人献出自己的生命，而是把自己内心有生命力的东西给予别人，同别人分享自己的欢乐、兴趣、理解力、知识、幽默和悲伤，即一切在我们身上有生命力的东西。我们给予并不是为了得到，但是当我们这样给予时，也确确实实得到了，因为我们能用爱换来爱，用信任换来信任。恰如教师传授知识给学生，学生亦会通过自己的言行让教师获得领悟；演员表演艺术给观众，观众也会用热情鼓舞演员，等等。心中有爱的人，更愿意给予，在给予的过程中，我们收获了快乐和意义。

爱生命、爱生活、爱他人……爱更多的是给予，而不是索取。泰戈尔说过：“采摘花瓣的人得不到花的美丽”，花不是不美丽，而是摘花者不懂爱的真谛。

（1）爱的对象不是唯一而是广博。“爱不是同一个特殊的人的关系，而更多的是一种态度，性格上的一种倾向。这种态度决定一个人同整个世界，而不是同爱的唯一‘对象’的关系。如果一个人只爱他的对象，而对其他的人无动于衷，他的爱就不是爱，而是一种共生有机体的联系或者是一种更高级意义上的自私。”如果我们确实爱一个人，那么我们也应爱其他的人，爱世界，爱生活。如果我们能对一个人说“我爱你”，我也应该可以说：“我同时爱所有的人，爱世界，也爱我自己。”

弗洛姆认为，一切爱的形式都以博爱为基础。博爱就是对所有的人都有一种责任感，有关心、尊重和了解的意向。其特点是这种爱没有独占性。如果我具有爱的能力，我就会去爱我周围的人。博爱中凝聚着同所有人的结合，人的团结和统一。博爱的基础是认识到我们所有的人都是平等的，是同等人之间的爱。但虽然我们是同等的，事实上也往往不完全“同等”，因为我们是人，所以需要帮。今天是我需要帮助，明天也许是你。在博爱的情怀里，我们生命的意义也得以扩大。

从男女之间的纯真爱情，到人与人之间的相互关爱；从对家人的疼爱，到对他人的关心；从对生活的热爱，到对国家人民的眷恋……爱是博大的，不但要爱自己、爱生活；更重要的是爱他人、爱人民、爱国家。一个只爱自己或只爱自己选中的对象的人，与其说是一种自私自利的狭隘主义，倒不如说其没有真爱。

(2) 爱的作用不是单向而是相互。有这么一个小故事：有个男孩因琐事而迁怒于母亲，或许是害怕受到惩罚，他跑到山边，对着山谷喊道：“我恨你，我恨你，我恨你！”喊声刚停，山谷传来回音：“我恨你，我恨你，我恨你！”男孩有点吃惊，就跑回家对母亲说：“山谷里有个奇怪的男孩说他恨我。”母亲把男孩带到山边，要他对着山谷喊：“我爱你，我爱你，我爱你！”男孩照母亲说的做了，让他意外的是，那个“奇怪的男孩”也在山谷里说：“我爱你，我爱你，我爱你！”

生命也会给你一种回声，你送出什么它就送回什么，你播种什么就收获什么，你给予什么就得到什么。你想要别人是你的朋友，首先你得是别人的朋友。心要靠心来交换，感情只有用感情来博取。

人活在这个多元的世界，就是要学会相互关爱和帮助。有谁不期望得到别人的关爱和认同？有谁愿意孤独地生活在这个世界上？生活就是爱的凝结，一个从不给予别人爱心的人又怎能得到别人的爱呢？爱是我们互相交往、共同生活的纽带。

世界因为有爱而变得美丽，生活因为有爱而变得精彩，生命因为有爱而变得丰满。用心去生活，用爱去诠释，只有懂爱的人才能真正享受生活。

4. 用创造去开拓

著名心理学家罗洛·黎斯·梅（Rollo Reese May）在多年研究之后，给创造性做了一个界定：“创造性是具有强烈意识的人与他或她的世界的交会。”这个界定包括三方面含义：

首先，一个有创造性的人能细心地审视过去和未来，积极地选择人生的目标和价值。他的自我意识是整合的、自由的，能毫无歪曲地看到真理，对某个问题产生深刻的、令人愉快的顿悟。

其次，创造性是一种过程，这个过程的主要表现形式是交会（encounter）。罗洛·梅指出，这种交会可以是有意识的，也可以是潜意识的。关键不在于有没有意志努力，而在于一个人被吸引的程度，在于其紧张的程度。因此，在创造性活动中必须要有一种特殊性质的投入。这种投入的状态可以用“含英咀华，沉浸浓郁”来形容。就是说，只有全身心地投入到某项工作中，深深地专注于思考，才有可能在某一时刻出现突然交会。

最后，创造性活动是一个人与其世界发生相互关系的过程。罗洛·梅认为创造中的交会，总是两极之间的交会。一极是主观的，即从事创造性活动本身的那个有意识的人；一极是客观的，即艺术家、科学家等其他有创造性的人所探索的对象世界。我们不能把创造性仅仅确定为一种主观现象，客观世界是其不可分离的一部分。

通过了解创造性的含义，我们不难发现，人们能够通过创造性的活动，在这个世界表达自己的存在状态，展示自我，实现生命的追求。例如一个真正有创造力的画家在创作山水画时，绝不是简单地复制眼前的树木、湖泊和山峦，而是以大自然为媒介来揭示他们与世界的关系的那些潜在的心理和精神状况。我国山水画大师李可染通过创作全景式横幅长卷《革命摇篮井冈山》，表达了他对五百里井冈气势的感受及“为祖国河山立传”的夙愿。创造其实是把人的潜在力量对象化的过程。当我们在创造的过程中，在入迷的状态下，我们心跳加快，血压升高，紧张度增加，视力缩减或眼睑变狭窄，有时甚至忘记了周围的一切。这时在精神上我们能体验到一种类似高峰体验的与世界融为一体的极度快乐与欣慰。它让我们达到形式与激情的统一，这就是一种实现自己潜能的心境。李可染为了描绘革命圣地井冈山，于70岁高龄四上黄洋界，每次于险要视角持续速写写生两个小时以上，真正是山峦人心，情怀激荡。正是在这样一种心境下，我们的潜能得以释放，体验到生命的意义和价值感。同时我们的潜在力量外化，成为世界的独立的一部分，我们也因此在一定意义上不朽了。

具有创造性，不仅是健全人格的表现，也是健康情绪的表达，更是生命意义得以拓展的途径。然而，要想成为一个有创造性的人却是需要勇气的。因为创造意味着推陈出新，这就需要进行奋斗，甚至在必要时要与任何束缚自由发展的权威力量做斗争。罗洛·梅坚定地相信，要成为一个真正具有创造性的人，就需要他有足够的创造的勇气。

那么，究竟什么是创造的勇气呢？首先，勇气不是失望的对立面，因为勇气也存在着失望。有勇气的人尽管失望，也仍然能够克难前行。其次，勇气不是执拗，不是固执己见，因为我们必须与别人一起创造，在这种创造中使自我和社会都得到发展。它是源于自我核心价值观的一种敢于进取、敢于承当的能力。在我们的生活中，无论哪个职业都要求具有这种创造的勇气。有勇气的人敢于肯定自己的选择，并坚定自己的信念。当前的社会是一个剧烈变化的社会，为了迎接社会变化的挑战，就要有勇气的人去适应和指导这种变化。

对人类而言，生存更为重要的是人生的意义，而不是醉生梦死地活着。大学生们要使自己在有生之年活得有价值，就应该努力成为一个有创造性勇气的人。正如罗洛·梅所说，我们越是勇敢地有意识地指导我们的生命，并根据我们独特的心理发展水平而做出负责任的选择，那么，我们的人格发展就越有建设性，就越接近整合和最终的目标。

总结这四条意义的具体途径，不难将其归结为两个层面：生的层面，即创造和爱；死的层面，即痛苦与无常。生命是一种过程，最后结果一定是死亡。唯有镇静而又投入地去体验这过程的所有酸甜苦辣，寻找到生命的意义，才能超越这过程的有限。

第二节 大学生心理危机及应对

生命好像一条河流，有时波平浪静，有时漩涡暗涌。人生中的逆境，考验人的意志，也锻炼人的能力。身处逆境，对我们的身心力量构成严峻挑战。当我们的能力不足以从容应对挑战时，我们就可能陷入心理危机之中。

有些危机是如此严重和深刻，以至于让我们失去安全感并带来剧痛和创伤，甚至开始怀疑生命的意义。认识和学会应对心理危机，是大学生维护心理健康的一个重要课题。

小测验：对待危机的态度

阅读每一道题，按下列标准给每道题判定一个分数（从1分～5分）

1分——绝对不是；绝对不正确。

2分——不是；不同意。

3分——不清楚；不能肯定。

4分——是的；同意。

5分——绝对正确；完全同意。

当你做完这个小测验后，请把你的得分保存好。在你读完后面内容后，将再次回答这些问题，看看你对危机的态度是怎样发生变化的。

1. 如果可能的话，你最好能一直避免危机。
2. 人们通常自己给自己制造危机。
3. 危机刚开始发生时，通常你干任何事情也阻止不了它。
4. 从悲伤和痛苦中恢复过来大约要三个月。
5. 如果你觉得非常难受的话，最好试图把这些事情从脑海里抛开。
6. 从每一次危机当中都能学到点东西。
7. 一旦某人处于极度焦虑和抑郁时，他往往束手无策。
8. 如果某人对危机事件体验到了可怕的“倒叙”，这就说明他们正在遭受一种损伤性压力的扰乱。
9. 职业的保健工作者一般都知道怎样处理危机。
10. 经历一次紧迫的事件后，你好像很容易出事故。
11. 如果某人经历了一次严厉的、压力很大的事件后，通常需要得到社会工作者的帮助。
12. 经历大多数危机后，最好尽可能快地使一切恢复正常。
13. 在经历危机期间，你如果能得到正确的帮助，那真是太幸运了。
14. 当你的情绪失去控制时，危机就会发生。

一、心理危机的含义

“心理危机”这一概念是美国心理学家卡普兰（G. Caplan，1954）首次提出的。他认为，每个人都在努力保持一种内心的稳定状态，使自身与环境稳定协调。当重大问题和剧烈变化使个体感到问题难以解决，正常的生活受到干扰，内心的紧张不断积累，继而出现无所适从甚至思维和行为的紊乱进入一种失衡状态，这就是心理危机的状态。通俗一些说，危机是个体所具有的能力和资源不能有效应对挑战时的状态。

中文“危机”两个字，可以这样理解：“危”就是危险（死亡的威胁或危险），“机”就是机遇（生命的希望或机遇）。危机是危险与机遇并存，危机即转机。就如中国成语描述的：“凤凰涅槃”“破茧成蝶”“山重水复疑无路，柳暗花明又一村”。

1. 危机是新的起点

危机意味着旧的系统平衡不能为继。体现在个人生活中，就是正常进程被打断，现状被颠覆。这固然令人觉得压力巨大，甚至手足无措。但这也意味着我们面临一个改变的契机，可以由此开始新的探索。

（1）心理危机生成过程，是心理成长的过程。皮亚杰（J. Piaget，1896—1980）在论述儿童认知发展过程时讲到了一个“平衡化”的理论：在个体成长过程中，会不停地遇到外来刺激，通过同化与顺应机制，机体图式从相对较低水平的平衡，到该平衡被打破，发展到相对较高水平平衡的建立，个体的心理水平也相应达到了新的台阶。可见，一个人的心理发展过程就是不断地打破已有的平衡，建立新的平衡的过程。而每一次现有的平衡即将被打破时，就会构成危机。换句话就是，一次危机的形成正好是个体心理发展到一定程度才可能发生的。

大家已经熟知的埃里克森的人格发展八阶段理论与皮亚杰的理论，具有异曲同工之妙。埃里克森把人的一生从出生到死亡划分为八个互相联系的阶段，每一个发展阶段都需要解决某一具有普遍性的心理危机。当然这种危机并不是一种灾难性的威胁，而是发展中的重要转折点。前一阶段的危机解决了，自然朝前发展，发展到一定程度又出现新一阶段的危机。

现实生活中，不管是什么原因导致了心理危机，都与个体的心理成熟度密切相关。我们之所以不知所措，甚至痛苦不堪，是因为成长本身就是包含痛苦的，加之各种现实原因的干扰所致。明白了这些，当我们再面对任何危机时，就可以放松坦然些。

（2）心理危机转变过程，是进入新起点的过程。心理危机发展的过程，就是危机转变的过程。心理危机来临时，我们先是慌乱无措，因为那些我们认为的许多理所当然都解体了。当危机发展到中间阶段时，虽然仍然站立不稳，但我们也不得不进行新的筹划。不同的解决策略最终会导致我们是走向“成长”还是“沉沦”。

危机来临时，损失和收益常常同时发生、相伴而来，但人们最初处于那种极度的混乱、痛苦之中，稳定和平静受到了震动，并且被永远改变。这需要我们付出努力来战胜它，竭尽全力重新恢复原来的秩序。想要获得新生活意味着要敢于冒险，但是我们总喜欢抓住原有的习惯和价值观不放。这种犹豫会让我们错过那些安全到达彼岸的机会，很有可能让我们走向沉沦。

因此，在面临危机时，最简单却又最重要的资产是要有勇气面对现状，并采用最佳的方式去体验这一切。在面对转变时如果有决心和信心，将会有所得亦有所失。如果情况从危险向好的方向转化，就表明事情有了转机，不但会发生转变，而且还能够进而变为一种机遇。在这个过程中我们还将发现，危机转而成了我们迈入一个突破性的、更好的和全新的生活阶段的新起点。

2. 危机是对个人应对能力的一种检验

一旦某个危机出现，通常会引发其他的危机，这就是所谓的“祸不单行”。许多时候，个人对危机的反应可能引发进一步的危机或其他附带效应。无论如何，危机是对个人应对能力的一种测试。

危机对我们的应对能力的第一个测试，便是能否头脑冷静、清醒地面对那些使我们动摇的情感，是否有决心、勇气和自信心。危机体验是一种孤独的经历，它把我们抛离了正常的生活轨道，切断了与周围人的联络。面对危机，有的人惊慌失措，拼命使用惯常的防御手段，似乎要把自己绑在桅杆上逃离风暴。有的人则相反，能够迎接危机，甚至学会欣赏危机，变得更灵活，更能吃心耐劳，更加强大。

危机对我们的应对能力的第二个测试，则是能否具体地、实事求是地灵活对待。导致心理危机的原因，可能来自四个维度——自然的、社会的、个体的和精神的维度。每一类危机事件对心理的影响方式是不同的，因此我们的应对方式也应灵活。这个过程不存在什么捷径，我们只有尽快承认和认识到到底正在发生什么，应当如何对待和驾驭眼前的局势，才能争取到最好的结果。

在危机时刻，用以衡量我们存在的尺子是自我恢复能力。由于战胜危机耗费精力，所以我们必须时常提醒告诫自己要做到这些。

二、心理危机分类

心理危机大体可以分为三类：境遇性心理危机、发展性心理危机和病源性心理危机。

1. 境遇性心理危机

主要是指各种外部环境造成的危机，通常是出现罕见或超常事件，且个人无法预测和控制时出现的。严重时可导致以下两种心理障碍。

(1) 急性应激反应（ASR）指由于受到突发的重大生活事件（如父亲或母亲突然亡故、父母下岗、与同学或老师冲突上升等）而引起的情绪和行为失调。主要表现为意识障碍、意识范围狭隘、定向障碍、言语缺乏条理，对周围事物感知迟钝，有强烈恐惧感，精神运动性兴奋或精神运动性抑制。一般在接受刺激后数分钟或数小时发作，持续数小时至一周，1个月内缓解。

(2) 创伤后应激障碍（PTSD）是指在遭受强烈的或灾难性精神创伤事件之后，数月至半年内出现的后遗症，又称“延迟性心因性反应”。有时候又被称为“创伤后压力反应”，以强调这个现象是经历创伤后所产生的合理结果，而非病患心理状态原本就有问题。这些应激事件往往具有异常惊恐或灾难性质，如残酷的战争、被强暴、地震、凶杀等，常引起个体极度恐惧、害怕、无助之感。症状主要包括噩梦、性格大变、情感解离、麻木感（情感上的禁欲或疏离感）、失眠、逃避或回避，在梦中或清醒状态时常会引发创伤回忆、易怒、过度警觉、失忆和易受惊吓。

2. 发展性心理危机

指在正常成长或发展过程中，由环境或者自身生理的急剧变化导致个体面临一些重要的成长性问题而出现的心理内部冲突和焦虑。如在人生的重大转变时刻（升学、就业）和生理发育的高峰期（青春期），外界对个体的要求往往出现重大改变，而这与他们不够成熟，缺乏社会经验同时并存，就形成内心的冲突。目前对于大学生来说，发展性危机的表现有适应心理危机、性心理危机、就业心理危机等。虽然所有大学生都有可能遇到各自独特的发展性危机，也必须以相对应的不同方式进行处理，但大多被认为是正常的。

3. 病源性心理危机

指躯体疾病和精神疾病时的心理应激反应。躯体上的急慢性病症可能引发患者焦虑、抑郁、恐惧甚至是性格改变。而精神类疾病，如重度抑郁、精神分裂症等发作时直接构成心理危机。也有些失调的行为引发危机，如品行障碍或违法犯罪等。有关资料表明，这类危机中有三分之二左右是大学生社会或家庭危机的表现。

三、心理危机的应对

心理危机带给我们巨大压力。危机开始时，我们的身心会自动动员起来，全力应对挑战。但只要面对的是危机，就意味着我们的力量和身心资源是不足的。我们只能勉力应付，结果不一定成功。这就是危机凶险的一面。不成功的应对，会导致身心系统的崩溃，或留下持久的心理创伤。因此，现代人心理保健的一个重要课题，就是要学习应对心理危机。

1. “心理危机”之自我应对

心理和身体一样，都是有一定免疫力的。大学生应充分调动自身潜在的这股力量，有效应对可能发生在自己身上的心理危机。

（1）自我调适。智慧的本质就是适应，也可以说适应是一种智慧和能力。对于大学生来说，遇到心理危机时要能积极主动调适，否则对学习效率和生活质量都会产生影响。

1）审视自己的生命观。当前，许多大学生出现“生命的困顿”，表现为陷入严重的郁闷、无聊、纠结、“活得很累”，严重者则发展到网瘾、自闭、斗殴、自残；再严重者沦人吸毒、自杀、伤害他人的种种困境之中。现代人尤其是青少年往往对生命的理解狭隘化，或仅仅视生命为实体性生理生命，于是沉溺在生活感官享乐之中，一旦满足不了，则认为整个生命无价值，人生无意义。当代中国大学生之生命困顿主要表现在生命价值的缺失与生活意义的迷惘上。

郑晓江提出的“生命二重性”原理告诉我们：人之生命不仅仅是它的物质性形态（实

体生命），还在于关系性形态（人文生命）。所以，人死亡后离开世界，实体性生命归于“无”，但并不是一切都结束了，人的血缘性亲缘生命、人际性社会生命、超越性精神生命仍然会存在下去，体现出来。既然如此，我们的生命不仅存在于现在，还可以存在于未来。那么，我们就应该也必须好好地把握生活，珍惜生命，创造价值，让人生精彩，以使我们的关系性生命在实体性生命终结之后，还能得到更好地、永远地延续。这便是关于人之生命意义何在的答案，这也是我们需要人生奋斗的根本理由之一。

2）审视情绪，找回理智，重新出发。心理危机的爆发会让我们情绪混乱，认知扭曲。当我们觉得不对劲时，可以先尝试以下三步自我调适法。

审视情绪：心理危机中表现最突出的就是情绪反常和失控。进行情绪管理是转化危机的关键一步。有关情绪管理的具体内容在前面章节中已有具体叙述，在此仅特别提醒几个要注意的问题。

首先，是要努力察觉情绪，不管我们处在何种负面情绪中，先接受自己真正的情绪状态。例如，当我们因朋友约会迟到而对他冷言冷语时，问问自己：“我现在有什么感觉?”冷言冷语背后的情绪是生气。只有当我们认清自己的情绪，知道现在的感受时，才有机会掌握情绪，才能对自己的情绪负责，而不会被情绪左右。

其次，要尽力分化情绪。由于情绪本身的复杂多变，我们所直接感受或表现出来的可能是已经包装或伪装的情绪，如以生气的方式来掩藏内心受伤的感觉等，所以我们要学习分化并辨识我们真正的需求或感受。还以朋友约会迟到的例子来看，我们之所以生气是因为他让我们担心。有时，我们心中意念纷扰，情绪五味杂陈，整个人心烦意乱，这时觉察和辨识可以避免自己沉浸在持续恶化的情绪中，帮助我们将注意力集中在自己内心，有安定情绪、促进自我了解的作用。

最后，要认识到“负面”情绪的价值和意义：在某种意义上情绪并无好坏之分，它只是告诉我们，在生命过程中有些事情出现了，需要我们去处理。每份情绪都有其意义和价值，负面情绪也是如此。例如，愤怒的情绪可以推动我们去改变一个不满的现状，痛苦则会指引我们离开威胁或伤害。明白了这一点，就不再盲目地抗拒内心的情绪，而可以运用这些情绪的价值和意义，去改变糟糕的“情况”和“威胁”。

找回理智：首先要检查非理性信念，恢复理性思维。在情绪基本冷静下来，能够思考时，我们紧接着要做的便是检查和反省自己在遭遇刺激事件后，在感到焦虑、抑郁或愤懑时对自己“说”了些什么。理性情绪疗法的创始人艾利斯（Albert Ellis）告诉我们在初期识别出那些与具体诱发事件或情景相联系的非理性信念就够了，进一步挖掘它们背后更一般化的生活哲学和人生信条可放在稍后一些时候进行。检查非理性信念的关键是把握它的“非理性”特征，比如“糟糕至极”“因此所有的……”“必须……”“应该……”或“绝对不能……”等。总之，看思想中是否包含倾向于把事物和自己看得绝对化、过分概括化的成分。

其次重新认识自我。应该对自己的现有情况进行客观准确地评估，认清自己的实力、特长、薄弱环节和潜力所在，不要过高或过低评估自己，可以采用列清单的办法进行自我重新评估。在对自己客观准确地评估后，给自己一个合理的定位。自我是人格的核心，时刻保持清醒的自我认识和客观的自我评价将有助于人格的稳定和完善。

当然我们还必须正确认识危机事件，对危机事件的理性认识，在前文我们已经述及“它意味着新的起点”，“是对我们应对能力的检测”，因此要抓住时机积极应对，努力转化。

重新出发：情绪稳定了，认识理清了，最后就是要付诸行动。作为一名大学生，要对自己的生活有计划，有目标。大学课余时间充裕，对于自学的要求非常高。所以我们要把自己的学习和生活安排得充实一些，把每天、每周、每个阶段的任务和目标合理地安排好并付诸实施，避免过多的空想。

（2）积极求助。并不是每次心理危机都可以靠自己“搞定”的。事实上，心理专家总是劝告人们，当遭遇危机时，要积极求助。

许多人对求助他人解决心理问题顾虑重重，男生尤其如此。求助的顾虑各种各样，且表面上大都合情合理。例如，担心别人帮不了自己，认为自己的问题应该自己“搞定”，觉得求助于人没面子，怕暴露隐私，不愿承担专业求助的花费（指向专业心理人员咨询的费用），等等。与心理危机造成的恶劣后果比较起来，这些风险或“成本”都不足挂齿。而且，现在多数大学都有心理咨询中心，这里为同学提供免费、专业的心理服务，就更不必千思万虑迈不开腿了。

2. “心理危机”之朋辈互助

我们都生活在同学、朋友之中，有向别人求助的时候，也免不了有助人解困的时候。当朋友或同学满心烦乱或痛苦不堪地向我们伸出求助之手时，大多数同学会毫不吝啬地伸出援助之手。但愿意帮助是一回事，善于帮助则又是一回事。以下是一些朋辈互助的忠告。

（1）要学会倾听传爱心。常常会有这种情况，那就是我们仅凭良好的倾听便能很好地安抚求助者，让其充满烦乱、焦虑甚至恐惧的心灵归于平静。因为，在求助者讲述自己的故事、叙述自己的经历和现在的体验过程中，他们能够构建自己的身份地位，并为自己的生活赋予意义和目的。当求助者的故事中包含了背后隐藏着的“苦难”或“羞耻”时，聆听的这种治疗作用就更加明显。

虽然我们强调以助人为目的的倾听要尽量少说多听，但毕竟人是灵动的，不可能面对一个向我们倾吐苦水的来访者毫无反应？所以我们要有反应地倾听。为此，必须把握两点要领：其一，识别出求助者所表达的关键信息（内隐的，感受性的，主要的，有助当事人自我了解的，促进探索的，促进对情境的理解的……）；其二，把这种了解尽可能清楚地、明白地、简明地、贴切地传达给求助者。

（2）要学会观察报危情。当人处于严重心理危机状态时，有可能产生自杀或自伤这样一些极端的想法和行为，这也是最危险的情况。那些助人者就要特别注意观察，发现这些危险因素。

1）要留心求助者的任何自杀征兆。对于绝大多数经受心理的巨大痛苦而想自杀的人来说，自杀前常常会出现以下的一些迹象。

言语上的直接或间接的征兆：直接向人说“我想死”“我不想活了”等，或间接向人说“我所有的问题马上就要结束了”“现在没有人可以帮助我”“没有我，他们会过得更好”“我再也受不了了”“我的生活毫无意义”等；也可能谈论与自杀有关的事或开自杀方面的玩笑，甚至是谈论自杀计划，包括自杀方法、日期和地点。计划的可行性越强，危险就越大。

行为上的征兆：出现突然明显的行为改变（如中断与他人的交往或出现很危险的行为）；抑郁表现（对什么事都失去兴趣，学习成绩全面下降，懒散，赖床，个人卫生状况急剧下降）；将自己珍贵的东西送人；频繁出现意外事故：不遵守课堂规则，逃学或多次旷课；酗酒；生活安排一塌糊涂等。

总之，不论他们用什么方式流露，不要害怕询问他们是否考虑自杀，这样不仅不会使他们自杀，反而会挽救他们的生命。我们可以尝试这样问“你的心情是否如此糟糕，以至想结束自己的生命?”或“在你痛苦、绝望的时候想过要结束生命吗?”

2）及时转介情况危急者。如果发现求助者当时自杀的危险性很高，那么不要让他们独处。要把他们送到能提供心理服务的诊所或医院。如果他们对寻求专业帮助恐惧或者担忧，应花时间倾听他们的担心，告诉他们大多数处于这种情况的人都需要帮助，解释建议他们见专业人员不是因为对他们的事情不关心。对出现自杀行为（服毒、割腕等）的人，要立即送到最近的急诊室进行抢救。

对于那些有明显精神病性障碍甚至精神分裂症的求助者，或者有较高的敌对性和攻击倾向者，特别是已有详细攻击或伤害他人计划的求助者，要及时转介到学校的心理健康教育中心，交由老师按相关程序处理。

最后，要特别提醒注意的是，无论我们发现了哪种危险情况，都不要承诺我们会保密，应请其他人最好是老师一起承担帮助他们的责任。

3．“心理危机”之专业帮助

心理危机的解决，需要自助，需要互助，更离不开专业帮助。了解专业人员如何帮助当事人应对心理危机，有助于我们学会配合专业人员，提高服务效能。专业人员一般会按照六个步骤进行心理援助。

（1）确定问题。首先，专职人员会认真、关注地倾听我们的陈述，帮我们了解和理解我们面对的困难。然后他们会根据我们的言语和非言语信息，理解和确定我们所处的状态和存在的问题。再根据对我们的问题评估确定接下来的援助流程。

（2）保证求助者安全。在心理危机援助过程中，保证我们的安全是首要目标，专职人员会尽其所能，作出适当的安排，把我们对自己和他人造成的身心危险性降低到最小。为了保证这一目标的稳妥实现，会不断对求助者进行自杀或他伤的危险性评估。同时会预备一些替代冲动和自我毁灭行动的解决方法。

（3）给予支持。在与我们的交往过程中，专业人员不会去评价我们的经历与感受是否值得称赞，或者是否为心甘情愿的，而是始终提供这样一种机会，让我们相信“这里有一个人确实很关心我们”。我们也会在感受他们的言语和行动的过程中，认识到他们是以关心的、积极的、不偏不倚和个人的态度在对待我们的事情，是能够真正给予我们以支持、接纳和肯定的人。

（4）探索可变通的解决方法。处于心理危机中的我们，在多数情况下思维是不灵活的，不能恰当判断什么是最佳选择，有时甚至会认为无路可走。这时，专业人员会帮助我们认识到有许多变通的应对方式可供选择，帮助我们探索自己可以利用的解决办法。我们会因此搜索到可以获得的环境支持、可利用的应对方式。发掘出积极的思维方式。他们还会帮助我们回忆起有哪些人曾经关心过我们、帮助过我们，找到可以用来战胜目前危机的行为和资源。

（5）制订计划。接下来，专业人员会在我们的主导之下，协助我们制订行动步骤来矫正我们情绪的失衡状态。计划的内容因人而异，但一般会涉及：①明确有哪些人、组织、团体或机构能够为自己提供支持和帮助。②明确我们现在能够理解和付诸行动的应对机制或步骤流程。

制订计划的过程中，也许我们会退缩，这时专业人员会鼓励我们勇敢地迈开走向新生的第一步。也许我们会依赖他们的帮助，这时他们会要求我们好好把握和行使自己权利；也许我们的计划会有许多奇思妙想，这时他们会由衷地欣赏和赞美。通过制订计划并开始实施，我们会感到不再那么依赖专家了，而且恢复了行动力和自制力。

（6）得到承诺。通过前面的努力，我们已经为自己制订了一个积极可行的行动计划，为了确保落实，专职老师会要求我们签订承诺。在结束本次心理危机援助工作前，与我们同甘共苦一路走过的老师，会要求从我们那里得到另外一个承诺，以避免再次发生危机或危机升级。

你所在的大学校园里，就有这样一个专业机构，它的名称可能叫“心理咨询中心”“心理健康教育中心”。中心的老师们，就是这方面的专业人员。千万不要忘了，心里有“事”了，感觉迈不过这个坎了，拨通心理中心的电话。

参 考 文 献

[1] 孔燕，江立成，兰文敏，等．大学生心理健康教育．安徽：安徽人民出版社，2005.
[2] 寥冉，张静．大学生团体心理辅导方案指南．北京：知识产权出版社，2016.
[3] 刘靖华．大学生心理健康教育．北京：中国电力出版社，2013.
[4] 罗新兰．大学生心理健康教育．浙江：浙江大学出版社，2014.
[5] 彭萍．未来的金钥匙：生涯规划．北京：高等教育出版社，2008.
[6] 王建平．变态心理学．北京：高等教育出版社，2005.
[7] 王友明．大学生职业生涯规划——舞动职场　扬帆远航．天津：同济大学出版社，2009.
[8] 尹登海．职业院校学生心理健康．北京：机械工业出版社，2006.
[9] 于海琴．心理成长与生涯发展．武汉：华中科技大学出版社，2008.
[10] 张强，等．成长的天空：大学生团体心理辅导教程．成都：四川大学出版社，2012.
[11] 朱育红，等．大学生心理健康教育课堂互动手册．上海：华东理工大学出版社，2015.